房地产投资系列丛书　　丛书总主编：李政道

中国未来城市群房地产投资

肖　冰　主　编

李科霖　朱凌骏　杨清荃　副主编

中国财经出版传媒集团

经济科学出版社

Economic Science Press

·北京·

图书在版编目（CIP）数据

中国未来城市群房地产投资／肖冰主编； 李科霖，
朱凌骏，杨清荃副主编． -- 北京 ： 经济科学出版社，
2025．7． --（房地产投资系列丛书）． -- ISBN 978 - 7
- 5218 - 6558 - 5

Ⅰ．F299．233

中国国家版本馆 CIP 数据核字第 2024EM2382 号

责任编辑：李一心
责任校对：齐　杰
责任印制：范　艳

中国未来城市群房地产投资

ZHONGGUO WEILAI CHENGSHIQUN FANGDICHAN TOUZI

肖　冰　主　编
李科霖　朱凌骏　杨清荃　副主编

经济科学出版社出版、发行　新华书店经销
社址：北京市海淀区阜成路甲 28 号　邮编：100142
总编部电话：010 - 88191217　发行部电话：010 - 88191522
网址：www. esp. com. cn
电子邮箱：esp@ esp. com. cn
天猫网店：经济科学出版社旗舰店
网址：http://jjkxcbs. tmall. com
北京季蜂印刷有限公司印装
710 × 1000　16 开　16. 25 印张　237000 字
2025 年 7 月第 1 版　2025 年 7 月第 1 次印刷
ISBN 978 - 7 - 5218 - 6558 - 5　定价：82. 00 元
（图书出现印装问题，本社负责调换。电话：010 - 88191545）
（版权所有　侵权必究　打击盗版　举报热线：010 - 88191661
QQ：2242791300　营销中心电话：010 - 88191537
电子邮箱：dbts@ esp. com. cn）

前　言

　　2018 年 11 月中共中央、国务院发布《关于建立更加有效的区域协调发展新机制的意见》，其中明确提出要建立以中心城市引领城市群发展，以城市群带动区域发展的新模式，从而进一步带动全国经济效率的整体提升。2021 年的"十四五"规划中明确，要发展壮大城市群和都市圈，形成新型城镇化空间格局；要以中心城市和城市群等经济发展优势区域为重点，提高区域内人口承载能力、经济效率；要以京津冀地区、长三角地区、粤港澳大湾区为重点，提高整体创新能力与全球竞争力。2022 年 6 月国家发展改革委发布《"十四五"新型城镇化实施方案》进一步明确要完善以城市群为主体形态、大中小城市和小城镇协调发展的城镇化格局。2024 年 7 月国务院印发的《深入实施以人为本的新型城镇化战略五年行动计划》强调要加快培育形成一批依托中心城市辐射带动周边区域的现代化都市圈。2025 年 7 月中旬的中央城市工作会议再次明确要发展组团式与网络化的现代化城市群与都市圈。综合近年来我国的城市化发展与区域发展的战略布局，皆明确了城市群在新时代发展中的重要战略定位，一方面，城市群的发展在优化区域资源配置、促进区域交流、提升区域基础建设等方面有诸多优势。另一方面，城市群的建设将为未来区域协调发展、新型城市化建设和经济高质量发展提供有力的支撑和推动力，城市群将会成为我国经济高质量发展的重要引擎。

　　回顾其他国家世界级城市群的形成过程，都是以中心城市发展为主，围绕中心城市形成产业聚集效应，吸引人口流入继而带动周边区域发展，最终形成世界级城市群。以美国纽约城市群为例，纽约城市群以航运贸易发家，经历了工业化转型，再向金融业、科技行业方向深入发展，形成了诸多产业集群，逐渐发展成为全球的经济中心、金融中心、贸易中心，现在纽约城市群仍在源源不断地吸引着全世界人口的流入。通常，世界级城市群具备以下特征：第一，交通发达。往往都配备有优良的港口、发达的铁路网络等基础设施；第二，教育资源丰富。一般具有相当数量的世界级高等学府，能够吸引人才，有效的留住人才；第三，强劲的产业聚集力。通常拥有不止一个产业集群，拥有大量的常住人口，并且能够不断吸引人口流入；第四，国家级乃至世界级的经济中心。有许多世界五百强企业总部以及独角兽企业；第五，拥有证券交易所或期货交易所。资金在区域内能够快速流动，资源配置得以良好释放。目前看来，中国主要的大规模城市群在经济发展、交通建设、产业聚集、人才吸引等方面，都具备发展成未来世界级城市群的潜质。

　　房地产投资本质上是投资一个城市的未来，一个城市对于资金、产业、人才的吸引程度，决定了一个城市未来的高度。而城市群的发展往往是由部分中心城市的产业譬如制造业逐渐向周边城市转移而开始的，从而以产业形式带动周边城市发展，形成城市群，因此，伴随着产业转移和人口流动，未来的房地产投资也需要对城市群进行整体的发展分析。本书以中国的城市群发展政策为导向，围绕中国未来城市群的规划、政策、经济数据，结合过往国内外房地产发展历程，针对中国未来城市群房地产投资机会进行分析。本书回顾了中国房地产历史与房地产政策，解析了中国的城镇化推进对房地产市场的影响，阐述了影响房地产价格的主要因素，进而以此为框架，对中国未来主要的五个城市群的房地产市场投资机会的进行分析。第一章主要介绍了城市群的概念以及中国主要的城市群；第二、第三、第四章则展开讨论了中国的土地政策、房地产周期理论以及城镇化进程等影响房地产价格的主要因素，并以此为框架对后续具体的城市群进行分析；第五至第九章则基于上述框架，分别对粤港澳大湾区、长三角城市群、京津冀城市群、成渝城市群以及长江中游城市群的具体房地产市场及房地产政策进行研究。

　　在本书的撰写过程中，作者特别感谢莫斌等行业专家在实际投资实践方面提供的指导与支持，同时特别感谢任泽平、管清友等专家学者提供的专业咨询及建议。李科霖、朱凌骏、杨清荃承担了整书基础性的工作，其余多名博士与学生参与了本书的资料收集、整理和初稿编纂。其中，本书的第一章由曾国涛、朱凌骏负责；第二章由韩炳豪、杨帆负责；第三章由刘熠晗、杨清荃负责；第四章由李金志、牙颖毅负责；第五章由陈勇君、吴止善负责；第六章由张晗、陈嘉敏负责；第七章由宗亚宁、汤潇负责；第八章由张月负责；第九章由冯宇豪、吴止善负责。本书感谢国家社会科学基金项目、国家自然科学基金（71801159 和 52078302）、广东省自然科学基金项目（2018A030310534）、教育部人文社科项目（18YJCZH090）、深圳市科技创新委员会项目（JCYJ20190808174409266）资助研究。另外，本书还借鉴和参考了部分国内外专家学者的研究成果，此处未能一一列举说明，谨在此一并表示衷心的感谢。

城市的发展、房地产政策以及房地产市场具有不确定性，具体的投资需要结合当时的经济环境、房地产政策、当地区域规划等相关因素做出分析与决策。本书虽然对相关理论、政策、行业发展等多角度进行了梳理和总结，但对整个行业的全面研判也难免挂一漏万，敬请大家批评指正并提出宝贵意见，以便后续不断修改完善。

李政道

2025 年 7 月于荔园

目　　录

第一章

绪论：中国城市群与都市圈

一、研究背景

党的十九大报告指出，创新是引领经济发展的第一动力。但从外部环境来看，逆全球化的趋势、贸易保护主义的抬头，以及新冠疫情的影响，使我国从外国获得新技术的难度越来越高。要想走创新发展的路线，我国则需要更多地将目光转向自身内部的创新上。而城市群作为我国加快建设创新型国家的重要空间载体，承担着成为国家参与全球新一轮科技竞争的重要堡垒作用，显而易见，城市群是创新发展的重中之重。

二、城市群概况

（一）什么是城市群

要重视城市群，首先就要明白城市群是什么。城市群的概念众说纷纭，并不统一，但表述基本上渐趋一致，共有的理念包括以下几点。

（1）城市群一般是由不同类型、性质和等级规模的城市在特定的区域范围内云集，以中间最大的一个城市（如果是一个规模较小的城市群则以附近最大的城市）为中心，通过一定的自然环境（如山水相连）与交通条件（如铁路相通）为依托，进行城市间的交流联系，共同构筑一个相对完整的城市"集合体"，它们是巨大、多维度、多核心的城市集团，是大都市区的联合体。

（2）在学术定义上，各种理论基本认同城市发展阶段中的最高空间组织形式就是城市群。而城市群是指在城镇化的进程中，以区域网络化组织为纽带，在一个城镇化等级水平达到较高程度的地域空间之中，由周边的一些聚集分布的等级、规模不同的空地及其城市通过空间的相互作用和城市的扩张而形成的城市—区域系统。每个城市随着城市经济的不断发展，其边缘城郊会逐渐城镇化，慢慢变成城市的一部分，最终使每个城市之间的距离越来近，从而达到聚集。

（3）在经济上，同一个城市群内的城市经济紧密联系、产业分工与合作程度高，比如某个小城市可能是大城市的原料地。城市间交通与社会生活、城市规划和基础设施建设互通，相互影响。特别地，多个城市群或单个大的城市群即可构成经济圈。

（二）城市群的演化过程

城市群的形成不是一个瞬时的简单聚合过程，而是需要一定时间的积累。一个城市的演化过程主要体现在两个方面。

1. 城市范围的扩大

城市空间结构（urban spatial structure）是指城市要素的空间分布和相互作用的内在机制，而不同城市间的市场竞争和各个地方的供需关系、结构则是主导城市空间结构的原则。这些城市空间结构的蔓延，一般是在市场竞争和供需关系的指导下，通过产业升级实现的。在城市化的过程中，空间作为一种资源，是各方在城市化进程中所争夺的对象。城市土地收益的存在是促使空间要素呈现向心聚集模式的重要因素，在市中心总是以高档写字楼、大型商圈的商业模式存在。不具备竞争性空间要素的低附加值产业如第一、第二产业则被迫转移至城市外围，将城市的边缘不断外移，随着时间的推移，城郊又会形成新的第三产业垂直填充，第一、第二产业再次被推向边缘，不断重复，使城市规模不断扩大，最终形成了蔓延式的扩展和平面扩张。城市群的扩张以空间要素为载体、产业升级为方法，使整个区域的定位，包括土地利用类型的比例结构、城市群结构等发生改变，从而实现了城市群的一种空间上的扩展。

2. 核心城市的形成

随着经济的发展，城市群结构不断变迁从而逐渐形成核心城市。城市群体可分为三圈层空间结构，分别以规模、人口密度、城镇组群为标准依次划分等级。随着经济的发展，每个城市都开始了各自的发展，但是由于各个城市的优势不同，导致各个城市节点的生长机会和能力不均衡，高等级的城市各方面优势突出，与低等级的城市之间存在着较大的差别，使得各项资源开始向高等级城市倾斜。高等级城市由于"马太效应"的影响而进一步扩大，规模较大的城市其物理空间和影响力越来越大，最终成为核心城市。而附近的城市则成为卫星城市。卫星城市的第二、第三产业发达，为核心城市的发展提供劳动力和资源，成为核心城市的"工厂"与"后花园"。最终，以单个城市为核心、多个卫星城簇拥的模式形成一个城市群。

（三） 城市群的优势

1. 政治层面

在政治上，城市群可以充分发挥政府的作用。在城市群中，城市政府互相联系，能够充分发挥政府的宏观调控和协调作用。各地政府资源互通、消息互通，可以统一制定相关政策，能够将一些需要多城市联合行动的政策落实，对环境、资源、社会区域发展整体战略等政策进行统筹规划，制定相对应的政策及发展规划，进行区域化的统一管理。各城市可以建立区域协调机制推动区域和谐发展，从而促进良性竞争，通过发挥政府的作用来避免仅通过市场调节而产生的缺陷。例如，为解决伦敦周边地区的恶性竞争问题，1964 年，英国中央政府提倡伦敦和附近的城市组建"大政府"。次年，为了进一步实现伦敦的协同发展，工党在伦敦郡议会的基础上，与绿带内其他21 个区组成了新的地方政府，为了有别于此前的"伦敦"，新的政府被称为"大伦敦议会"（Greater London Council），除了少数区边界后来有所调整外，辖区面积已基本接近现今大伦敦地区约 1600 平方公里的范围。作为地方政府的重要职责之一，大伦敦议会负责编制大伦敦地区的发展战略规划，这一规划也是今天伦敦规划（London Plan）的前身。英国的这一措施有效解决了都市圈内责权分配问题，促进了伦敦都市圈的持续发展。

2. 经济层面

在经济上，城市群能够构建合理的城市大小规模体系以及不冲突的功能体系，实现城市与城市间差异功能的互补，提高资源的利用效率。

分工合作、层次分明，形成高效准确的分工理论和实践合作体系是都市圈的经济优势。一个都市圈发展的根本经济优势就是通过城市间的信息互通、功能定位、功能协调，最终发挥城市群的协同效应，实现城市与都市圈协调发展。

以粤港澳大湾区城市群为例。粤港澳大湾区城市群是由港澳特别行政区和广东省九个珠三角城市（广州、深圳、珠海、东莞、佛山、惠州、中山、江门、肇庆）组成的。截至 2023 年末，大湾区总人口约为 8600 万，地区生产总值超 14 万亿元人民币，人均生产总值约为 16.2790 万元人民币。[①] 粤港

---

① 黄应来. 去年新增人口超 44 万！粤港澳大湾区"人气"为何这么旺？[N]. 南方都市报，2024 - 05 - 10.

澳大湾区三大都市圈分别为珠中江都市圈、广佛肇都市圈、深莞惠都市圈。其中，以珠海为核心的珠中江都市圈对接澳门先进产业，以深圳为核心的深莞惠都市圈对接香港先进产业。粤港澳大湾区在地理上以中国"南大门"的地理位置为依托，交通上以沿江高速、京九线等重要枢纽为依托，政治历史上以侨乡文化为依托，发展进程上以最早的改革开放城市为依托，各城市分工协作，共同构筑构大湾区城市群。这些城市的定位如下。

香港被定位为全球性的金融资本运营中心，主要发挥功能性金融与集成性国际金融的功能。在香港，实力雄厚的金融机构、跨国银行随处可见，各项基金数目和规模居世界前列，且香港作为国际性黄金交易市场，与伦敦、纽约、苏黎世的黄金市场并列为世界四大黄金市场，资金雄厚。金融自由化政策使其市场活跃度高，数据显示，截至 2022 年末，香港金融业从业者占据其总就业人口的 7.5%，金融业 GDP 达到香港总 GDP 的 22.4%。① 同时，由于港币比人民币利率低，使得加杠杆的成本低、风险低，加之其丰富的投资渠道、自由度高的金融政策，有利于金融行业的蓬勃发展。而香港作为全球的离岸人民币结算中心和国际金融中心，还为众多内地的企业提供海外上市融资渠道，也为企业提供人民币的离岸服务。因此，香港作为全球融资平台，在整个大湾区中起到金融领域的领导作用。此外，香港主要负责发展湾区内金融服务业、旅游业和贸易物流服务业。同时，作为沟通内地和海外的中间节点，香港吸引着全球的游资，为整个大湾区建设提供充足的经济支撑。

深圳作为大湾区的科创中心，主要负责吸引全球企业的总部落地，充分利用香港的融资平台来发展科技，引领大湾区技术产业的创新与发展，补齐大湾区的科技短板。

澳门被定位为湾区内旅游休闲中心，通过博彩旅游业等与全球的服务资源对接，着重发展以博彩业和休闲旅游行业为主的第三产业。

广州担任湾区内贸易物流中心的角色，在科创领域和进出口商贸方面发

---

① 罗宗熙. 香港金融服务概况［DB/OL］. 香港贸易发展局经贸研究，2023 - 12 - 15.

挥优势，带动周边地区协同发展，进而成为粤港澳大湾区的物流枢纽，把大湾区的商品输送至世界各地。

珠海、佛山等其余城市则是作为重要节点城市，成为整个湾区先进制造业的集聚地，为大湾区各企业的产品加工制造、物质生产提供原料及劳动力等生产要素。同时，作为重要节点城市也为湾区内的居民提供安居宜家、休闲娱乐的生活环境。

特别地，珠海作为广东省两个经济特区之一，其地理区位靠近澳门，与澳门有着密切的经济联系，可作为粤港澳大湾区西岸的龙头城市，联结中山、阳江共同带动大湾区西岸经济的发展。但珠海目前存在交通通达度不够的问题，其高速里程和铁路里程排名在珠三角城市群中均处末位。此外，珠海基础设施建设不够完善、高层次人才缺乏等问题突出。因此，纵使区位优越，目前珠海并没有很好地成为珠江西岸承接港澳、服务港澳的城市。

大湾区的各城市协同配合，充分发挥各自优势，使得自身的经济增长速度多年来位居全国前列。数据显示，从湾区内9个内陆城市的固定资产投资来看，2015～2017年各地投资总量稳步增长。广州、深圳、佛山、惠州位居前四，这三年广州都稳居第一，2017年固定资产投资达到5919亿元。深圳紧随其后，2017年固定资产投资达到5147亿元。投资规模第三的佛山，2017年固定资产投资为4265亿元。固定资产投资增速方面，2015～2017年，全国固定资产增速平均水平约为9%，深圳、佛山、江门、珠海、惠州、东莞和中山7个城市均超过全国水平。[①]

在基础设施建设、互联互通方面，大湾区也充分发挥了城市群的优势。从支持香港机场第三跑道建设项目，到澳门机场改扩建项目，再到实施广州和深圳等机场改扩建、开展广州新机场前期研究工作项目，大湾区各级政府无不积极响应，共同增强各城市机场的互联互通性。其中，深中通道、虎门二桥过江通道的建设更是需要各城市合力完成。城市之间相互合作，项目共筑的经济带动作用不言而喻。例如，深中通道的建设项目在联通深圳和中山

---

① 资料来源于《广东省统计年鉴2023》。

交通的同时也在推动深圳的部分企业向中山迁移，一方面缓解了深圳土地资源的紧张，另一方面也拉动了中山经济的发展。而推进莲塘/香园围口岸、粤澳新通道（青茂口岸）、横琴口岸（探索澳门莲花口岸搬迁）、广深港高速铁路西九龙站等新口岸项目的规划建设，则是特别行政区和内地各政府通力合作的直接体现。

3. 文化层面

城市群可通过文化区域合作机制，在文化上可以形成独有的文化圈体系[①]。由于群内城市大多在物理空间上相邻，在历史长河里相存，在经济发展中交融，因此群内城市之间在文化层面可能有着较为丰富的情感联络，城市之间通过探索文化区域合作机制，可形成独有的城市文化圈层，而这种相似相融的文化圈层有利于增进城市居民之间的认同感，增强城市的文化竞争力。例如，成渝城市群在民族风俗的影响下，形成了独特的巴蜀文化。巴文化以重庆为中心，主要传承于重庆、湖北西部等；蜀文化以成都为中心，含川西、陕南、滇北一带。巴文化和蜀文化融合交融，历经千余年，形成了独特的文化传承与文化活动，如戏曲上的川剧变脸，颇具特色；饮食上的川菜体系，鲜香麻辣；民风民俗上的巴蜀地区生活节奏悠闲，人民舒适安逸。慢节奏的文化底蕴造就了成渝城市群的节奏，成渝城市群的节奏比起北上广深来说偏慢，但是其生活舒适度、人民幸福程度等方面较高。因此，其在吸引高层次人才方面有着独特的文化优势。"少不入川，老不出蜀"，对于部分步入中年或追求生活质量的人来说，成渝文化无疑是吸引他们入蜀地的加分点。

城市文化圈有利于圈内学校、学术圈之间的交流合作，在提高自身整体文化水平的同时，也为城市提供了充足的后备人才。譬如粤港澳大湾区城市群中，由于深圳城市建设时间较晚，整体文化水平、教育水平亟须提高，于

---

① 曹玲娟. 以文化提升城市群的"软实力"（深聚焦·关注城市文化建设（下））[N/OL].
人民日报，2018-11-01.

是深圳引进了地理区位邻近的香港中文大学、中山大学等世界名校入驻城市，缓解了深圳的人才需求压力，为深圳的发展提供了足够的人才储备。2022 年数据显示，外省籍本科毕业生流入粤港澳大湾区的比率近年持续走高，预计 2023 年广东省本科毕业生总人数为 97 万人，外省籍高校毕业和来粤的留学生生将超过 23 万人，占广东省本科毕业生总人数的 23.7%。① 此外，以 2022 届各高校本科毕业生赴粤就业比例为例，浙江大学为 7.27%，广东省成为该校第三大毕业生流向省份。南京大学为 7.51%，为该校第四大流向省份。吉林大学为 11.16%，毕业生流向仅次于吉林省。湘潭大学为 21.8%，为该校第二大流向省份。② 以上数据表明，粤港澳大湾区的职业发展前景、收入和生活质量对于外省籍人才具有强大的吸引力，持续不断地引导着外省人才流入，这为粤港澳大湾区的产业升级提供充足的人力资源。

（四）中国城市群的发展

近年来，国家层面密集出台系列重大规划和政策，清晰描绘了以都市圈与城市群为核心动力的新型城镇化与区域协调发展新蓝图。在 2014 年发布的《国家新型城镇化规划》中提出要把城市群作为未来推进城镇化的主要形态。在"十四五"规划中明确要以城市群发展为抓手。2024 年 7 月国务院印发的《深入实施以人为本的新型城镇化战略五年行动计划》强调要加快培育形成一批依托中心城市辐射带动周边区域的现代化都市圈。2025 年 7 月中旬的中央城市工作会议再次明确要"发展组团式、网络化的现代化城市群与都市圈"。在国家发展战略的持续引领下，以现代化都市圈与城市群为骨架的区域发展新格局正加速形成。这一格局不仅在优化区域资源配置、促进区域交流、提升区域基础建设等方面有诸多优势，更将成为未来中国经济实现高质量发展的战略基石。

---

① 孙唯."六个抓手"促就业创业 [N].羊城晚报，2022 - 12 - 17：A02.
② 孙唯，郑若彤.报告解密 2022 届毕业生去向！大湾区成就业乐土，有何揽才秘诀？[N/OL].羊城派，2023 - 03 - 31.

中国未来将包含十大城市群，即：京津冀城市群、长三角城市群、珠三角城市群、山东半岛城市群、辽中南城市群、中原城市群、长江中游城市群、海峡西岸城市群、川渝城市群、关中城市群。其中京津冀城市群、长三角城市群、珠三角城市群在未来 20 年内仍是中国经济发展的支柱型城市群。

1. 京津冀城市群

京津冀地区是中国的"首都经济圈"，京津冀城市群包括北京、天津两大直辖市，囊括河南省安阳，以及河北省保定、唐山、廊坊、石家庄、秦皇岛、张家口、承德、沧州、衡水、邢台、邯郸。其中，北京、天津、保定、廊坊为中部核心功能区，北京、天津、保定地区率先联动发展。

政治方面，京津冀城市群在众多城市群中具有唯一性，其核心城市北京市是国家的首都、政治中心，我国最高国家权力机关——全国人民代表大会，以及最高国家行政机关——国务院，都设立在北京。因此，无论是政策信息了解方面，还是行政审批方面，北京都具有独特的政治优势。同时，北京还是全国的文化中心，文化教育事业发达，拥有北京大学及清华大学等近百所高等院校，拥有中国科学院、中国社会科学院等各类科学研究机构，还拥有中央广播电视总台，以及许多著名的博物馆、展览馆、体育馆等。

科技方面，京津冀城市群科研实力雄厚，以北京为例，互联网科技企业众多，占全国的一半以上，拥有众多举世闻名的互联网企业，如百度、阿里巴巴、字节跳动、快手、当当网、美团、京东等，同时还拥有 142 家央企，其中中国石油、中国石化、中国海油、国家电网等是世界 500 强企业。此外，众多的世界 500 强企业也将中国大区总部设立在北京，如日本三菱汽车工业株式会社北京事务所、西门子（中国）有限公司等。

国际贸易和制造业发展方面，京津冀城市群发展迅速。天津具有天津港等港口和先进制造业优势，天津滨海新区作为国家级新区，使得天津的地位更是急速上升。石家庄则是圈内商都，商贸业优势明显。

2. 长三角城市群

长江三角洲城市群（以下简称"长三角城市群"）位于长江入海之前的冲积平原，其核心城市为上海，根据国务院批准的《长江三角洲城市群发展规划》，长三角城市群包括上海，江苏省的南京、无锡、常州、苏州、南通、盐城、扬州、镇江、泰州，浙江省的杭州、宁波、嘉兴、湖州、绍兴、金华、舟山、台州，安徽省的合肥、芜湖、马鞍山、铜陵、安庆、滁州、池州、宣城27市，区域面积35.8万平方公里，大部分区域为平原地带，天然良港众多，经济发达。[①] 2023年长三角城市群GDP总量突破30万亿元人民币，约占全国GDP总量的25%。[②] 长三角城市群经济腹地广阔，拥有虹桥机场、浦东机场两个现代化机场群及进出口贸易江海港口群，城市群内陆地高速公路网络健全，铁道交通干线密度全国领先，如上海虹桥站、南京南站、杭州东站等，立体综合交通网络基本形成。长三角城市群人才资源储备充足，高校林立，拥有众多海内外知名高校，如复旦大学、南京大学、浙江大学、中国科学技术大学等。

正是由于有如此优越的条件，长三角城市群在中国国家现代化建设大局和开放格局中才具有举足轻重的战略地位，成为中国参与国际竞争的重要平台、经济社会发展的重要引擎、长江经济带的引领者，以及中国城镇化基础最好的地区之一。2016年5月11日，李克强主持国务院常务会议指出，以改革创新推动长三角城市群协调发展，有利于促进产业升级，推进以人为核心的新型城镇化、加快农业现代化，辐射带动周边区域和中西部地区发展，增强国家竞争力。此次国务院常务会议通过了《长江三角洲城市群发展规划》，提出要培育更高水平的经济增长极。专家认为，只要政府政策得当、因势利导，到2030年，长三角城市群将成为具有全球影

---

① 中华人民共和国国务院.中共中央、国务院印发《长江三角洲区域一体化发展规划纲要》[EB/OL].中国政府网，2019–12–01.

② 王永前，何欣荣.长三角区域经济总量突破30万亿元[N/OL].新华每日电讯，2024–01–30.

响力的世界级城市群，成为与诸如美国东北大西洋沿岸城市群等并肩的世界级城市群。

3. 珠三角城市群

珠江三角洲位于广东省中南部，珠江入海口与东南亚地区隔海相望，小珠三角包括广州、深圳、佛山、中山、惠州、东莞、珠海、江门、肇庆9个城市，大珠三角包括深汕特别合作区、香港特别行政区、澳门特别行政区。因此，珠三角城市群被称为中国的"南大门"。

在经济上，珠三角地区是最早实行改革开放的地区之一，经济基础好。数据显示，珠三角9市 GDP 总量达到了 11 万亿元，约占广东省总量的 81.2%。[①] 2023 年广东省常住人口为 1.2706 亿人，珠三角9市占总量的 61.93%，即珠三角地区常住人口约为 7869 万左右，且人均年龄较低，人口活跃度高，劳动力充足。[②] 在行政规划上，珠三角地区各级政府由广东省管辖，在资源协调、信息交流、分工协作中要明显优于长三角或京津冀。这一因素使珠三角能够更好地在统一的规划与安排下整合各城市的资源，发挥各个城市的优势，相互分工合作，进而促进城市群发展的良性循环。

在地理位置上，珠三角区位优势明显：毗邻港澳，南邻南海，与东南亚隔海相望，有利于招商引资。改革开放之初正是依托承接港澳的产业结构调整，引入了大量资金和先进的管理经验，珠三角地区才得以迅速发展。

在文化上，广东沿海的地理位置培养了广东人与生俱来的对外商贸、互通有无的文化习俗，因此，从古至今，广东地区极具包容性，对来自五湖四海人才的接纳度广，从而填补了本土人才资源的缺口。纵观珠三角城市群的发展历程，外来人员做的贡献是巨大的，未来，在帮助珠三角城市群形成世界级城市群的进程中，他们还将发挥更大的作用。

---

① 任娇，任婉晴，方静怡. 解码大湾区 | 广州 GDP 破 3 万亿重回全国第四城　深圳领跑珠三角 [N/OL]. 新京报，2024 - 03 - 29.

② 广东省统计局. 2023 年广东省国民经济和社会发展统计公报 [R]. 广东统计，2024 - 03 - 30.

4. 山东半岛城市群

山东半岛城市群地处我国环渤海区域，是黄河出海口，距离韩国、日本较近，以青岛、济南为中心城市，参与东北亚经济合作与竞争。山东半岛城市群经济发展水平较高，产业基础雄厚，城镇体系较为完善，综合交通网络发达，是华东地区的增长极之一。山东省建设厅在 2005 年提出了《山东半岛城市群总体规划》，该规划构建了"两圈四区、网络发展"的总体格局，所谓的两圈是指济南都市圈、青岛都市圈，四区即烟威、东滨、济枣菏、临日这四个山东省省级都市区。众多周边城镇在"两圈四区"的带动下协同发展，推动区域设施共享、市场交通共享、各种服务共享、环境共保的四个"共"，加快提升沿海城镇发展带，构筑"一带多轴"网络体系。

山东半岛产业结构布局主要围绕铁路线——胶济铁路和山东沿海产业带分布，形成"T"字型的趋势，分为六大产业聚集区，即济南的电子信息产业带、东营—淄博的石化和医药产业带、青岛—日照的家电制造产业带、烟台—威海的汽车制造产业带、潍坊—即墨的纺织服装产业带、日照—青岛—威海—烟台的海洋产业带。

5. 辽中南城市群

辽中南城市群是新中国最早建设、发展的一批城市群之一。辽中南地区位于辽宁省中南部，东临渤海与黄海，北部接近俄罗斯东南部与朝鲜半岛，地理位置优越。辽中南城市群以沈阳、大连作为城市群中心城市，其附近卫星城有鞍山、抚顺、本溪等，城市密度高且集中。沈阳是辽中南的经济、交通、信息中心，重工业发达，同时由于矿产和历史发展的原因，辽中南城市群也是全国最大的综合性重工业基地。大连是港口城市，以对外贸易为主，是辽中南城市群的对外窗口和辽中南对外发声的喉舌，也是东北亚地区重要的国际航运中心。在工业结构上，辽中南城市群以煤炭、石油、化工、钢铁、造船、机械等重型工业为主，但也面临部分大企业存在历史长、负担重，管理层以及员工层结构老化、管理落后等问题，同时，辽中南城市群也负担较重的市场经济改造任务，面临着地区资源相对枯竭的困境。

6. 中原城市群

中原城市群以郑州、洛阳为中心，包括河南省、山西省、河北省、山东省、安徽省五省30市，面积28.7万平方公里，2022年生产总值93409亿元，占全国比重7.7%，常住人口占全国人口比重为11.6%，[①] 是众多城市群中城市规模最大、人口最密集、交通区位优势突出的城市群。该城市群土地肥沃、历史悠久、人口众多、人力资源丰富。丰富的资源、勤劳的中原人民孕育了许多大都市，如洛阳、开封，河南省省会郑州则由于优越的地理区位和交通要冲的优势，得以后来居上，成为中原城市群的中心城市之一。2016年12月，国家发展改革委印发了《中原城市群发展规划》，指出各省政府要努力把中原城市群建设成为经济发展新增长极、重要的先进制造业和现代服务业基地、中西部地区创新创业先行区、内陆地区双向开放新高地和绿色生态发展示范区，构建网络化、开放式、一体化的发展新格局。同时该规划规定了各种重大事项、重大政策和重大项目的报批程序，厘清了各级政府在经济建设中的职责，在一定程度上减少了地方政府之间的行政矛盾。对于加快促进中部地区崛起、推进新型城镇化建设、拓展我国经济发展新空间具有重要战略意义。

7. 长江中游城市群

长江中游城市群是以武汉为中心，以武汉城市圈、环长株潭城市群、环鄱阳湖城市群为主体形成的特大型国家级城市群。该城市群呈现"三极三圈三核"的特征。三个特大城市武汉、长沙、南昌呈品字形分布，构成三个核心，各自所在的圈子成为都市圈，即为所谓的"三圈"，每个城市都能带动当地发展，成为推动经济增长的"极"，即为"三极"，由此构成了

---

① 曹雷. "十三五"以来中原城市群发展现状及问题研究 [J]. 中国国情国力，2023 (5)：38-42.

"三极三圈三核"的特征。在政策上，为了协调长江中游城市群的发展，国家发展改革委于 2015 年 4 月印发了《长江中游城市群发展规划》。这份文件也是《国家新型城镇化规划（2014 – 2020 年)》出台后国家批复的第一个跨区域城市群规划，足见国务院对于长江中游城市群发展的重视。该规划从城乡建设、基础设施互联互通、产业协调发展、共建生态文明、公共服务供需、深化对外开放六个角度分配了重点任务，促进长江中游城市群规划的完善和经济的发展。

8. 粤闽浙沿海城市群

粤闽浙沿海城市群原身为海峡西岸城市群，曾以广东、浙江、福建和江西四省为中心，覆盖范围超过 20 个城市。于"十四五"时期升级为粤闽浙沿海城市群。① 目前粤闽浙沿海城市群以广东、浙江、福建三省为中心，但究竟谁是龙头城市，却一直没有明确说法。一方面，福州是福建省的省会，泉州经济强劲，厦门则是我国改革开放后中央确定的四大经济特区之一。另一方面，潮汕地区背靠广东省，温州被认为是"下一个万亿级城市"，两者经济实力不容小觑。② 粤闽浙沿海城市群与台湾隔海相望，有利于台商投资，此外具有促进祖国统一的政治意义。

9. 成渝城市群

成渝城市群以重庆、成都两市为中心，包括自贡、泸州等 14 个城市。从城市等级来看，成都和重庆为特大城市，自贡等城市为小城市。重庆作为直辖市，经济实力近年来不断增强，人口众多；成都作为四川省会城市，自古以来就有天府之国的美誉，物产丰富，历史悠久。

成都都市圈以建设国家中心城市为主要目标，旨在成为中国中西部地区的经济中心、科技中心、文创中心、对外交流中心和综合交通枢纽中心。作

---

① 邢灿. 粤闽浙沿海城市群取代海峡西岸城市群［N/OL］. 中国都市报，2021 – 03 – 22.
② 凯风. 联手！又一个国家级城市群，要来了［N/OL］. 上海澎湃新闻，2023 – 12 – 02.

为中心城市，成都市可通过都市圈充分发挥其引领作用，带动周边城市加快同城化进程，形成"以点带面"的发展模式，从而共同打造出一个可带动四川高速发展、辐射西南协同发展，同时兼具国际影响力的现代化都市圈。

重庆都市圈则注重提升重庆市的核心功能。一方面要强化重庆市对西部大开发战略的支撑作用；另一方面，作为长江经济带的西部枢纽，要加强其流转功能。最后依托毗邻长江的地理优势和政策优势，成为西部地区的金融、科创、商贸、航运中心和国际都市，携手周边的沿江城市共同发展。

10. 关中城市群

关中城市群是以西安为中心，以宝鸡为副中心，包括渭南等周边发达城市和杨凌示范区的城市群。关中城市群人口众多，经济发达，历史悠久，文化源远流长。纵观历史，西安市历经十三朝古都，曾是中华文化的政治中心和经济中心。审视当下，关中城市群是我国西部地区唯一的高新技术产业开发带和星火科技产业带，科技产业较为发达，能够很好地辐射周边城市，带动我国大西北地区经济发展。

2018年1月9日，国务院正式批准了《关中平原城市群发展规划》，对关中城市群进行了战略布局。规划明确了关中城市群的发展首先应该培养区域经济增长极，即大力发展核心城市西安；其次规划建设4大产业基地：先进制造业基地、文化旅游产业基地、能源化工产业基地和绿色产业基地；最后初步筹划10个战略性项目：关中老工业基地振兴项目、中国创新科技城项目、保护古都西安国家工程、省行政中心北迁项目、西亚欧大陆桥输油管道工程、亚欧经济合作国家基地、国家绿色产业示范基地、南水北调西线工程、古贤水库建设与三门峡库区治理、整合关中陕南交通工程。关中城市群的发展战略目标是在五到十年内成为大西北地区高速发展的龙头，成为"西部大开发"的桥头堡和亚欧大陆经济带的心脏。

交通状况是阻碍关中城市群发展的一大难题。由于地处内陆，经济较东部平原落后，加上关中城市所处地区山地众多，修建道路困难，因此交通网密集度较东部平原低。为此国家出台了《国家综合立体交通网规划纲要》，要求除部分边远地区外，基本实现全国县级行政中心 15 分钟上国道、30 分钟上高速公路、60 分钟上铁路，同时要求做到"全国 123 出行交通圈"，即都市区 1 小时通勤、城市群 2 小时通达、全国主要城市 3 小时覆盖，以及"全球 123 快货物流圈"，即国内 1 天送达、周边国家 2 天送达、全球主要城市 3 天送达。此外，西安被国家定位为国际交通枢纽城市，成为中国—中亚—西亚和亚欧大陆桥的交通枢纽，因此关中城市群交通不够便利的情况将有所改善。

（五）中国城市群人口分布现状——以长三角城市群为例

长三角是我国经济最发达的城市群之一，能够体现长三角城市群人口分布状况的指标多种多样，如人口数量、年龄构成、人口密度、城市化水平等。下面将分别列举各种指标对人口分布状况加以分析。

1. 长三角城市群人口总量

第七次人口普查数据显示，上海市常住人口为 2487 万，较 2010 年第六次全国人口普查多了 185 万人，总增长率为 8%，年增长率为 0.8%，年均增长人口为 18.5 万人，较 2000 ~ 2010 年的年平均增长率下降了 2.6%。[1]江苏省 2020 年人口普查数据显示，常住人口为 8474 万人，2010 年江苏的常住人口为 7866 万人，10 年间江苏的常住人口增长了 608 万，年平均增长率为 0.75%[2]，不及上海增长总水平。浙江省 2010 年人口普查数据显示人口总量为 5443 万人，2020 年人口普查数据显示人口总量为 6456 万人，10年间浙江增长了 1013 万人，年均增长率为 1.5%[3]。通过以上数据我们不难看出，浙江省常住人口增长率远高于江苏省和上海市，且三省市的年平均增长率远高于全国平均水平的 0.58%。

但长三角城市群内不同城市常住人口的变化差异很大，有些地方甚至出

①　上海市统计局. 上海市第七次全国人口普查主要数据公报（第一号）[R]. 2021 – 05 – 18.
②　江苏省统计局. 江苏省第七次全国人口普查主要数据公报（第一号）[R]. 2021 – 05 – 18.
③　浙江省统计局. 浙江省第七次全国人口普查主要数据公报 [R]. 2021 – 05 – 13.

现了负增长。根据 2010 年第六次与 2020 年第七次人口普查数据，江苏省除部分一线、二线城市人口保持正增长外（见表 1 - 1），大部分三线、四线城市如泰州、淮安等人口年增长率为负数，这表明这些城市年净流出人口多于新增人口，而调查显示有 90% 的流出人口选择去上海、南京、苏州、无锡等一线、二线城市定居。

表 1 - 1　　　第六次与第七次人口普查长三角地区部分城市人口数量与增长率

地区	第六次（万人）	第七次（万人）	总增长率（%）	年增长率（%）
上海	2301.91	2487.09	8.0	0.8
南京	800.47	931.47	16.38	1.53
苏州	1046.6	1274.83	21.88	2.0
无锡	637.26	746.21	17.06	1.59
徐州	858.05	908.38	5.91	0.58

资料来源：国家统计局，https：//data.stats.gov.cn/easyquery.htm? cn = C01。

由此可见，大部分人口有选择性地迁往发达的城市，经济实力较强的城市明显更加具有吸引力，其吸纳人口的能力要显著高于其他城市，外来人口甚至城市群内本地人口都会向更具有吸引力的城市迁徙。而这种“头重而脚轻”式的人口迁徙模式所导致的结果就是大城市因流入人口过多而产生了非常严重的“城市病”及各种城市资源紧张。相反，小城市则因为缺乏人才、资金等资源而无法进一步发展。以上情况是中国城市群人口分布的一个现状，同时也是中国城市群人口分布所面临的一个难题。

2. 长三角人口的年龄分布

表 1 - 2 为长三角地区部分城市 2020 年第七次人口普查结果，如表所示，在上海常住人口中，0 ~ 14 岁的人口数量占总人口的 9.8%，适龄劳动人口即 15 ~ 60 岁的常住人口数量占上海总人口数量的 66.8%，为 1661.9 万人，而老年人口为 190.64 万人，占全部人口的 23.4%。①

---

① 上海市统计局. 上海市第七次全国人口普查主要数据公报（第一号）［R］. 2021 - 05 - 18.

表1-2   第六次与第七次人口普查长三角地区部分城市人口数量与增长率

地区	人口数（万人）			占总数的百分比（%）		
	0~14 岁	15~60 岁	65 岁及以上	0~14 岁	15~64 岁	65 岁及以上
上海	243.68	1661.9	190.64	9.8	66.8	23.4
南京	118.76	635.93	176.77	12.75	68.27	18.98
苏州	172.72	885.87	216.24	13.55	69.49	16.96
无锡	96.71	502.12	147.38	12.96	67.29	19.75
徐州	203.13	528	177.24	22.36	58.13	19.51

资料来源：国家统计局，https：//data. stats. gov. cn/easyquery. htm？cn = C01。

江苏省常住人口数据显示，0~14 岁的人口数量占总人口的 13%，数量为 1023 万人，适龄劳动人口即 15~64 岁的常住人口数量占江苏总人口数量的 76.1%，为 5986 万人。老年人口为 856 万人，占全部人口的 10.9%。与 2000 年人口普查时对照发现，青少年比重下降了 6.6 个百分点，适龄劳动人口数量比重上升了 4.5 个百分点，老龄人口数量比重下降了 2.1 个百分点。[1]

浙江省人口数据显示，在其常住人口中，0~14 岁的人口数量占总人口的 13.2%，数量为 719 万人，适龄劳动人口即 15~64 岁的常住人口数量占江苏总人口数量的 72.9%，为 3968 万人。老年人口为 756 万人，占全部人口的 13.9%。与 2000 年人口普查结果相比，青少年比重下降了 4.9 个百分点，适龄劳动人口数量比重上升了 3.3 个百分点，老龄人口数量比重下降了 1.5 个百分点。[2]

上述数据说明，长三角大部分地区老龄化程度低，劳动力丰富，人口红利依旧存在，大部分地区人口老龄化率低于全国平均水平。然而，长三角地区内部存在人口分布不均衡的问题，2010 年人口普查的数据表明，老龄化低的地方只是城市群中的核心城市，即所谓的一线、二线城市，如南京、苏州、无锡等，而在城市群中少数较为不发达的城市，其人口老龄化率则明显

---

[1]   江苏省统计局. 江苏省第七次全国人口普查主要数据公报（第一号）［R］. 2021 - 05 - 18.
[2]   浙江省统计局. 浙江省第七次全国人口普查主要数据公报［R］. 2021 - 05 - 13.

高于城市群平均水平，以南通为例，第七次全国人口普查数据显示其人口老龄化率达到了 22.67%，成为老龄化程度最高的城市。①

以上信息表明，经济发达程度会直接影响到人口迁徙活动，进而影响人口结构。在城市群中，一线、二线城市因为强大的经济实力而源源不断地吸纳适龄劳动人口，因此不需要过多地考虑人口老龄化对经济造成的影响，而城市群中吸引力稍弱的城市，则会成为核心城市的人口输送源地，从而加剧当地人口老龄化程度，但在城市群中，大部分城市的人口老龄化率依旧比全国平均值低。

（六）房地产价格趋势

房地产"软着陆"已成为共识，在国家的调控下，房地产市场价格稳健可控地下调。

1. 房地产市场供给分析

从房地产供给的角度看，"后疫情时代"房地产开工面积、竣工面积大幅缩量，国家统计局数据显示，2021 年房地产年度开工面积为 198895 万平方米，比上年减少 11.4%，竣工面积为 101412 万平方米，较上年增加 11.2%。② 2022 年房地产年度开工面积为 120587 万平方米，较 2022 年大幅缩水 39.4%，竣工面积为 86222 万平方米，较 2022 年缩水 15.0%。③ 2023 年房地产年度开工面积为 95376 万平方米，同比缩水 20.4%，下降幅度减少，竣工面积为 99831 万平方米，同比增加 17%。④ 值得注意的是，2021 年 1~6 月的房屋新开工面积同比增长 3.8%，房屋竣工面积同比增长 25.7%。⑤

① 林小昭. 11 城进入超老龄化社会，为何集中在这几个省份？[N/OL]. 中国新闻网，2021 - 09 - 12.
② 国家统计局. 2021 年全国房地产开发投资增长 4.4% [N/OL]. 2022 - 01 - 17.
③ 国家统计局. 2022 年全国房地产开发投资下降 10.0% [N/OL]. 2023 - 01 - 17.
④ 国家统计局. 2023 年全国房地产市场基本情况 [N/OL]. 2024 - 01 - 17.
⑤ 国家统计局. 2021 年 1—6 月份全国房地产开发投资和销售情况 [N/OL]. 2021 - 07 - 15.

从以上数据可以看到，受累于疫情后全国经济环境的影响，2021～2023 年的房地产供给整体大幅缩量，转折点为 2021 年下半年，缩量最严重的是 2022 年，三年来的缩量速度呈现出先加速后减速的趋势。而 2021 年而下半年市场遇冷，直至 2022 年数据大幅缩量的原因，除疫情影响外，笔者认为其更大的原因可能与 2021 年 5 月中国房企恒大集团的债务危机有关。至此，我国的房地产供给量呈现下滑的趋势，而竣工速度有所提升。

如图 1-1 所示，2023 年房地产新开工房屋面积为 95375.53 万平方米，而住宅类为 69285.61 万平方米，占比 72.65%。此外，国家统计局数据还显示，2023 年房地产开发投资总额为 110912.88 亿元，而住宅类投资总额为 83820.03 亿元，占比 75.57%。另外，反观近三年的数据，2022 年和 2021 年房地产新开工房屋面积分别为 903746.85 万平方米和 975386.51 万平方米，而房地产开发投资额分别是 122697.12 亿元和 136275.20 亿元。通过以上数据可以看出，2021～2023 年的房地产市场在缩量。

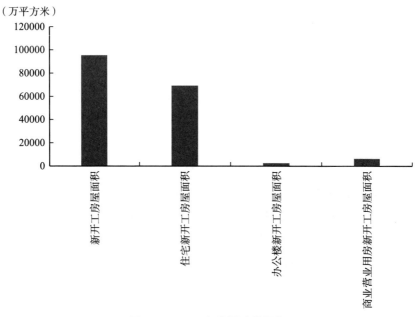

图 1-1　2023 年房屋建筑面积

资料来源：国家统计局，https：//data.stats.gov.cn/easyquery.htm？cn＝C01。

从城市拿地来的情况来说，城市土地市场的降温已经明显出现。数据显示，2020 年土地成交金额为 4.7 万亿元，2019 年土地成交金额则为 6.8 万亿元，25 家房地产行业龙头房企在 2018 年合计拿地 2590 宗，土地成交金额 15600 亿元，比 2017 年的 21664 亿元下降了 28%。可以看出，房地产企业对于拿地的兴趣有所下降，对于拿地决策也越发谨慎，推动了土地市场的进一步降温。

2. 房地产市场的需求分析

房地产需求是指消费者在特定的时间段，在特定的价格条件下，对某一房地产所愿意并且有能力购买的数量。要想形成市场需求，需要有两个特定的条件：一是消费者有意愿购买；二是消费者有购买的支付能力。

决定房地产需求量的因素包括：第一，房地产的价格水平。价格过高，需求就会相应减少，反之需求就会增加。第二，消费者的收入水平。第三，消费者偏好。第四，消费者对该房地产未来的心理预期。如果心理预期为正，认为该房地产价格未来会上升，则需求会增加。

当前我国正处于快速城镇化时期，房地产需求主体主要有四大类：一是急需自住的刚需群体，如拆迁户、本地家庭，他们大多是非投资类需求，客观现实性强，这部分人群绝大多数会采用按揭的形式购房，数据显示这部分人群的需求大约占到需求总量的 60%。二是单位福利购房群体。这部分人主要为政府、国企、事业单位人员。需求的特征是需要在特定的时期购房，对房价的涨跌较为不敏感，贷款金额比例低，此类人群的需求大约占购房总需求的 15%。三是高端购房群体，如企业家、高收入人群、互联网程序员等，此群体对于房屋的投资价值属性不太关注，一般更在意房屋所带来的生活品质的提升以及孩子的学位问题，此类人群的需求大约占需求总量的 15%。四是投机性需求群体，即所谓的炒房客，其需求属于投资性购房需求，对于房价涨跌较敏感，注重的是房屋所带来的短期收益，其需求约占需求总量的 10%。

随着近年来结构性去杠杆的推进，房屋融资的要求明显提高，再加上限价、限购等限制措施的推出，使购房者购买房子的条件要求更加严格，房地产公司拿地更加谨慎，因此 2016～2018 年商品房销售情况基本保持稳定。自 2016 年 6 月开始，商品房销售面积累计增长开始放缓，总体状况略有下降，销售面积累计值有所减少，2018 年商品房销售面积累计增速甚至呈现负值。

3. 房地产市场价格分析

从图 1-2 全国商品房房屋平均销售价格来看，2003～2022 年，中国房地产的平均价格从每平方米 2112 元上涨至每平方米 10139 元，涨幅高达 4 倍，除 2008 年略有下跌外，一直呈现上涨的趋势。此外，不同的城市涨幅区间有所不同，一线、二线、三线城市的涨幅各有其特点，下面将以一线城市代表北京和二线城市代表长春为例进行分析。

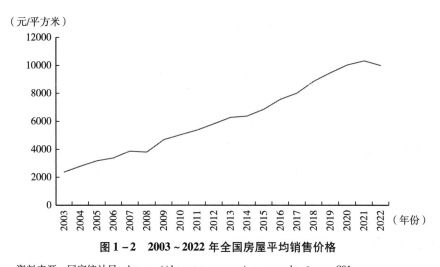

图 1-2　2003～2022 年全国房屋平均销售价格

资料来源：国家统计局，https：//data. stats. gov. cn/easyquery. htm？cn = C01。

一线城市以北京市为例。如图 1-3 所示，北京市 2003～2022 年的房价总体呈上升趋势，除了个别年份由于政府的房地产调控政策使房地产价格保持平稳或者略有下跌外，大部分时候北京房价都呈上升趋势。2003 年，北京房价均价不到 5000 元/平方米，到 2021 年则飙升至约 40500 元/平方米，上涨超过 8 倍，即便是 2008 年次贷危机爆发，北京的房地产依然十分坚挺，没有受到严重影响，仍然保持上升趋势。

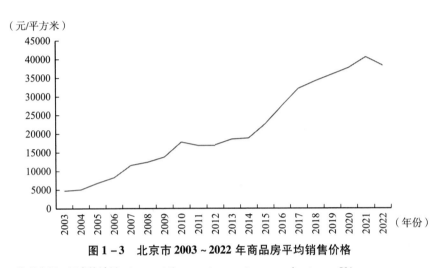

图 1-3　北京市 2003~2022 年商品房平均销售价格

资料来源：国家统计局，https://data.stats.gov.cn/easyquery.htm? cn=C01。

　　从增长速度来看，2006~2007 年，北京的商品房平均价格从 8280 元/平方米增长到 11500 元/平方米，只用一年即进入均价万元时代；而 2014~2015 年，北京商品房均价即从 18800 元/平方米涨到 22600 元/平方米，一年涨幅 20%，自此，北京房价增长速度远超过工资上涨速度，北京居民的住房压力进一步加大。

　　从北京市房地产平均价格可以看出，20 年来，一线城市房价虽然偶有波动，但仍旧呈现出稳步上升的趋势，且上涨速度远超过当地居民人均收入增速。

　　二三线城市以长春市为例。图 1-4 为 2003~2022 年长春市商品房销售均价折线图。从中可以看出，2003 年均价为 2155 元/平方米，2007 年为 3250/平方米，四年间涨幅达到了 50.81%。与 2003 年的房价相比，2021 年的房价也增长了近 4 倍，但与北京等一线城市相比，涨幅较小，整体虽然稳步上升，但仍属于居民可接受的范围，生活压力远远小于北京等一线城市。

因此，可以看出长春市的商品房均价整体来看在稳步上升，但是涨幅较小，且上涨速度较慢，属居民可负担增长。

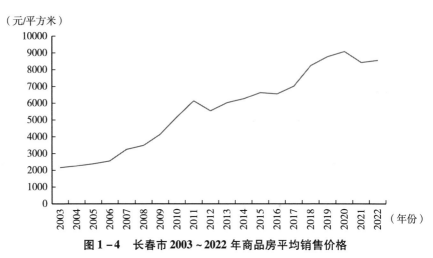

图1-4   长春市2003～2022年商品房平均销售价格

资料来源：国家统计局，https：//data. stats. gov. cn/easyquery. htm？cn = C01。

4. 一线城市与二三线城市房地产价格对比分析

通过数据对比发现，同期相比，一线城市的房地产价格远远高于二三线城市。一线城市房地产价格高，而且涨幅大，2003年北京房地产均价为4373元/平方米，2022年为38240元/平方米，20年间每平方涨幅接近9倍；二三线城市的房地产价格起始值较低，上涨速度较慢，因此与一线城市房价的差距越拉越大，2003年长春的房地产均价为2155元/平方米，2022年为8555元/平方米，20年间涨价6400元/平方米，涨幅约4倍。相较于北京市，长春市商品房平均售价不论涨价额度还是涨幅均低于北京市，且两城市房价差值经年逐步扩大。

总体来看，以全国及一线、二线、三线城市为例，商品房平均价格在过去的20年里均呈现迅速上升的趋势，虽然个别年份有所下降，但总体房价较2003年仍不同程度地翻了几番。此外，一线城市的涨幅明显大于二线、三线城市，且差距在不断拉大。

5. 人口流动会对房地产价格起反作用

人口的流入是推高城市房地产价格的基本因素之一。以北京为例，北京房地产价格涨幅之巨，令人瞠目结舌，一个很重要的因素便是人口。北京市教委在 2019 年发布的《2019 年北京地区高校毕业生就业质量年度报告》显示，北京的普通高校毕业生人数为 23 万人，超过六成的毕业生选择留京，且为高素质净流入人才，人均收入高，处于适婚年龄，对于房地产的需求大、购买力强。因此，每年十数万的高收入人群入京，有效推动了房地产的发展。反观人口净流出城市，因为没有相应高校推动毕业生就地就业，住房刚性需求低，房地产价格增长缓慢。

数据显示，2023 年中国公共财政收入最高的 4 个城市分别为上海市、北京市、深圳市、杭州市，而在经历 2022 年各一线、新一线城市人口净流出后，2023 年杭州、北京、上海的常住人口均有所增加，而深圳的数据尚未公布，其中，杭州位居东部地区常住人口增加之最，为 14.6 万人；上海其次，为 11.6 万人；北京由净流出扭转为净流入，为 1.5 万人。值得注意的是，以上 4 个城市均为万亿 GDP 城市。此外，其他常住人口增加的城市有：广州市 9.3 万人、宁波市 7.9 万人、南京市 5.6 万人、厦门 1.9 万人。[①] 以上 8 座城市，均位居中国房价排行榜前十位。[②] 由此可以看出，人口流入和房价呈现正相关性：一方面，人口净流入越多，房价上涨动力就越足；另一方面，房价的上涨也会推动人口净流入的增加。

中国城市群的人口迁移模式与外国城市群不同。在中国，人口迁徙并没有像伦敦都市群一样呈现"房价越高人口外迁越多"的情况，而是呈现出"高房价高人口流入"的情况。具体情况为：首先，就东部发达地区来说，高房价并没有成为人口入迁的阻力，反而因为东部地区高经济发展水平以及完善的基础设施吸引了更多的人口迁入；其次，经济发展相对落后、房价相

---

① 吕晨安，张研吟．一图看懂中国城市人口新增量［N/OL］．澎湃新闻，2024 – 04 – 12.
② 聚会数据．全国放假排行版（住宅 2024 年 5 月）［DB/OL］．2024 – 05.

对较低的中部地区，房价在吸引人口迁入时虽有一定作用，但没有与其相对应的价格相匹配，《中国人口普查年鉴 2020》数据显示，华中地区的湖南、河南、湖北分别排广东跨省流入人口来源地前二、三、四位;[①] 最后，西部地区虽然也以低房价吸引人口迁入，但因其欠发达的经济水平无法满足人们需要的物质基础等条件，对迁入人口的吸引力还不是很强，甚至存在推力，不断将人口往外推出。

（七）中国房地产库存状况

房地产库存是指已经竣工可以出售的待售现房与期房库存即尚未竣工但已取得预售许可证的房屋面积之和。我国房地产库存主要存在三大问题。

1. 去库存周期长，超出合理值范围

根据住建部及专家观点，合理的房地产去库存化周期的上限为 18 个月，即房地产销售周期应该为 18 个月。但根据国家统计局数据，2023 年房地产施工房屋面积为 838364.46 万平方米，销售面积为 111735 万平方米，以 2023 年中国的消费水平，要想去库存化，需要至少 7.5 年的时间，这与合理的周期上限 1.5 年相差较远，从侧面说明我国房地产处于高库存状态。

2. 待售面积持续增长

国家统计局数据显示，2024 年 3 月末，我国商品房待售面积约为 7.5 亿平方米，按照人均 35 平方米的住房面积进行计算，待售面积可以供 2000 万人居住，如果按一家四口人进行计算，则可以供 500 万户家庭居住。

3. 商品房空置率进一步提高

2011 年开始，商品房空置率持续攀升，2022 年贝壳研究院发布了

---

① 林小昭. 五大跨省人口流入省份解析：广东近 3000 万，浙江居第二 ［N/OL］. 第一财经，2022 – 06 – 30.

《2022 年中国主要城市住房空置率调查报告》，报告显示，2022 年我国 28 个大中城市的平均房空置率为 12%，超出 5% ~ 10% 的合理区间，空置率过高。其中一线城市平均为 7%，均处在合理区间；二线城市为 12%，三线城市为 16%，二线、三线城市大部分处于 10% ~ 15% 之间，但最高的南昌市达到了 20%。总体来看，除北、上、广、深四市，我国大部分城市已经超出合理区间，仅 28 座城市里就有 6 座高于 15%，[①] 房地产市场明显供过于求，库存积压情况严重。

但库存问题在不同的城市，其状况也有所不同，并非全国所有地区库存严重积压。一、二线城市去周期化普遍比三、四线城市更好。根据易居研究院最新发布的《2024 年 1 月中国百城库存报告》显示，成都、杭州、上海的存销比分别为 6.3、8.1 和 10.9，而三、四线城市如韶关、晋江和舟山的存销比则分别达到了 131.1、105.9 和 84.6。因此，在全国房地产市场遇冷的背景下，中大型城市的去库存速度相对较快。

---

① 贝壳研究院.《2022 年中国主要城市住房空置率调查报告》［R/OL］. 2022 - 08 - 05.

第二章

中国的土地财政回顾

一、土地财政的历史和成因

（一）土地财政的含义

"土地财政"实际上是一种形象描述，具体是指政府部门依靠土地来获取财政上的收入。而财政收入指国家财政参与社会产品分配所取得的收入，是实现国家职能的财力保证。在我国，"土地财政"指的是地方政府通过将土地进行出让而获取的收入，即土地的出让金，这类财政收入不属于一般预算收入，但属于政府的财政收入。经过多次改革，我国政府的财政收入包括一般公共预算收入、政府性基金预算收入、社会保障基本预算收入和国有资本经营预算收入。[①] 而土地财政收入就属于政府性基金预算收入。

因此，如今对土地财政含义的共识是，土地财政之所以被定义为政府性基金预算收入，是因为土地财政是一些地方政府通过对土地使用权的出让来

[①] 郭翔宇，余健. 摆脱土地财政依赖，重塑地方财政收入结构［N/OL］. 清华五道口，2023 – 02 – 13.

获取地方财政收入，从而维持财政支出的行为，因此也叫第二财政。从历史上看，香港地区开展城市经营和土地财政较早，中国内地的土地财政最早是学习香港的，有报道指出，20世纪60年代，香港的财政收入有很大一部分由土地转让提供，港英政府采取公开拍卖土地的方式，为其增加了巨额收入，巅峰时期，仅1980～1981年，港英政府的卖地收入占全年总收入的37%。① 中国内地实行土地公有制，有行使收回土地使用权的权力，而土地使用权的回收往往会有比较多且复杂的原因，包括地区发展和用地规划，因此政府对于土地使用权的收购价格相较于市场往往会偏低。

土地财政收入主要有三类：其一是政府针对房产和土地的各种税收，包括契税、城镇土地使用税、土地增值税、房产税等；其二是政府出让土地使用权而得到的土地出让金收入；其三是围绕土地，利用其进行融资行为得到的收益。土地财政收入也可以理解成地方政府通过土地出让的方式获得的收入，它是在现有的政策制度下，如土地使用制度、政绩考核机制，加上地方政府间存在竞争的情况下，部分地方政府为了缓解财政压力而产生的结果。

（二）　土地财政的成因

在新中国成立初期，《中国人民政治协商会议共同纲领》在当时的作用为临时宪法，但其中对我国城市土地的所有权没有做出较为明确的规定，在后续发布的《宪法》中，包括"五四宪法""七五宪法""七八宪法"，并没有对城市土地使用权进行明确的描述，对其归属权也无明确的规定。我国第一次对城市土地所有权进行明确规定的宪法是"八二宪法"，其中第十条规定，"城市的土地属于国家所有"。自20世纪80年代开始，我国对土地使用制度进行了改革，将土地的所有权和使用权分开，这也为后续的土地财

---

① 李婷. 深圳土改如何坚持社会主义制度，破解"香港问题"？［N/OL］. 观察者网，2019 - 08 - 23.

政提供了明确的制度保障。直至 1987 年 4 月，在土地的所有权和使用权分开的背景下，首次提出了土地的使用权可以有偿转让的条例。1987 年 9 月，深圳市作为首个实行土地使用权转让的城市，规定使用权转让期限为 50 年，这在很大程度上促进了我国国有土地使用制度的改革。在 21 世纪初期，我国开始实行土地的"招拍挂"制度，这一举措使得土地出让市场成为卖方市场，同时也在很大程度上加快了以后几年中央政府预算外收入的增长。

土地财政形成的原因如下。

1. 土地二元制是土地财政形成的基础

我国实行的土地制度是城乡二元的土地公有制结构，城市土地归国家所有，农村土地归农民集体所有。国家拥有高度集中的土地分配权力，规定和管理城市与农村土地的使用，一般建设用地只能用国有的土地，集体不可以购买国有土地，国家有权力强制征收集体的土地。同时，农民拥有并非土地的所有权，只是土地的使用权、占用权、收益权，没有完全的处分权。农村的土地只能通过国家的征收才能改变所有权主体和所有权性质，同时土地征收要以不降低农民的生活水平为原则，并给予农民一定的补偿，补偿标准以产值为依据。

因此，土地财政的征地，一般是政府先将农村集体土地收为国有土地，再根据用途出让或划拨给单位或个人进行开发建设。农村的土地归集体所有，村民只拥有土地的使用权，这里作为集体的主体其实是虚置的。所以，地方政府可以以较低的价位获取土地的使用权，转为国有土地后，再以高价出让，作为商业用地等，同时政府还可以获得一定的税收收入。另外，地方政府也可以以土地储备作为抵押，从金融机构贷款进行周转或投资。

2. 分税制的改革形成财政权力结构不对称

1994 年，我国实行分税制改革，主要涉及中央与地方财政支出的划分、中央和地方政府财政收入的划分、政府间财政转移支付制度。其中，根据事权和财权相结合的原则，按照税种划分了中央和地方的收入，分为中央税、地方税和中央地方共享税。分税制的改革是为了克服包干制、分成制的缺陷，建立一种较为理想的财政管理体制，符合政治体制和经济体制的要求，这在一定程度上集中了中央的财权，控制了财政风险，但也弱化了地方政府的财力。从数据上看，分税制的直接影响是地方政府的收入减少了，地方税和中央地方共享税作为地方政府的财政收入，不足支撑地方政府的财政支出，形成了一定的财政缺口。如 1993 年地方财政收入约占全国财政收入的八成，1994 年分税制后，地方政府财政收入占全国财政收入约 44%，这个数字在 2023 年上升到 54.07%。① 同时，地方政府的财政支出占全国财政支出的比例却居高不下，收入减少、支出没有太大变化，事权和财权的不匹配导致地方政府的可支配收入不足，地方政府需要寻求其他的财政收入，而能获利的土地财政则可以补齐这个缺口。

3. 地方政府行为逐渐市场化

随着我国经济发展和政策的逐渐完善，现代化建设和城市化进程稳步推进，地方政府的作用逐渐显现出来。从分税制实行之后，税种区分为中央税、地方税和中央地方共享税，地方政府的收入更加独立，不再是先前统收制度下的上下级政府的附属关系，地方政府慢慢转化为拥有独立事权和财权能力的公共管理机构。同时，因为一定的绩效压力也给到地方政府，部分地方政府开始实行政绩考核制度，进而又加快了地方政府市场化的进程。与此同时，自 20 世纪 90 年代以来，地方政府硬性的 GDP 指标和财政收入指标，也在一定程度上与地方政府官员的晋升挂钩。因此，一方面，地方政府的独立事权财权的功能，给地方政府官员带来了政绩和考核的压力，直接或间接地调动了地方政府官员对于提高财政收入的积极性。另一方面，为达到政绩考核要求，各地方政府之间甚至地方政府内部也产生了一定的竞争，而土地资源能带来可观的财政收入，因此，地方政府自然而然更加注重土地财政模块的利用与开发。

---

① 国库司. 2023 年财政收支情况［M/CD］. 中华人民共和国财政部，2024－02－01.

（三）土地财政的历史

土地财政的演变和财政制度的演变息息相关。

改革开放前，党和政府采取将老旧住房分给人民、政府财政直接投资加盖新房、机关工厂学校增建住房等多种举措，以福利分房的形式为人民群众解决住房问题，从而使人民群众的住房条件有了极大改善，初步满足了人民群众的住房需求。

改革开放以来，中央政府在经济方面逐步放权，实行分成和财政包干制度，地方政府可以自由支配上交中央份额后剩余的财政收入，从而有效地提高了地方政府发展经济的积极性。同时，国家提出以商品房为主要发展方向的住房制度改革，单位分房制度自此慢慢淡化。鉴于上述制度，1980～1993年间，地方政府财政收入在全部财政收入中的占比不断提升，至1993年末，中央的财政收入占比已经减至两成，地方的财政收入上升到八成。地方政府在财政包干制度的鼓励下大力发展乡镇企业，大大推动了20世纪80年代中国经济的腾飞。然而，这一机制也加大了地方政府之间的竞争以及中央政府和地方政府的利益博弈，从而在一定程度上抑制了经济发展潜力，限制了经济效益提升。因此，为了解决包括包干制度在内的诸多弊端，中央政府在1994年启动了分税制改革，将税种分为中央税、地方税和中央地方共享税三大类。增值税作为最大的税种被划分为中央地方共享税，中央占75%、地方占25%。

分税制改革为后面的土地财政埋下了伏笔。分税制的执行，对于地方政府的财政收入影响较大，地方政府的税收分成比例较低，而土地出让金的收益在当时较小，也保留给地方政府。改革开放以后，除在少数时期有所下降外，地方政府的支出责任整体在不断增加。分税制的改革调整了政府税收分配，但是没有对中央政府和地方政府的支出责任进行重新分配，地方政府在支出责任上整体没有变化，而财政预算却较明显下降，地方政府为了应对这部分的支出，承担责任，就需要在财政预算外找寻其他的收入来源。因此，地方政府就将土地财政作为政府预算外收入较为可靠的来源。

　　财政收入的缺口是地方政府逐渐依靠土地财政的起因。但随着 20 世纪 90 年代到 21 世纪初土地住房制度改革的推进和"招拍挂"制度的逐渐成熟，地方政府认识到了土地的更多可能性。2000 年之后地方政府的财政支出比重不断上升，一个重要的原因就是地方政府在这段时间的负债逐渐增加和地方政府的主动投资行为。2000 年后，地方政府投资冲动的增加也使地方财政的规模进一步扩张。

　　因此，地方政府为了寻求财政收入，将目光更多投到土地资源上。具体形式为地方政府通过出让国有土地的使用权或者通过低价获取土地的使用权，再以高价出让的方式进行商用或划拨给单位使用等，赚取差价，获取一定的财政收入。另外，地方政府还可以通过其中的转让程序获取部分税收收入。其他的收入如土地使用者向地方政府支付出让金、土地使用者支付国有资产的租赁金等，也可以为地方政府获取较为可观的财政收入。从地方政府的视角来看，土地财政能较好地为地方政府带来低风险的财政收入，且具有一定的不可替代性，因此，各地方政府为缓解政绩的压力，将目光投到土地资源上。自此，以上方式不断演进、转化，地方政府对于土地财政手段的使用和依赖日益加深，土地财政由此产生，并不断发展。

二、土地财政的意义和积极作用

　　从经济发展的角度看，实行分税制后的几十年时间中，"土地财政"在很大程度上助力了中国经济的快速发展，同时在经济发展中占据了不可或缺且极其重要的一环，已然成为中国式经济发展的主要推动力之一。深圳的发展就是一个典型的例子，在深圳经济特区建立之初，地方政府财政收入只有 1700 万元人民币，而基础设施需要大量的资金投入，为解决这一问题，深圳根据自身城市特点，借鉴了香港的发展经验，较早开展了土地批租的政策。这一政策在很大程度上弥补了深圳基础设施建设的资金缺口，为深圳后续从"小渔村"发展成为国际大都市打下了坚实的基础。

地方政府大规模的财政收入都是来自土地财政，在经济发展初期拥有这一庞大的资金来源，对地方政府投资基础设施建设、提高建设速度具有强大的推动作用。此外，政府对于城市工业化和城镇化的投入、对地方工业的扶持、对大型个工业项目的补贴，背后都需要政府有强有力的财政补贴能力，而政府的财政补贴能力，其中较少部分来源为税收收入，主要的来源还是"土地财政"的收入。

因此，在城市的发展和实现城乡统筹发展过程中，如果地方政府没有合理利用土地使用权出让收入，便无法完全满足城市化启动阶段原始资本的需求。而"土地财政"高效率的融资模式，使中国可以高效获得原始积累必需的"初始信用"，因此从某种从程度上说，"土地财政"助力中国崛起完成了原始积累。

土地财政对加速城镇化有至关重要的推动作用。在分税制和土地"招拍挂"制度实行之后，大部分地方政府利用土地财政获利，财政收入有了一定的保证。政府获取一定的收入后，才拥有充足的投资产业以及城镇化建设的资本。改革开放至今，对于大部分地方政府来说，土地财政占财政收入的比重很高，达到30%或以上，因此对于各地方政府，用于城市发展的资金大部分也源自土地财政。因此，土地财政在一定程度上加速了地方城镇化的进程。

三、土地财政制度对房地产市场的影响

土地财政与房地产市场有着紧密的联系，由于分税制和21世纪初土地"招拍挂"制度的实施，地方政府财政收入来源的主要部分慢慢往土地财政偏移，同时，国内房地产市场也逐步发展。而土地财政影响房地产市场的作用机制之一，就是房价和土地价格之间的正相关关系，房地产价格涨，最重要的就是基础地价在长涨，土地是稀缺资源，卖出的多，土地变得稀缺，价格就往上涨。土地国有，说明土地是垄断性质的，拥有者有提价筹码。一方面，房价上涨会导致土地价格上涨，以至于工业土地用地价格也上涨，企业支出增大，从而引致工业企业入不敷出走向破产倒闭，进而税收减少。所以，短期内，地方政府可以通过财政卖地增加财政收入，但长期财政收入会因为工厂企业的数量减少而减少，并诱发地方政府卖地增加财政收入，陷入恶性循环。另一方面，房价上涨，城市房租也上涨，商业利润被进一步压缩，产品市场价格上涨。又由于我国施行的是价内税制度，因此商品价格大幅度提高，货币出现贬值，导致商业不景气。此外，房价上涨导致居民的现金流不充裕，购买意愿进一步下降，最终加深了商业不景气的程度。

土地财政的实行，房价上涨的事实，让经济发展围绕房地产产业发展，导致整个实体经济慢慢走向空心化。实力雄厚的投资者进军房地产，大量资金资源流向房地产业，实体经济不振，甚至房地产产业成为多数城市的支柱产业。房价上涨加上资本流入的恶性循环，使产业空心化进一步加剧。最终，财政、经济都以房地产产业为导向。长期来看，房地产市场供求不平衡矛盾将继续存在。从供求关系的分析可以得出，我国房地产价格出现阶段性上升趋势有一定必然性。同时，在政府控制房价、调整住房供应结构、加强土地控制和信贷控制等一系列宏观调控政策陆续出台的背景下，地方政府的过度投资冲动将受到一定程度的抑制，土地与房屋开发投资的增速也会相应减缓。

四、土地财政带来的待解问题

土地财政给中国经济带来了很多好处，但也引发了一些问题，存在着诸多风险。

（一）土地财政将土地由不动产变成了投资品，带来了一定的金融风险

土地财政推出之后，房地产市场就已经不是普通的商品市场，"土地财

政"的本质其实就是融资，这就决定了土地的定价以及受土地定价影响的住宅是作为投资商品而存在的，而非仅限于一般意义上的不动产交易，因此增加了政府对于调控房价政策落实的难度，就如同股票市场一样，大部分购买商品住宅的消费者不是没有住宅，而是为了获取高额的投资回报而进行房产投资，即所谓的"炒房"行为。因此不动产无可避免地被赋予了投资商品属性。只要房地产市场高收益、强稳定性及低风险的情况持续存在，市场资本就会源源不断地流入房地产行业。

土地财政的本质是融资，因此会不可避免地存在金融风险。土地的价格不断抬高，土地的"净收益"已经成为很多企业特别是地方政府的信用基础。然而，不断抬高的价格总会存在泡沫。一旦房价暴跌将会导致大规模的抵押资产贬值，届时将会带来难以想象的金融风暴。

（二）土地财政存在着财政风险，造成资源的浪费

地方政府对土地财政过度依赖，将其收入作为地方财政收入的主要来源，其被重视程度和不平衡的收入容易引发政府的财政风险。土地资源是有限的，而且我国土地的使用权是70年，从卖出到收回这段时间内，不同任期下的地方政府对土地资源难以重复利用，下一届政府难以从上一届政府出卖的土地中获取价值，从而引发财政风险。一旦未来出现"无地可卖"的情形，政府的收入来源受限，资金不足，地方政府的资金周转出现危机，就很容易引发财政危机。

同时，在现行的政绩考核制度之下，地方政府为了追求政绩、提高地区财政收入，大量买卖土地，搞房地产建设，造成了大量的房地产库存，从而导致了资源的浪费。

（三）土地财政对财富的再分配加剧了贫富差距

土地财政对财富再分配有较大的影响。首先，从征地过程来说，由于我

国实行城乡二元的土地制度，城镇土地所有权归国家所有，农村土地所有权归集体所有。土地的二元性决定了在农用地转非农用地的过程中，政府可以从农民手中低价征地然后高价出让给土地使用者，从中获得高额的差价。这一过程在一定程度上影响了农民群体的利益，数据表明①，农民所获取的报酬仅为总收益的5%～10%。在政府征得土地后，由政府进行基础设施建设，然后高价出让土地，完成财富的再分配。其次，从购房过程来说，购房者通过按揭贷款的方式将未来一部分收益在基期时投入到房地产市场，市场通过缴纳各种税收的形式将部分收入交给政府，政府再通过基础设施建设等公共福利来增加居民福利，完成区域内的财富再分配。改革开放以来，我国发达城市的房价发生了几轮暴涨，目前北京、上海、广州和深圳四个一线城市的房价收入比都超过了10倍，这表明一线城市目前的房价高昂。经过20年左右的经济发展，大城市中已经持有不动产的市民拥有了巨额的财富，而没有持有不动产以及刚进入城市的市民，在购买住房时，面对如此之高的房价，显得心有余而力不足。而房价高昂的成因之一也是土地成本的高涨。因此土地财政在一定程度上加剧了城乡之间、已购房居民和新购房居民之间的贫富差距，制约了社会经济的平衡发展，且有违社会公平原则。

---

① 邹爱华. 贫富差距的缩小与土地财政的终结［J］. 科学社会主义，2011（2）：128－130.

第三章

影响房地产价格的因素

一、房地产周期

（一）房地产周期的内涵

在研究房地产周期前，我们需要研究与探讨房地产周期的内涵及概念。国内文献关于房地产周期定义的表述主要有以下六种：

第一，何国钊、曹振梁、李晟（1996）对于房地产周期的观点为：房地产业的周期性发展与我们现代国民经济高度社会化的发展相类似。周期性经济社会发展包括复苏、繁荣、衰退、萧条四个不同阶段且相互影响，由此逐渐形成房地产市场经济周期性循环波动或房地产行业发展循环周期。谭刚（2000）也抱有类似的观点，他认为中国房地产业的发展主要呈现上述四个不同阶段的循环发展周期。① 而刘学成（2001）认为房地产周期波动既是宏观经济在房地产业中的表现，又是国民经济被动式发展在房地产行业中的体现。

---

① 谭刚. 房地产周期波动研究——理论、实证与政策分析［D］. 天津：南开大学，2000.

第二，梁桂（1996）对于房地产周期的观点为：在市场经济条件作用下，不动产总供需的波动与供需相互作用而产生的不动产经济波动，呈现出周期性波动的特征，进而形成不动产特有的经济周期。而不动产经济周期作为不动产周期的组成部分，可分为五个阶段，依次是：不动产供需失衡、市场活力爆发、繁荣、紧缩、萧条。

第三，刘洪玉（1999）对于房地产周期的观点为：对当前我国作为发展市场经济体的历史进程中的周期进行分析，可以明显看出，在市场机制相互作用下的总体并不能完全达到且保持一种市场供需的平衡。所以我们可以以此为依据明确地定义房地产市场的自然性周期，分为四个阶段：供给远高于自然周期平衡点时（即房地产开发市场到达谷底），需求保持低速增长甚至停滞阶段；需求的增长速度超过自然周期平衡点时，持续快速增长的阶段；供求关系在达到自然平衡点之后，供给持续增长速率高于需求持续增长速率的阶段；市场经济正常化的运行基本已经恢复到自然周期平衡点的水平之下时，供给持续快速增长，而需求正处于缓慢增长或需求正处于负增长的阶段。

第四，陈柏东、张东（1996）对于房地产周期的观点为：房地产市场经济的运行周期指的是房地产市场经济在连续不断并且循环往复运行中的一个漫长周期内所需要经过的各个不同阶段与不同环节的流程，主要是以房地产商品及其相关商品的综合生产力为起点，其中包括房地产商品开发，建造租赁房屋，房地产商品销售、使用、维修与售后服务、废弃等各阶段或环节。

第五，宗跃光、孟辛林、方洁（1997）对于房地产周期的观点为：房地产市场周期近似正弦波曲线，通过利用膨胀、收缩、停滞、调整、恢复等一系列自我平衡机制，形成了完整的房地产市场周期，分为以下十个阶段循环往复：经济增长对物业的需求、刺激建筑业发展、经济繁荣进一步刺激物业需求、新建物业超过实际需求、产生过剩物业积压、物业需求迅速减退进入调整期、物业需求逐步消化现存量进入恢复期、物业供求关系达到平衡阶段、新的经济增长使物业需求大于供给、返回第一阶段开始新一轮市场周期运动。

第六，任泽平、夏磊、熊柴（2017）对于房地产周期的观点为：房地产市场周期发展可以大致分为长、中、短三个周期，长期看人口、中期看土地、短期看金融。从房地产的整体供需关系角度看，人口、金融需求均属需求侧综合因素，而土地则属于供给侧综合因素，人口、金融、土地三个因素综合，决定了房地产周期。在衡量房地产市场周期的过程中，有一些不可忽视的指标，主要包括产品销量、开发商资金来源、价格、土地开发购置、投资、新开工、库存等。

在以上六种定义中，除了任泽平等将房地产活动运行过程囊括到定义中以外，其余皆是以经济周期为主要核心，然后通过延伸拓展的方式来定义房地产周期，并且基本上都把房地产周期划分出扩张和收缩两大阶段，其基本区别仅仅在于分别使用了房地产周期、房地产波动、不动产经济波动、房地产市场周期等大不相同的表述方式。

（二）房地产周期波动的影响因素

房地产周期波动的影响因素有很多，如供需、投资、宏观经济、人口、土地和货币等。对房地产周期波动的影响方式分为直接与间接两种。

1. 直接影响因素

导致房地产周期波动最直接的影响因素之一就是房地产市场的整体供需结构变化。其主要市场影响效应机制表现为：若市场中房地产供大于求，则房地产经济快速紧缩；若市场供应量小于需求量，则房地产市场快速扩张。

房地产市场供需自身的变动不仅会受到房地产投资价格弹性等内部经济传导波动因素的直接影响，还将受到一些外部宏观经济波动变量的间接影响。房地产市场供需关系的演变过程，是被外部作用因素与内部传导因素相互影响、相互作用的结果，而供需关系的变动则会通过价格影响房地产市场，产生波动。因此说供需结构的变化是直接影响房地产市场周期波动的主要因素之一。房地产市场的供给与需求矛盾，主要通过利润、成本和市场需求价格等几个主要参数指标，最终通过房地产长期投资的变化来进行体现，也就是利用资产总规模变化作为引导，使房地产的长期投资走向持续收缩或者快速扩张，从而最终使房地产市场经济出现一种周期性的变化。

从房地产市场经济主要以供给结构为主体的特点和未来角度进行分析后发现，固定资产投资与国民经济发展之间依旧存在着相互且密切的关联性。房地产投资周期、房地产市场周期与当前国民经济运行状态之间也存在着紧密的联系。因此，深入分析了解并准确且合理把握房地产投资周期对房产消费者与房地产开发企业来说都是十分关键的。

此外，房产投资也是一个直接影响因素，主要包括市场对房地产价格的未来预期以及可能带来的投资收益率。

其中，房地产投资市场中的优质住房价格的大幅度涨跌趋势将极有可能直接并实质性地影响到房地产投资市场主体消费者在考虑购买优质住房时的消费行为。同时，从房地产投资市场实际投需求的发展势头来看，如果预期未来一段时间内的房地产投资市场的形势不容乐观，则市场对预期性的物业需求量以及投资性的土地需求量将会大幅度的减少，从而导致了整个房地产市场的周期产生波动；反之，若预期未来的房地产投资市场形势发展很乐观，则房地产市场对这些物业和土地的需求量将出现持续且剧烈的增长。

在一般情况下，当房地产项目开发商预期到的资产收益率开始慢慢升高时，开发商则会开始加大投入以期获得更多的回报；而当预期收益率开始"走下坡路"时，开发商的投资行为可能会因此而开始变得小心谨慎。所以，一直以来，预期收益率的涨跌和趋势都是项目方和开发商最需要关注的指标之一。房地产市场竞争自始至终普遍存在，任何一个房地产企业都不会长久稳固地拥有优渥的条件去获取一个远高于同期社会平均收益水平的超额投资回报，因此，随着市场竞争的加剧，房地产开发商的投资收益率将快速下滑至同期社会平均收益率的水平，在一些极端情况下，甚至会出现远低于同期社会平均收益水平的情况。

在上述情况下，明智的新房产投资者将会选择停止进入房地产投资市场，且原先在市场内的部分投资者也极有可能会选择退出，而投资者的流失，则会导致房地产未来市场上预期到的可拉动市场的供给量增量开始出现大幅快速的下滑，而随着房地产市场中住房消费的快速上升，房地产开发投资的需求量不断增加，市场又将会吸光这些超量的住房供给量，开发商的房地产投资收益率再次逐步回升。最终当房地产投资者的投资收益率回升至期望水平时，又会有新的房地产投资者选择进入房地产投资市场。整体来看，房地产市场大致就是这样循环往复、周而复始地发展、运行，而正是由于这样的运行轨迹，造成了房地产市场周期性的波动。

2. 间接影响因素

（1）宏观经济因素。

根据经验，我国国内总体的宏观经济环境会潜移默化地影响房地产的供给与需求。当国内的经济环境不景气、处于低迷状态时，政府将根据市场经济环境状态提出建议并相继出台一系列扩张性政策，通过带动内需达到拉动房地产经济的目的，进而带动国民经济发展。而当国内的经济环境过于活跃时，政府则会执行一系列紧缩的政策举措，用以抑制房地产市场的过度发展，避免出现不可控的房地产泡沫。

①国内生产总值（GDP）。

我国国内生产总值总体呈现出具有规律性的周期波动，房地产市场的发展和国内生产总值的周期波动紧密相连。总体而言，房地产市场经济波动周期的变化相较于国内生产总值的周期波动发生得更早。造成这个现象的主要原因有两点：其一是我国国情与政策决定了房地产行业处于我国产业链的最前端，它直接预示着宏观经济的未来发展趋势。其二与我国 GDP 的核算方式有关，从行业间的关联性来看，房地产行业发生的波动还会对其他行业领域的市场经济产生一定的作用，但房地产行业波动性的影响存在着时滞性，同时我国国内生产总值之和包含了各个行业的经济总值。故结合以上两点主要因素，房地产市场经济波动具有先发性，而其他行业从受到冲击到产生反应具有滞后性，从而核算进 GDP 再到反映出来的 GDP 周期波动总是走在房地产市场经济波动周期之后。

此外，GDP的总量也会影响房地产市场发展规模。若我国GDP处于持续快速增长的阶段，失业率持续降低，消费者现金流大量涌入市场，则市场资金充足，投资者会加大对房产的投资，直接拉动房地产投资市场快速扩张，形成房地产投资热潮；相反，若国内生产总值多年持续降低，失业率不断上升，流入消费者手中的现金流大幅减少，从而使可投资资金减少，形成投资冷静期，最终房地产投资市场会呈现出自然收紧的状态。

②配套的利率政策。

从政策层面来看，由中央出台的具有针对性与实时性的配套利率政策无疑是通过干预房地产经济周期波动进而控制房地产市场最为有效的手段之一。中央政府相机抉择，通过对利率政策进行调整更新，对房地产市场的供需主体产生直接影响，使政府有机会掌控房地产市场的整体运行情况，同时又可以制定不同的配套利率政策，通过改变基准利率和金融机构的存贷款基准利率等多种方式来改变利率结构。利率的变化不仅会对房地产企业的实际建设投资成本及其他消费者的实际消费成本造成直接影响，还会间接地调节房地产企业实际的投资建造行为和其他消费者实际的购房消费行为，进而达到政府调控房地产市场的目的。在当前我国金融市场日趋完善的大背景下，利率对房地产市场周期性波动的影响也愈加明显。

③居民的消费与储蓄。

居民的消费与储蓄将会对房地产的经济周期性波动造成影响，而居民的消费与储蓄将受到其可支配收入影响。居民的住房购买能力提高，会提高他们对房地产的兴趣，从而无形中加大了对房地产的需求量，而需求量的增长又将带动住宅房价重新上涨，带动房地产的投资。此外，我国消费者所拥有的一系列消费观念与时俱进，也极大地促进了房地产市场的快速发展。最初在我国买房的消费者是通过使用银行存款购买住宅，一次性付全款的消费者占比相对较高，这样的购买方式对房地产市场中资金的快速周转会造成一定阻碍。而且随着近年来房地产金融政策的成熟，贷款购房引导性政策极大地推动了房地产市场的快速发展。

（2）人口因素。

我国的人口增长率和房地产市场需求量的增长率有着强关联性。如果消费者对第一套房的需求非常强烈，即使当时房价开始出现了不同幅度的上涨，只要该消费者当时所有的积蓄或者未来的期望收入足够很好地支撑房价的负担，那么他们有极大可能性选择购房。其中主要有三个因素直接影响房地产的市场经济发展，分别为人口总量、劳动年龄人口占比以及购房适龄人口占比。在这三个因素中，购房适龄人口占比无疑是最需要关注的。进一步细化，适龄人口可以划分为首次购房的具有刚性需求的适龄人群和多次购房的追求居住条件改善的适龄人群。

（3）土地政策。

土地政策是指政府部门通过严格控制和监督管理全国土地从而对房地产行业造成直接影响的房地产调节机制，在政府的督导下，土地政策有利于促使房地产交易市场发挥自我调节的重要功能。因为房地产经济需要采取其他方法和手段对土地进行调整，因此土地政策也就成为政府的首选政策措施。同时，土地政策也是一项干预房地产市场经济周期性变动的有力方法和手段，它能够从根本上直接地影响房地产市场的供求关系。伴随着我国土地政策的成熟，政府所推出、执行与土地管理相关的政策对房地产市场经济周期性波动的影响愈加高效。

（4）货币政策。

货币政策是管控房地产市场的重要工具之一，前文所提及的利率政策就是其中最为重要的部分，它对房地产市场的平稳、理性发展有着至关重要的作用，但想要通过货币政策对房地产市场产生影响，其中的传导机制是关键。自2008年金融危机以来，我国经历了一系列的货币政策调整，先是金融危机伊始，政策由松到紧，市场表现出稳定势头后，再稳中趋松，最终慢慢趋于稳健的政策。至2009年，我国的货币经济环境更加宽松，货币的供应量同比增长27.7%，而房地产的销售面积则同比增长51%。2010年，中央开始实行房地产限购政策和限贷政策，但货币的供应量仍维持在较高水平。具体来看，2010年的货币供应量同比增长了19.7%，而房地产的销售面积同比增长了11.3%。在较高水平货币供应量的影响下，限购政策对房地产市场的遏制不及预期，增长势头虽有所下降，但并未出现大幅下降的趋势。从整体视角来看，货币政策的实施确实可以对房地产市场造成一定影响，但整个过程中传导机制是决定因素，只有在合理的传导机制的作用下，货币政策才可以对房地产市场进行高效的调控。

（三）房地产周期的投资启示

房地产市场的周期性变化通过持续的价格波动给不少购房者带来了极大的心理压力，当房地产市场经济复杂多变时，购房者需要进一步深入研究并掌握我国房地产市场的各类价格波动的基本规律，熟悉房地产的基本性质，进而合理地判断房地产市场的发展趋势，理性做出购房决策。

第一，购房时需要挑好时机，伺机出动。要参考个体情况，结合房地产供应现状、房产市场成熟度、国家当下的各类政策以及宏观经济环境等多方面因素进行分析、考量，最终购买到合适的房产，达到投资或居住的目的。事实上，在整个房地产周期波动中，每个时期都具有不同的特点。例如，在房地产业处于萧条或衰退期时，从价格层面考量，此时购房最具性价比，但在这一时期，正常情况下可供选择的楼盘数量有限，并且由于萧条期房地产市场的不确定性，现有楼盘的未来价值也具有不确定性；而房地产业处于复苏期时是买房的最好时机，因为随着房地产市场逐渐回暖，会新增许多可供选择的楼盘，而且在价格上也处于起步阶段，所以此时相对容易买到满意且价格合理的房产；在房产市场处于繁荣时期时，理论上来讲，此时买房的危险系数最大，因为此时优质房源的房价位于最高点，合理的房子也难以买到，甚至会因为错误地选择房产而遭受损失，形成"负资产"。

第二，要学会理性认识并进一步掌握房地产的保值和增值等功能。简单来说，住房作为一种刚需，是生活中必不可少的一部分，但是，土地资源是稀缺的，所以会导致不少投资人错误地认为现在所投资的房产以后肯定会迎来升值。但事实上，房地产和其他金融资产一样，市场所能够接受的价格自然是不断地围绕价值波动的，而且因为房地产的长期流动性最差，这种资产价格不断波动所造成的市场风险自然要比其他金融资产更大。理智的投资者不应该把房地产作为唯一的投资资产，而要合理地配置诸如债券、股票、基金、黄金、实物等，使手中的资产多样化，这样才能积极主动地适应土地市场的不断变化，真正有效地实现资产的长期保值和再增值过程。

二、房地产市场供需

研究房地产市场的供需以及供需之间的相互关系，需要了解什么是房地产市场。

从经济学的角度来看，狭义上的房地产市场就是指房地产交易的场所，而广义上的房地产市场就是指房地产商品进行交换以及之间关系的总称，其中包含了房地产开发、建设、经营、管理、服务和消费等部分所共同组成的内在运行机制。所谓内在运行机制，就是将上述各个环节连接并联系起来，通过将其联系为一个整体，进而从各个方面对房地产的价值进行实现。简单来讲，房地产市场就是房地产商品交易过程的总称，即是一个将房地产商品作为载体，通过房地产开发、建设、经营、管理、服务和消费等一系列交易行为进行运作，最终实现房地产商品价值和使用价值的经济过程。与此同时，房地产市场具有其他行业已知市场所具有的普遍特征，作为市场的子市场，它同时也取决并受控于整个房地产经济系统，并且在整个房地产经济交易活动中担任媒介作用。

从构成要素角度来看，房地产市场由市场交易主体、交易客体和其他中介构成。交易主体指市场上的行为人，即供需两方，行为人可以是政府、企事业单位、也可以是个人消费者。而交易客体则指市场上用以交易的对象，包括房产商品和地产商品以及附着于其上的各种权益。中介构成即媒介体，包括交易媒介体和融资媒介体，主要包括地产营销机构和商业银行等。

从房地产经济运行的角度上来看，市场交易主体、交易客体和其他房产中介缺一不可。在当前我国社会主义市场经济快速发展的条件下，市场主体的需求是推动市场交易与供求关系发展形成的关键点。从这点来看，房地产市场是由于某些对房地产商品有特定的需求或欲望，并且希望能通过交易来满足这些特定的需求或欲望的全部客户群体所建立的。

通常这种情况下，房地产交易市场一般可以划分为以下几种：一是一级交易市场，即对土地使用权进行有偿交易出让的市场，俗称土地市场；二是二级交易市场，是进行房地产经营和开发的市场，即商品房和新楼盘的交易市场，又称"增量房地产"；三是三级交易市场，是投入使用后的交易市场，即二手房交易市场，亦称为"存量房地产"。房地产一级交易市场资产理应由地方政府直接垄断，是发展房地产二、三级交易市场的根本基础和重要前提，房地产二、三级交易市场资产交易活跃，供需均衡，便可直接促进整个房地产市场的繁荣健康发展。

（一）房地产市场供给内涵与影响因素

1. 房地产市场供给的内涵

从传统的微观经济学的角度分析，房地产市场的供给通常是由某一房地产商品的主要生产者或其他土地资产拥有者在某一特定时期内所提供，并且在每个价格水平上有意愿而且能够租赁与出售的房地产商品数量。在房地产供给中，整个供给量不仅包含了新的房地产商品，通常称为增量房，还包含了过去已完成生产的房地产商品存货，即存量房。

从宏观经济科学角度，房地产产品供给总量泛指房地产的总供给量，即在某一时期内全社会或某一特定地区内房地产商品的总供给量，包括价值投资总量和实物经济总量。

2. 房地产市场供给的影响因素

（1）城市更新。

城市更新会迁出大量原居民，产生大量待开发的土地，从而在产生大量的刚性住房需求的同时，也会将土地置换出来。事实上，这是一种土地置换行为，它可以取代曾经占据较好地区位置但未能充分发挥其价值的土地。根据城市规划布局和产业开发，对新区块进行开发利用，不仅可以有效改变中国房地产企业开发供给总体数量，更有利于促使社会经济更具合理性与政策更具科学性，使我国当前城市内房地产的区域价格分布结构拥有了"更新换代"、重新合理布局的有利机会。

（2）货币政策。

货币政策主要可以划分为宽松的货币政策和紧缩的货币政策。在政府采用宽松货币发展政策的手段对房地产进行有效调控时，房地产开发商的资金成本相对较低，这意味着房地产开发商愿意将更多的资金投入房地产的开发与建设当中，对房地产市场产生即时的刺激效应，从而导致开发商数量迎来短期的爆发，参与开发与建设的项目数量也不断增多，购房者的选择大大增加，需求量也随之提升，最终通过供需关系，促使房地产的供给量提高。

反之，政府在利用紧缩货币政策的手段来调控房地产市场时，开发商流入房地产市场的资金将会减少，资金使用成本提高，房地产开发商将无法投入更多的资金用于房地产项目，从而可供购房者选择的商品房减少，直接使消费者的购买欲望下降，资金并未流入房地产行业，最终通过供需关系，抑制房地产的供给。

不同的货币政策在对房地产企业市场进行价格调控中造成的效应不同，但每一种的货币政策都具有其独特的价值和意义，都是为了能够对房地产行业产生影响并进行调控，使房地产金融市场也能够平稳下来，从而使社会经济健康、高速发展，进一步降低购房者的经济压力，日渐提升其对住房的需求，使市场形成良性循环。

（3）土地政策。

中国实行土地公有制。一方面，中央政府可以通过调整土地供给的价格、数量和总体结构等手段直接有效地干预房地产市场，最终达到调控作用。另一方面，不合理地制定、使用土地政策也起到反作用，这是因为房地产市场受土地政策间接性影响，在利用土地政策对房地产市场进行调控的过程中，若政策方向、衡量指标存在不统一的情况，则容易在实施政策、履行监管过程中产生偏差，最终造成巨大的影响。

对于我国房地产价格来说，土地政策主要是通过两个方面对其进行调节的。一方面是政府利用土地政策的调整来控制土地价格，使土地价格在整个房地产市场中能够保持在一个比较稳定的范围内，进而能够有效地控制房地产商品的增量和建设成本，影响房地产市场中的供给，从而影响到房地产最终价格。而另一方面，政府从整体上控制房地产开发建设的土地供应，使房地产在价格上涨的过程中不脱离其真实价值。

显而易见，土地政策的主要目标是合理有效地调控房价，其反应链是通过调控土地出让价格及土地供应量来影响房价。首先，土地政策通过对土地出让价格的调控来有效地调控房价，因为土地价格是房地产价格变动的直接因素，土地价格的上涨不仅直接导致房地产开发建设成本增加，而且还会影响房地产开发商的建设成本和开发意愿。此外，土地政策还会通过对土地供应量的影响作用于房价，因为土地供给量的变化将会直接对开发商的开发量产生影响，从而影响我国整体房地产市场中的房地产供给总量，进而通过房地产市场供需关系实现对房地产价格的调控。

（二）房地产市场需求内涵与影响因素

1. 房地产市场需求的内涵

从宏观经济发展角度来看，房地产的需求总量泛指整个社会对房地产的总需求量，即在某一时期内全社会或某一特定地区内房地产商品的总需求量，与供给相同，也包括了价值投资总量和实物经济总量。而从微观经济发展角度来看，"房地产的主体消费者"即房地产市场中所谓的需求，具体体现为，在特定的时期内、某一特定价格水平上，各种拥有购买意愿并具有购买能力的生产性以及经营性的消费主体和其他个人消费者能直接获得的房地产商品的数量。此处所谓的需求不同于普遍意义上的需要，它是有效需求，是一种用于描述是否具备有效支付能力的需求。

2. 房地产市场需求的影响因素

（1）房地产价格。

房地产价格的高低会直接影响到消费者的购买能力，再影响到房地产市场中的需求。一般来说，价格与需求量之间都存在负相关性，简单来说，即是在房地产市场内，其他特定条件维持原状的情况下，房地产商品价格上升，市场的总需求量就会减小；反之，房地产商品价格降低，总需求量就会增加。但是事实并非如此，房地产商品价格对房地产需求量的影响事实上会呈现出一种非常复杂的变动规律，其原因在于房地产商品所具有的特殊性。以中国的一线、二线城市为分析主体，这种复杂的规律被充分体现：在投机性需求占主导地位时，也就是所谓的有利可图时，房地产市场中，需求量与房地产商品的价格会出乎意料地呈现出一种正相关，即房地产商品价格上升，市场中需求量也增大，其销售量反而增加；同样，当价格下降时，市场中需求量反而减少，销售量也随之减少。对于国内房地产市场来说，商品价格迅速飙升的同时，市场需求仍旧保持高涨的状态，这样的变化不容小觑，需要政府高度关注。它既是投机性需求存在的原因，也是其存在的结果，因此形成了一个恶性循环，进一步加剧了我国一线热门城市的房地产市场价格脱离实际价值却又供不应求的局面。

（2）消费者对未来市场的预期。

首先，我们要明确，可以将消费者进行细分，不同消费者之间的差异性会让需求市场对房地产商品产生不同偏好。以经济实力为标准举例，消费者普遍要求住房安全、耐用，能够维系日常居住即可，而经济实力更好的消费者更在乎购买的房屋所处的生态环境、社区环境、教育、医疗环境以及其他一系列的配套基础设施等，他们更加关注居住环境的文明程度和发展程度等因素。

因此，市场中的有效需求量会受到消费者对未来市场预期的影响。具体来说，如果消费者预期房价在近期会上升，那么整个市场对房屋的需求就会增大；反之，如果预期房价在近期下降，需求则会相应减少。例如，亚洲金融危机后的六年，香港的房价暴跌了 65%，其中无论是房屋的品质、人口，还是社会收入水平等因素，变化都不大，改变的仅仅是当地居民或投资者的社会预期、经济预期，从而间接导致房价大幅下降，房地产的需求受到冲击。紧接着的就是在房价下跌时，房地产市场内的消费者预期也会形成下走趋势，进而促使他们处于因谨慎而持币观望的状态。

（3）消费者收入水平。

在当今社会和市场经济的条件下，居民对于房地产的需求与收入水平存在正向关系：消费者的收入水平越高，则对房地产的需求量也就越大。2023 年我国城镇居民人均可支配收入为 51821 元，相较于 2022 年实际增长了 4.8%，全国人均消费支出为 26796 元，其中住房支出占 22.7%。[①] 同时，我国正处于新型城市化建设的快速推进时期。从以城市中的农村居民为基础的改善性住房需求等方面看，消费市场对于房地产的需求量是可观的。随着近年来我国农村和城乡居民家庭年平均收入的进一步增加以及新型城市化所带来的农村居民的减少，我国城镇居民的房屋需求仍然存在着很大的市场潜力。

三、城市群的人口总量对房产投资的影响

人类社会的人口迁移即一个区域内的居民因各方面的原因需要更换居住的地点，从而以一定的人口规模从原居住地迁徙至别处的行为，这种集体迁移是现代人类社会中普遍存在的社会行为。人口迁移的行为本身往往具有难以捉摸的复杂性，这种复杂性通常是从个体出发发展至群体而产生作用的，因为人类个体思维具有复杂性，当个体制定迁徙决策时，就通过集体行为将这种复杂性延伸出来。进一步说，迁移决策本来就是一个复杂的变化过程，

---

① 国家统计局. 2023 年居民收入和消费支出情况 ［DB/OL］. 2024 - 01 - 17.

很多因素如自然环境、社会现状以及社会经济发展等都会影响最终决策。

（一）人口迁移的国际规律

著名的经济学家亚当·斯密（Adam Smith）在其研究中提出了一种关于人类劳动力流失和迁移的基本原则。这是最先用经济学的观点去解释人口流动和移民问题的理论。之后，英国统计学家埃内斯特·乔治·拉文斯坦（Ernest George Ravenstein）的"移民法则（规律）"研究，开创了移民研究的先河。20世纪60年代和70年代，一些新时期古典主义学派的兴起，也使得对移民规律法则及其理论的研究水平不断提升并达到了一个新的高度，此后各类型的移民而且在理论上也是层出不穷。

拉文斯坦的"移民法则（规律）"以及中外许多学者已经发表和提出的诸多"移民法则（规律）"表明，"移民法则（规律）"或"人口迁移法则"是人口学研究和社会经济学人口迁移理论研究的重要内容和组成部分，是从人口迁移行为中总结和提炼出的规律。

通过对国内外专家和学者的相关研究成果的分析，并以拉文斯坦的移民法则作为出发点，我们可以发现并简单地总结出一些具有特殊和典型意义的法则或规律。

一是迁移主体距离法则，即距离规律：在通常情况下，迁移人口经过长途跋涉，力求迁往一个规模较大的商业与工业中心城市。人口迁移，通俗来讲就是指一定数量范围内的人口从迁出地到迁入地之间的位置迁移。此法则的重点是体现出距离对于人口迁移所产生的影响，具体表现在净搬迁率和距离大小之间的关系上，两者成反比，搬迁的人口总数会随着搬迁距离的增加而减少，而最终真正进入搬迁到目的地定居的人口，一般来说只能占到当初所有搬迁人口总数的很小一部分。其中原因过于复杂，但大致可以总结为：迁入地对迁移人口的排斥，导致了部分迁徙人口的回流。

二是阶梯式人口迁移法则，即递减互补律：当第一次大规模的人口迁移运动正在迅速发生时，通常都会出现移民热潮，此时人们总是被拥有活力的新兴商业和工业中心所吸引。这类迁移又是以一种非常长期的阶梯性的搬迁方式持续发生，首批迁移的人口是那些原本就居住在该地区周围的居民，他们之间相互竞争，从而获得优先进入该地区生活的机会，导致其他从更远地区迁移过来的人口只能被迫选择迁入该城市周围迁出人口所留下的空隙区域，然后这样循序渐进，整个迁移活动类似于阶梯一样，一步一步地不断发展，随着日益增加的城市文化吸引力逐渐影响到更偏远的区域。

三是迁移潮与反向迁移潮法则，即双向规律：对于部分大城市而言，在整个发展阶段的迁入与迁出是可以同时且相互进行的，所以特定时期，大多数的迁移运动可以看作是一次双向运动。主要体现在只要发生一次迁移潮后，总会有另一个迁移潮紧随其后，随后的迁移潮具有逆向和补偿的性质，但总体来看，两者并不能达到一种使人口数量维持在原先水平的平衡。

四是城乡迁移差异化法则，即城乡迁移规律：通常情况下，两者其实都会进行迁移，但是乡村居民的迁移概率会大于城镇居民，这是由于城市地区对于这两类人的吸引力不同所导致的。

五是性别选择法则，即性别规律：女性在短距离迁移中的占比会比男性更大，而参与较长距离迁移的女性数量会少于男性。这主要源于家庭以及自身的影响因素，比如父母及家人希望女性的住所能够离家更近，可以方便家人相互照料，因此，事实表明，几乎大部分的远距离迁移人口都是男性。

六是经济影响因素主导法则，即经济规律：大多数迁移行为的发展都是由于经济因素引起的。恶劣的、压制性的政策和法律条文，沉重的企业税务负担，不宜居的天气、令人不适的生活氛围乃至其他类似的外界强制力量，都会导致或促使迁移浪潮的形成，但值得注意的是，以上这些影响因素皆为外部因素，其与内部因素（如居民为改善物质和精神上的生活环境而产生的向别处迁徙的欲望和驱动力）是无法相比的。

七是技术进步促动法则，即技术规律：在整个社会中，经济和交通的发展皆会对人口迁移产生直接的影响。拉文斯坦在文中明确指出："在过去几乎任何一个地方，我都曾经做过这样的比较，我发现交通工具的增加、制造业与商务等行业的发展都会引起移民的增加。"①

八是迁入地点选择法则，即大城市规律：迁徙行为总体上是向工、商业密集的中心城市进行的，这种以迁入大城市为目的的迁徙行为在进行超长距离迁徙的移民身上更为明显。

九是年龄选择法则，即年龄规律：在迁移过程中，年龄位于 20～35 岁的人口占据迁移人口的大多数。

除了上述人口迁徙所暗含的规律，其他相关的如关于国际人口流动、迁移等问题都具有其独特的研究框架和考虑因素。

第一，国际人口流动和迁移的政策及法规因素。国际人口迁移不像境内迁移一样自由，个人利益、迁出国和迁入国之间利益有着明显的区别，国家迁移法规的探讨具有宏观意义，因此，当讨论国际人口流动及迁徙时，需要将它摆在国际政治制度体系中进行考量。在经历了冷战之后，大部分的迁出国并没有对该地区居民的迁移行为做出限制，但是，迁入国家及地区对于迁移人口的诸多限制决定了迁移行为是否能够发生，其中最主要的原因就是受到了限制性政策的管辖。

第二，非经济性因素。在对国际人口流动迁移问题进行研究时，非经济性因素显得尤其重要。诸如政治、自然、文化和社会状况等因素，不能用金钱购买与换取，却又与生活息息相关。各国间这些非经济性因素的差异往往远比境内地区间的差异更明显，也更难以克服，故非经济性因素对于人口流动和迁移的影响也更大。

第三，社会福利因素。在很多国家，社会福利逐渐发展成一种可以与个体收入挂钩的社会性收入。它吸引着贫苦地区的社会劳动力往福利更高、生活更舒适的地区及国家进行迁移。这些社会福利因素可以合理地解释失业且失去再就业能力的迁徙人口持续滞留迁入地国家的社会现象。通常，良好的社会福利可以在一定程度上弥补生活上的不利因素如陌生的环境、沟通障碍

---

① Ravenstein, E. G. (1885), The Laws of Migration. Journal of the Statistical Society of London, 48: 167–227. https: //doi. org/10. 2307/2979181.

等所带来的负面影响。

（二）人口迁移的中国规律

中国的城镇化发展与人口迁移存在着千丝万缕的联系，特别是"城市群"（megalopolis）的发展。城市群的概念最早由法国地理学家戈德曼在1957年提出，与此相关的概念还有大都市带、都市圈、城市带等。戈德曼曾指出，大都市带是由市界街区连接成片、成带的区域，并且整个地区无差别地拥有现代化都市的生活方式。而其中，城市群和城市带两个概念常被我国城市研究学者所引用并研究。这两个概念与大都市带概念的主要区别在于中心城市的规模大小。城市群和城市带的特点在于它们强调的是城市与城市之间的空间组合形式以及城市密度大小，并且它们可以由若干个中小型城市组合而成，对中心城市的规模要求并不高。而大都市带则是以特大城市为中心的、城市体系比较完整的城市复合体，大都市带非常注重内部各个城市之间在产业、城市功能上的联系与协作，有着明显的一体化特征，此外还有体量大、人口多、面积大、跨行政区域等特点。从发展进程上来看，城市群和城市带可以看作大都市带的早期、中期形态。总而言之，不论是上述哪一个概念，本质上都是多个城市或地区在空间上的各类组合形式。通常来说，从现在的发展进程来看，当一个城市群或城市带在国际上具有一定的影响力时，则可以将它看作一个大都市带，譬如我国的几大城市群：以上海为中心的长三角城市群、以广州为中心的珠三角城市群以及以北京为中心的京津冀城市群等。

而城镇化，也称为城市化，具体是指在一个国家或地区的社会生产力不断发展、科学技术日益进步以及产业结构逐步调整的同时，农村人口不断向城市进行迁移，并且社会的产业结构由农业不断向工业（第二产业）和服务业（第三产业）等非农产业逐渐转变的历史过程。

图3-1显示，在改革开放之前，中国的城镇化进度几乎处于停滞状态，直至1978年中国实行改革和深化开放后，中国政府推进新型农业城镇化的

建设进度逐渐开始。1975 年，中国的城镇化率从 17.34% 开始增加，19 世纪 90 年代中期城镇化水平开始进入了快速发展时期，在 1995 年至 2005 年间，我国的城镇化比例保持年均 4.00% 的上涨速率。随后十五年间至 2020 年末，我国新型城镇化率的增长速率有所放缓，维持在平均值 2.68 个百分点的速率增长。2019 年，我国城镇化率首次突破 60%，意味着我国全面进入城镇化的中后期。通过对比其他大国的发展经验，虽然我国已全面融入到了城镇化中后期，但是我国的整体城镇化还是仍然保持在一个较为稳定的发展时期。

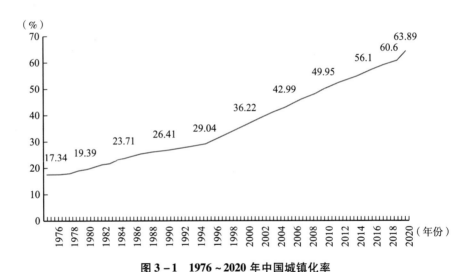

图 3 - 1　1976～2020 年中国城镇化率

资料来源：国家统计局：https：//data. stats. gov. cn/easyquery. htm? cn = C01。

（三）人口因素对房地产市场的影响

在前面，我们粗略地讨论了人口因素对房地产周期的影响，在这一小节将会主要介绍人口因素会具体从哪些方面影响房地产市场价格。人口因素包括人口数量变化、地区人口迁移速度变化、人口年龄结构变化和人口素质变化等。

第一，人口和数量的变动对房地产行业市场的影响。由于房地产的数量受到有限土地面积的约束，无法按照与人口快速增长相适应的速度持续增长，有限的居民住宅面积很难容纳更多的居民，自然，房地产的价格也会伴着人口的不断扩张而逐渐攀升。同时，人口的增加也将给城市经济带来巨大的环境压力，使房地产投资开发的难度增大，提供优质房产的开发费用和建设成本也将大幅上升，进而可能导致房地产行业市场价格的提高。总体来看，随着城镇化的发展，我国城市人口规模和人口密度与房地产市场的价格呈现出显著的正相关性。

第二，各个地区的人口流动速率变化对房地产市场的影响。房地产经济水平存在"惯性"，人口流入速度快的地区，房地产经济发展的"惯性"要大于人口流入速度慢的地区。现阶段，随着我国经济社会的进步与发展，大量的农村流动人口涌入城市，各个城市之间的人口流动也越来越频繁，人口搬迁的速度也越来越快。农村人口流向城市，则会给大中型城市的房地产行业发展带来巨大的住宅和商品消费市场，同样的，小城市的人口涌入大中型城市，也将为大中型城市的房地产行业创造更广阔的消费市场。

第三，城镇居民素质的变动会对房地产行业市场有所影响。随着现代化教育的深入和普及，人口素质有了较大的提高，人们对于住房品质的要求也有所提高。对于住房的高要求一方面促进了房地产行业建设标准的提高，另一方面必然会带来房产价格的大幅上升。

从长远来看，不同地区居民收入的差异性是直接影响住房价格的核心因素，因此，应当制定新型人才战略，不断加强对人才引进政策的制定与贯彻落实，吸引人才，一方面通过人力资源优势来推动本地区经济的快速发展；另一方面通过人口净流入增加住房刚需，直接带动房地产行业进一步发挥经济的支撑和带动作用。要着眼于环境保护体系建设，提高其生态环境的质量；要不断培育和提高自身城市文化氛围；要积极完善轨道交通等公共基础配套设施；要大力提升城市发展的质量及其内涵；要通过对人口分配的优化和调整，积极创造区域经济和社会文化发展的软环境。上述几点，对于推动房地产理性发展以及与其他区域经济增长有机结合具有十分重要的意义。

第四章

城镇化率与产业聚集
对房地产价格的影响

一、中国的城镇化建设

（一）推进新型城镇化建设

城镇化问题一直是我国在发展中较为关注的重点问题，每一年，我国都会在城镇化的建设中投入许多精力。然而，随着我国的不断发展，过去城市化的速度和效果已经不能满足当今社会的需求。因此，我国提出了新型城镇化建设的概念，而之所以要称为新型城镇化，是因为其目标由以往扩大城镇规模转变为以提升城镇公共服务和文化内涵为中心。

近些年来，随着中国经济开始转型升级进入高质量发展阶段，新型城镇化也随之进入高质量发展阶段。新型城镇化是现代化的产物，是解决"三农"问题的重要途径，也是扩大内需、全面建成小康社会的胜利，对我国具有重要意义。随着社会现代化和信息化的不断发展，新型城镇化的步伐也在稳步推进。新型城镇化是我国社会主义现代化建设的标志，也是经济社会协调发展的必然趋势，更是城乡转型升级发展的根本要求。

新时期我国社会发展依旧存在着不平衡的问题，主要表现在城乡发展、区域发展等方面。而新型城镇化必然是向着更高质量方向的发展，因此可以缓解这种不平衡的现象。

现阶段的中国，不管是城乡关系，还是城乡面貌，都在发生着翻天覆地的变化。新型城镇化建设在促进城乡融合、优化城市空间布局、推进社会主义现代化建设、促进城乡土地合理规划、促进城乡建设转型升级等方面发挥着重要作用。

自改革开放以来，城镇化战略作为促进经济发展和转型的重要手段，受到前所未有的重视。党的十六大明确提出，我国要努力发展具有中国社会特色的城镇化，而党的十七大则强调要统筹协调城乡之间的关系，符合情理地进行土地布局，避免在使用上的浪费，并推动小城镇与大中城市的协调与发展。加快城镇化，一方面可以改善城乡居民的生活，另一方面也加剧了城市地区发展与资源供给、环境承载力之间的矛盾。

因此，党的十八大首次提出，我国要坚定不移地走"新型城镇化道路"，推进发展以人为核心的城镇化。与此同时，中央明确提出加快转变城镇化发展方式，以创新为基础保障，坚定不移走中国特色新型城镇化道路。与过去相比，新型城镇化是在总结过去发展经验的基础上进行的一种新的实践，是一种以质量、民生和可持续循环发展为核心的全新的城镇化过程。

2020 年 10 月中国共产党十九届五中全会通过的《中共中央关于制定国民经济和社会发展第十四个五年规划和二〇三五年远景目标的建议》提出，我国应建立一个新模式的土地空间开发和保护、推进区域协调发展、推进以人为核心的新型城镇化，明确新型城镇化的政策措施和目标任务。

城市化是国家现代化的必由之路。许多国家多年来的发展规律表明，城镇化率与国民经济发展水平密切相关，城镇化是刺激经济增长的重要起点。在西方，发达国家的城镇化率基本达到 80% 以上。截至 2019 年，中国城镇化率为 60.6%，年均增长 1%，大概有 1400 万的农村人口涌入城市。必须要承认的是，我们与发达国家相比仍有较大差距，而与其他发展水平相近的发展中国家相比，我国的城镇化率也处在比较低的水平。城镇化率如果按照现在年平均提高1%的速度，想要与发达国家平均80%的城镇化率相持平也需要到2040年。以上的数据预示着我国推进新型城镇化还有很长的路需要走。

以人为本的新型城镇化需要通过完善的基础设施来吸纳和承载人才。从微观角度来看，城中村、老旧街区是中国城镇化的时代产物，它们以相对低廉的价格为外来人口提供了生活支撑，在现阶段，我国还不能完全脱离城中村的支撑来为广大的中低收入人群提供更完善的居住条件，因此，在一些大型城市里，城中村、老街区等基础设施仍有存在的必要性。但我国要稳步推进城中村改造，要完善城中村的公共服务布局和基础设施，引导社区服务的持续发展。从宏观层面来说，城市更新也意味着城市生态和功能的改善，包括空间结构和人口密度等宏观规划。此外，新型基础设施建设也将是未来新型城镇化的核心。

新型城镇化建设顺应了经济发展的新趋势，也改善了高速城镇化的弊端，展现了未来中国社会和谐发展、生态宜居、城乡和谐融合的愿景。同时，新型城镇化建设作为一个全面的统筹规划，对于促进城镇化快速高质量发展、解决传统城镇化发展中存在的弊端、支撑经济发展具有重要意义。

但是，我国在新型城镇化发展的过程中也面临以下三个问题：

第一，在认知上存在一定的偏差。这是一个关键问题。一些地方政府对城镇化发展的认识还停留在房地产、投资建设等层面，但对新型城镇化的内部发展了解不够，没有以"以人为本"的政策为发展导向，规划相应的发展规划。

第二，人口城市化和土地城市化发展不平衡。1991~2010年，中国城市建设面积增长约2.12倍，但城市人口仅增长约0.89倍，土地扩张速度约为人口增长速度的2.38倍。人口与土地城市化的不平衡导致了城镇无序扩张、土地浪费等一系列严重问题。比如，在发展过程中认识到交通发展对城市的重要性，就会加大对于土地资源的开发力度，而没有做出相对的、可行性的举措针对这些土地资源加以规划利用，最终致使土地资源的闲置，甚至是荒废。

第三，城镇发展体系仍不十分合理。中国的人口主要集中在东部的经济发达地区，而中西部经济发展相对缓慢地区的人口则相对较少。这一分布特征决定了不合理的发展制度必然存在于我国城市发展过程中。首先，不同地区的人口分布不同，导致实际发展情况不同，难以制定统一的改革发展规划，不能满足所有人的需求，阻碍了改革发展的正常进行。此外，我国人口分布不均衡，导致新型城镇化建设与改革效率之间存在矛盾，这主要体现在我国东部地区由于人口众多、分布不均衡，新型城镇化建设复杂。相反，西部地区人口相对较少，分布比较均衡。然而，由于西部地区人口相对较少，新型城镇化的发展对于促进我国整体经济发展的效率并不高，效果也未及预期。其次，我国在推进新型城镇化的过程中，还存在着城乡发展不平衡的问题，部分地区更注重于小城镇的发展而忽视农村的发展。

我国的经济发展必然要走新型城镇化的道路，新型城镇化对推动我国经济发展具有重要作用。因此，必须不断创新发展体制，解决新型城镇化发展中出现的问题，缩小城乡发展差距，提高人民物质文化生活水平，才能实现新城的高质量建设，促进中国的全面协调发展。

（二）从城镇化建设到城市群建设

党的十九大报告突出强调了城市群、京津冀协同发展、基本公共服务均等化、城乡一体化等发展理念，城市群发展在新型城镇化进程中的重要性日益凸显。

长三角、京津冀、粤港澳大湾区和长江经济带是发展重点。区域协调发展的目的在于各区域充分发挥比较优势，增强优势区域的辐射带动作用。《中共中央关于制定国民经济和社会发展第十四个五年规划和二〇三五年远景目标的建议》（以下简称"十四五"规划）中提出："促进京津冀的协同发展、长江经济带发展、粤港澳大湾区建设、长三角一体化发展，打造新平台和新增长极。"由此可见，长三角、京津冀、珠三角等重要城市群已形成国家发展的新动力源，辐射周边中小城市，促进经济整体改善。

其中，京津冀城市群未来建设将重点推进区域产业发展布局、基础设施建设、社会发展和基本公共服务、区域市场建设、环境保护和生态建设、城乡融合和城乡发展一体化；粤港澳大湾区建设要优化生产要素配置，使人流、资金流、物流要素全面、整体流动；长三角城市群要打造高质量发展新模式，提高国际竞争力，向更深腹地辐射，促进周边地区全面发展。

完善市场一体化发展和区域战略规划。"十四五"规划提出，要优化行政区划设置，充分发挥中心城市和城市群引领作用，建设现代化都市圈。随着我国城市化进程的不断推进，不同区域的城市发展格局已经逐渐固定。在此基础上，为了充分发挥城市群之间的联动和规模效应，提高核心城市的能级和核心竞争力，新型城镇化建设必然需要更加注重以城市群为集合体的组团式协同建设。

同时，推进以县城作为载体的新型城镇化建设。"十四五"规划中提出要"推进以县城作为重要载体的城镇化建设"。推进县域城镇新型城镇化，不仅可以提高大都市城镇化建设的辐射能力，还可以显著增强其在经济发展中的作用，同时也会促进不同地区特色产业的发展。

与普通城市的规划建设相比，城市群人口众多、资本较庞大、网络更复杂，可以实现区域经济协调发展一体化，资源的充分流动同时能够实现资源的优化配置。其发展目标以及战略规划一方面着眼于解决眼下的现实困难，另一方面遵循"以人为本"的内涵，不断指引城市群未来的发展方向，使其在未来的发展中能够承担起更加重要的历史使命。

城市群作为我国新型城镇化的主要形态和中等城市发展的高级形态，必须按照创新、协调、绿色、开放、共享新发展理念，建设成为生态化、智能化、创新化、国际化、利益共享的整体。它也是支撑国家经济增长、促进区域协调发展、参与国际合作竞争的重要平台，是产业转型升级、创新驱动的新制高点，是加速区域经济一体化进程、使中国走向现代化的重要保障。未来，城市群将在集聚中发挥非常重要的作用，使沿海、沿江等都市地区形成更大的连绵带，以人口、产业、经济相互匹配的模式促进城市群集的发展。

凭借城市更新和城乡接合部治理，不断提高土地利用率，协调各区域之间的利益，以更好地合理配置城市的不同功能。伴随着整体发展质量的优化和速度的有效提升，高度一体化趋势也将在城市群内部的公共服务、城乡统筹、产业布局和公共服务中得到体现，中国的生态环境和城市经济也将和谐发展。

党的十九大报告指出，需要进一步实施区域协调发展战略，构建以城市群为主体的大中小城市和小城镇协调发展的城市格局。近年来，国内城市群发展迅速，大量经济要素高度集中，区域协调与一体化进程加快。

解决传统问题、实现城市高质量发展、改善和加快经济发展的总体规划和重要动力是新型城镇化建设。城市群将成为新型城镇化发展的重要动力，通过中心城市的发展增强对周边城市的辐射力。同时，城市群按照"以人为本"的理论确定未来发展方向，并且利用人口资源、资金和复杂网络实现区域经济一体化，从而在激烈的竞争中肩负起更加重要的历史使命。

合理推进城市化发展，促进产业结构优化升级，有利于城市经济可持续增长。同时，在城市化进程中，房地产市场改革对城市经济增长起到了巨大的推动作用。城市经济增长高度依赖房地产业的发展，居民消费在城市经济增长中起着基础性作用。城市专业化和多样化的集聚模式在城市化进程中对产业集聚和经济可持续增长也起着重要作用，人力资本也在这一过程中发挥着重要作用。伴随着城市化进程的推进，城市产业分工协作和城市空间集聚水平的不断增强，以城市群为主导的区域发展逐渐成为区域经济发展的重点。促进城市群的发展也将对城市经济增长和区域一体化发展产生重大影响。

以现代都市圈为试点，深化新型城镇化体制机制改革。随着我国城市化进程的推进和城市空间格局的相应调整，城市化发展的体制和机制也面临着新一轮的调整。与此同时，互联网、大数据、人工智能等新一代信息技术的发展也成为新型城镇化的新技术支撑。结合新信息技术和新时期区域治理的要求，都市圈作为跨区域治理的最小空间单元，是深化改革的重点区域和重点领域，更是打破阻碍城乡发展和要素流动障碍的重要保障。

（三）城镇化建设对房地产市场价格的影响

传统上，房地产业的发展是人为地为社会创造社会供给，而城市化进程则是借助国家政策创造市场需求。

"十四五"规划第八篇"完善新型城镇化战略提升城镇化发展质量"的第二十八章完善城镇化空间布局中提到，要推动城市一体化发展、建设现代化都市圈。同时，第二十九章全面提升城市品质中提到，要完善住房市场体系和住房保障体系，具体内容有："坚持房子是用来住的、不是用来炒的定位，加快建立多主体供给、多渠道保障、租购并举的住房制度，让全体人民住有所居、职住平衡。坚持因地制宜、多措并举，夯实城市政府主体责任，稳定地价、房价和预期。建立住房和土地联动机制，加强房地产金融调控，发挥住房税收调节作用，支持合理自住需求，遏制投资投机性需求。加快培育和发展住房租赁市场，有效盘活存量住房资源，有力有序扩大城市租赁住房供给，完善长租房政策，逐步使租购住房在享受公共服务上具有同等权利。有效增加保障性住房供给，完善住房保障基础性制度和支持政策。"①

一是坚持"房住不炒"定位，促进房地产市场健康发展。整个房地产行业和整个产业链都要实行"房住不炒"。"房住不炒"将成为长期基调，关键在于增加住房资源供给。

二是树立底线思维，防范风险。对房地产风险的防范是国家整体安全策略中重要的举措之一。2020 年 8 月出台的"三限四档两观察"调控政策，正是重要的风险防范举措。

三是大力发展新市民租赁。"十四五"期间，城镇化发展仍是带动我国经济发展的重要因素。未来，政府在加强支持租赁行业方面仍有极大概率出

---

①　新华社. 中华人民共和国国民经济和社会发展第十四个五年规划和 2035 年远景目标纲要 [BD/OL]. 2021 – 03 – 13.

台相应政策，以解决新城市化公民在城市定居的问题。

此外，土地制度改革将对未来的新型城市化进程产生深远的影响。当前，房价已经相对较高，住房和土地制度改革迫在眉睫。未来土地市场化程度可能会逐步提高，而这其中重要的突破口，很可能是城乡二元结构，届时对于产权和分配的定义也会更加透明。

推进城市化不仅可以改善农村居民的居住条件，还可以满足城市居民的住房需求，因为随着社会经济的发展，城市居民也有很大的住房需求，比如住户的刚性需求、对改善住房的需求、对投资性住房的需求、因工作调动而产生的住房需求，以及子女就学等。这些对房子的大量潜在需求为房地产行业的发展提供了巨大的机遇。因此，房地产行业应该抓住新型城镇化的机遇，更好地发展。

2019 年，中国城镇化率突破 60%，城镇化的发展迈入了中后期，出现了以城市群和都市圈为主导的新局面。未来产业和人口快速流入的大都市也将成为房地产发展的重要方向，最终房地产也将回归基本居住价值，回归作为城市载体的本质。

除了快速发展的都市圈以外，人口基数高的县级城市的城市化潜力仍然很大。随着一些人口基数较大的县城经济基础设施投资和公共服务投资的增加，每年都会吸引更多的农民到当地县城定居。随着城市化率的提高，人口众多的县级城市将成为人口红利较大的地区，因此，这些具有巨大城市化潜力的地区值得关注。

随着城镇化的不断推进，每年 1000 多万农村人口进入城市，市场对住房的基本需求也持续扩大。此外，居民的衣食住行等基本生活需求得到了满足，城镇居民消费结构升级的主要方向也转向改善自身的生活居住环境。这种基本住房需求和改善住房需求的爆炸性叠加，将导致供需失衡，也将推动房价快速上涨。

未来，中国将进一步深化户籍制度改革，完善户籍管理制度，进一步提高城镇化质量。事实上，过去几十年间，城镇化率持续上升的主要推动因素是农村人口以打工为目的的人口流入，然而这部分人口无法享有与城市户籍人口相同的社会福利，包括但不限于医疗卫生补贴、子女教育、交通等服务。"十四五"期间，我国将继续深化改革，完善户籍和社会保障公共服务保障体系，重点完善医疗、教育等重要城市配套服务。

　　新型城镇化建设是一个具有超高难度的结构性工程，需要多方位协调和谐发展。我们可以从经济城市化、人口城市化、空间城市化和社会生活城市化四个主要方面综合看待新型城镇化对房地产价格的影响。

　　众多学者研究城镇化对房地产价格影响的结果表明，城镇化是促进经济发展的主要动力之一，与此同时，城镇化的过程也是城市生产要素的整合和集聚，不断产生规模经济效应，提高人民的生活和收入水平的过程，因此推动城镇化的过程伴随着经济城市化。经济城市化对房地产价格的影响，首先体现在提升房地产投资需求和购买力水平上。随着城镇化进程的不断加快，城镇居民人均可支配收入和人均银行储蓄水平也将进一步提高。人均可支配收入的增加将提高城镇居民的购买力和消费力。伴随着居民人均收入水平的提高，我国居民的生活需求也会提高，进而对房地产价格产生影响。其次，理财投资和实现财务保值、增值也会成为人们接下来的关注点。然而，内地居民进行投资的渠道并不多，房地产由于土地的稀缺性因而投资风险较小，特别是一线、二线城市，因此房地产市场成为高收入群体的主要投资渠道。这将导致房地产投资需求的增加，加上城市化导致的城市房地产消费需求的不断增加，必将在短期内超出现阶段供给端的产出量，出现供不应求的局面，从而房地产价格势必上涨。因此，经济城镇化通过影响房地产市场的供求关系对房价产生影响。

　　新型城镇化建设的核心是以人为本，人口向城镇集聚是城镇化过程中最典型的现象和结果。这种集聚不仅使城镇人口规模扩大，也使城镇人口密度增加，产生人口城市化的特征。这也将直接影响房地产市场的总需求，进而为城市经济环境的优化提供帮助。人口城市化产生的住房需求量的增加是对房地产价格影响最直接的因素，这部分需求属于刚性需求，是首先需要满足的房地产需求。随着新型城镇化的发展，城镇人口的增长必然拉动房地产行业的消费需求上涨。其次，在推进新型城镇化的过程中，随着城市棚户区的改造，城市拆迁的居民也会有新的住房需求，从而增加房地产的消费需求。因此，城镇化本身会直接增加房地产的消费需求，并通过人口的增加间接促进房地产的投资需求，从而增加房地产的总需求。

空间城市化对房地产价格的影响。城市化过程是土地性质由农业向非农产业的转变，是城市化区域不断扩张的过程。也就是说，空间城市化将在一定程度上扩大整个城市的建设空间和区域。这一过程以土地供应为基础。因此，空间城市化将从土地的供给侧对房地产市场产生影响。一方面，空间城市化带动土地城市化，主要是城市化过程中的土地开发建设。通过征地，政府增加了城市建设用地规模，扩大了城市区域，促进了房地产供应的改善。而另一方面，城市化虽然增加了城市土地供应，为房地产供应的增长提供了保障，但由于土地资源的稀缺性和不可再生性等特殊属性，导致了短期内土地供应增长乏力，长期内供应不足，这也是房价高企的主要原因。随着城市化进程的加快，新城发展和旧城改造的进程也在加快，城市空间形态进一步优化调整，如建设和升级配套基础设施，将继续刺激房地产有效需求的增加，从而引致房地产价格的上涨。

社会生活城市化对房地产价格的影响。新型城镇化既是人口的城镇化，也是新型城镇化质量的提高。如何保证城镇化后广大农村居民公平、广泛地享受社会资源和经济发展带来的利益，是一个亟待解决的重要问题。这不仅包括教育、养老和医疗等社会福利，还包括城市基础设施和生态环境等基本生活保障。这些方面也会对房地产价格的波动产生影响。房地产价格受城市价值的影响。城市的价值越高，人们搬进来的意愿就越强。城市的价值可以通过基础设施、教育和医疗等公共服务体现出来。基础设施建设完善的城市在城市生活的便利性和优越性方面也有很多优势，从而增加了房地产市场的需求和建设规模。在经济收入逐年增加的前提下，人们对居住环境会更加关注，对居住环境的要求也会越来越高。良好的城市生态环境，如完善的城市基础设施，可以更好地吸引流动人口迁移，从而增加城市房地产市场的需求。

二、产业创新与产业集聚

（一）产业创新发展与产业集聚效应

产业创新不仅是实施创新驱动发展战略的重要组成部分，也是推进供给侧结构性改革的重要动力。

评判一个国家的创新能力高低，不仅依据其创新活动和创新体系，更依据其自身是否能拥有一个良好且健康的创新生态。这要求我们改变过去的狭隘观念，不能只关注创新活动本身，还应该关注创新主体之间的互动性及其对于创新环境的依赖性。美国一份研究报告曾指出，正是因为拥有着优秀的创新生态系统，才使得美国拥有良好的经济发展，并在全球所有国家中取得领先的经济地位。另外一些研究还发现，美国硅谷的成功发展，正是由于它打造了一种创新的生态系统，能够包容不同性质的企业组织和产业链，互相促进、互相发展。现如今，中国正处在创新发展转型的重要时期，正面临着从要素驱动向创新驱动发展的关键时刻。实施创新驱动发展战略，需要突破区域和产业之间的边界，促进产业转型升级，创建多要素、多层次合作的产业创新生态。

中国创新生态建设仍需完善，创新主体之间缺乏联动、产业链之间协同不完全，导致整体创新效率无法进一步提高。所以，我们既要鼓励企业主体积极创新，也要构建包容、合作、共享、联动、互利的创新生态系统。产业创新有两个重要特点：一是产业之间的跨界融合。跨界是指跨越对旧有区域划分和行业分类的边界定义，以及知识和政策的边界定义。而互联网技术促进了产业的跨界融合。二是新模式、新业态、新产业飞速发展。例如，材料、科技、能源等行业的发展走上快车道并且共享、融合成为新经济的显著特点。这就需要通过跨界耦合构建产业创新生态。耦合是指两个或两个以上系统相互作用形成的动态关系。跨界耦合并不是简单地融合或整合两个或两个以上产业，而是在耦合过程中形成产业共生共享的创新网络。

产业创新生态建设主要包括三种模式：一是构建大型企业主导的产业联盟创新网络。大型企业通过合作成立战略联盟与关系网络外的组织保持创新关系，实现联盟内企业的发展，并逐步演化为创新合作关系网络。二是构建基于集群联动的产业集群创新网络。当产业集聚到某种规模时，企业的产业关联会导致创新行为的关联，进而引发技术不断创新的集群效应。通过产业集群联动发展，形成相互交织、错综复杂的网状集群创新体系，最终形成产业创新网络。三是构建共生发展的创新生态网络，从整个区域层面建立创新合作机制，形成有利于协同合作创新的良好环境。

产业集聚是一种特别的经济组织形式。产业集聚促进了范围内企业组织达成共生、合作、互利的关系。一方面，产业集聚能使企业的经营成本有效降低，包括劳动力、原材料成本等，提高企业的生产效率，扩大优势，最终增强企业的竞争力；另一方面，集群内企业之间的互动能够产生更大的协同效应，从而提升区域竞争力、促进创新发展。

产业集聚是多种因素共同作用的结果，主要包括资源集聚、成本优势、人才汇聚和创新网络，这几种因素缺一不可。从产业集聚的发展来看，市场虽然起到最为关键的核心作用，但政府的主导力量也不可忽视。

基础设施是区域经济发展的关键因素，不仅影响区域内的生产效率，还影响产业的空间布局。做好基础设施建设，为企业提供完善的公共服务，能降低企业的经营成本，吸引更多的企业加入并形成产业集群。但是，基础设施的公共产品属性和投资特征决定了其建设主要依赖于政府主导：一方面，基础设施的公共产品属性，决定其有非竞争性和非排他性；另一方面，基础设施建设具有建设周期长、投资规模大、资金回收周期慢的特点，难以依靠民营企业满足投资需求。因此，地方政府推动产业集聚最重要的任务是完善基础设施，为产业集聚提供优质的发展环境。政府要完善路网结构等配套基础设施，优化产业集群的基础条件，增强区域承接外部产业转移的能力。其次，人才集聚是重要支撑。政府应该提供完善的基础教育和医疗卫生环境。

创造良好的工作生活环境，人民才愿意在此长期发展，更多优秀的人才也会被吸引过来。

当前，我国经济正处于转变发展方式、优化经济结构的重要时期。克服发展障碍的途径在于走创新驱动发展之路，以创新为第一动力。公共服务体系在整合创新资源、提高创新能力方面发挥着极其重要的作用。完善的公共服务体系是促进产业集群可持续发展的基本条件。根据时代和产业发展的新趋势，地方政府可以建设融资服务、物流服务、技术创新等公共平台，充分发挥公共服务体系在提高创新能力、整合创新要素方面的作用，使集群内企业获得比分散布局更有利的经济效应。具体而言，首先要搭建完善的融资服务平台，为企业提供多元化的金融支持；其次，构建"产学研"深度融合的技术创新平台，这是提升集群创新活力的重要保障；最后，搭建物流服务平台，为企业提供高效、成熟的物流管理服务，同时也可以为企业提供相应的法律咨询、资产评估等服务，解决区域内公共服务滞后、服务体系不完善等问题。

（二）产业结构升级与城市发展

随着我国经济的快速发展，旧有的城镇化目标已经不适用于当前的发展，因为要实现现代化的远大目标，首先要对城镇进行改造，加快新型城镇的发展。但这是一个相对缓慢的进程，产业结构也需要进行相应的升级。产业结构升级是向高水平不断演进的过程。目前中国的产业结构已经由第一产业为主转变为第三产业为主，2023 年两者比重分别为 7.1% 和 54.6%。[①]

国内关于产业结构的研究大致可分为两大类。第一类是研究产业结构在中国经济增长中的重要作用，第二类是关于不同产业间相互影响的研究。随着中国经济水平发展，相关产业越来越完善，同一行业内关联企业繁多，在现有的产业结构下，不同产业的企业相互联系，任一行业都不再作为单一市

①　国家统计局. 中华人民共和国 2023 年国民经济和社会发展统计公报 [EB/OL]. 2024 – 02 – 29.

场而独立成存在，而是根据多个行业的紧密结合，衍生出其独特的产业结构状态。

产业结构升级是不断向高级发展的过程，不同的国家，具体环境有很大的不同。以欠发达国家为例，其产业结构往往处于较低水平，但这不是最终形态，随着国家的不断发展，在不同状态不同时期，国家对于产业结构都会有不同的目标，都会有相对应的产业结构升级的需求。

以前，我国主要经济产业为第一产业，以农业为主。在不断发展的过程中，以工业为代表的第二产业崛起，并且发展态势良好，它为中国成为现代工业化国家奠定了坚实的基础。在随后的可持续发展过程中，我国也不断优化升级产业结构，第三产业的比重也逐渐超越了第一产业。中国已经成为以第三产业为主，第二、第一产业有序发展的国家。

产业升级是城市化的要求，因为在社会发展的过程中，人们对各方面的需求也在不断增加。为了满足人们的各种需求，需要加强产业各方面的建设，推动产业结构由低级向高级演进。因为高水平的产业结构往往比低水平的产业结构具备更多的创造力和生产力，能够极大地提高社会生产力，促进经济的发展。

在我国社会发展的过程中，一直存在着城市化与产业结构之间的互动关系，产业结构的发展决定了城市化的发展程度，而城市化的建设促进了产业结构的升级和发展，因此城市化与产业结构之间是存在着互补关系的，并且在不断发展中相互促进。

城市化会影响劳动力结构。一方面，如上文所述，中国新型城镇化的推进加速了产业结构的转变，产业以第二、第三产业为主，吸引了大量城镇劳动力，从而影响了劳动力结构。另一方面，城镇化建设也有利于提高劳动力的整体素质。随着政府不断加大教育方面投入，新型城镇化在更大范围内为居民提供了更优质的教育资源，显著提升劳动力人口的素质。此外，人才是保障城市发展、经济增长的重要因素，而新型城镇化推动了基础设施的建设，改善了就业环境，从而吸引了众多高端人才。如上所述，新型城镇化的推进，从劳动力数量和劳动力素质两个层面改善了劳动力结构，产生了大量能满足企业要求的多元化人才，最后映射到社会和国家的发展层面，解决了农村人口的就业需求，缓解了社会对人才的需求，促进了经济高质量发展，最终推动社会发展稳步前进。同时，新型城镇化建设也离不开劳动力的发展，因为需要大量劳动力去解决和改善建设过程中存在的问题。如果劳动力紧缺，出现劳动力市场供需失衡的局面，会导致劳动力成本上升，部分正在就业的劳动力涌向报酬更高的行业，从而扰乱劳动力在行业间的流动。

同时，产业结构升级也会对新型城镇化产生影响。早期，我国第一产业占比相对较大，其次是第二产业，第三产业占比最小。后来，我国进入工业化时期，第一产业比重下降，第二产业比重大幅上升。如今，第三产业的比重才大幅增加。在这个过程中，产业结构的升级促进了城镇的发展，从而促进了人才和资本向城市的聚集，引发了一系列城市发展问题。只有发展更为先进的城镇才能解决这些问题，人们才会有改善城市建设的想法。

从以上分析可以看出，无论从劳动力还是城市经济发展来看，新型城镇化与产业结构升级之间都有着非常密切的关系。新型城镇化建设将为社会带来更加丰富的劳动力，劳动力的涌入将增加对城市资源的需求。而为了满足需求，就要进一步开发城镇。

我国城市产业结构存在农业小、工业大、服务业弱等突出问题。从产业内部来看，存在轻工业和重工业比重不平衡、结构层次低等问题。从支柱产业发展方面来看，能源行业普遍供大于求，尤其是冶金建材行业，面临着产能过剩导致的市场价格下跌、生产经营困难的问题。因此，应加快城市经济和产业结构的转型与升级。首先，要加强农业结构调整，不断优化农业结构，转变农业经营方式。重点要抓好生产机械化、经营产业化等。其次，要加大产业结构调整力度，推进新型工业化进程。具体包括：依靠信息技术创新，加快传统产业转型升级；重点培育化工产品、轻工食品产业、新能源产业等五大产业集群；优化医疗器械、食品、轻工等产业链，加快建设现代化城市产业集群等。此外，要加大第三产业结构调整，发展现代服务业。坚持生产性服务业与生活性服务业、现代服务业与传统服务业并重的战略，重点发展金融、物流、旅游等五大服务业，全面深化改革，加快转型发展。最后，要加大对外开放的力度，注入新活力；大力推进民生项目建设和重大经济发展项目，为结构调整提供支撑。

（三）产业结构升级与产业集聚对房地产市场价格的影响

1. 产业结构升级对房价的影响

进入 21 世纪后，我国房地产行业飞速发展。从整体商品房平均售价和住宅商品房平均售价来看，2003～2016 年，这两项指标分别从 2359 元/平方米和 2197 元/平方米上升至 7476 元/平方米和 7203 元/平方米，年均增长率分别为 8.59% 和 8.85%。党的十九大报告明确强调"房住不炒"的概念。由于文化的差异性，区别于西方世界的人民，中国人对住房的刚性需求是十分独特的，因此房地产的升值空间远远大于同期 CPI 指数，这使得房地产行业迅速发展，高利润率滋养了许多房地产企业。如今，房地产业的发展已经成为中国国民经济发展的"晴雨表"。房地产业发展对国民经济的贡献，必将在产业结构转型升级中发挥重要作用。但是房价的快速增长让绝大多数对住房有刚性需求的普通人负担不起，因此，房价的涨幅极大程度上影响着中国人口迁徙活动。地产行业对城乡收入差距的影响是双向的：一方面，它通过改善农村剩余劳动力的就业情况，提高农村居民的可支配收入。另一方面，利用房价的快速增长作为杠杆来增加城市住房持有者的房地产收入，从而扩大了城乡的收入差距。同时，产业结构转型升级在劳动力流动和新型城镇化建设中发挥着重要作用。

郑若谷、干春晖、宇典范（2010）在其研究中运用第三产业与第二产业的产值之比来衡量产业结构的高级化程度，若比值增加，则反映出产业结构升级。① 以此借鉴，本书城市产业结构不断完善升级，主要表现为第三产

① 干春晖，郑若谷，余典范. 中国产业结构变迁对经济增长和波动的影响［J］. 经济研究，2011，46（5）：4-16，31.

业产值比重逐渐超过第二产业，产业结构向更完善的方向转变。产业结构调整的同时，第二、第三产业的就业也相应发生了变化，第二产业就业在减少，第三产业就业在增加。随着城市的发展，城市对技术和人才的需求增加，更多的从业人员从第一、第二产业转向第三产业发展。同时，区域产业分工会吸引更多高科技行业的人才向城市汇集，造成人口集聚。与此同时，消费服务行业的高度集中也会吸引大量的人口，住房需求也在不断加大，最终提高了房价。

产业结构调整是产业结构升级过程中的重要因素。在推进产业结构完善升级的过程中，第二、第三产业企业对厂房、办公楼、营业场所、住宅等产生了巨大需求。因此，商业地产价格会上涨，住宅价格也会上涨，产业结构升级的同时，也会带来房地产价格的上涨。与此同时，产业结构的升级对知识和技术型人力资本产生了大量需求。这类高素质人才对城市公共资源、基础设施和服务的需求相对较高，必然对住房有着强烈的刚性需求，从而推动房价上涨。同时，产业结构的升级也促进了服务业的发展，房地产行业不可避免地要与服务业进行竞争，增加了房地产行业的成本，进一步推动房地产价格的上涨。

产业结构对房价的影响也体现在收入水平上。根据 2022 年国家统计局发布的数据来看，2012～2021 年我国三次产业结构占比分别有 9.1%、45.4% 和 45.5% 调整为 7.3%、39.4% 和 53.3%，十年间第三产业增加值对经济增长的贡献率达到 55.6% 的年平均值。[①] 随着国家经济发展，更高的经济增长率带来了更高的居民可支配收入和消费水平。随着收入水平的不断提高，居民的生活幸福水平指数增加，对未来会抱有更积极乐观的态度，从而提升对生活品质的追求。住房作为居民的基本生活必需品，房屋质量的好坏也会影响到人民的生活质量水平。人民对改善住房的追求在增加，最终影响了房价。

---

① 新华社. 国家统计局：近十年第三产业增加值对经济增长年均贡献率达 55.6% ［BD/OL］.
2021 － 09 － 28.

产业结构的升级，也会影响房价上涨。在产业发展初期，制造业无法形成规模经济效应。此时，在制造业中占据大头的是劳动密集型的产业，在这种产业模式下，居民的收入水平较低，无法支撑起高房价。同时，在我国的户籍制度背景下，制造业发展所吸引的劳动力中大部分来自流动的外来从业人员，通常来说，外来流动人口大多缺少长期的安置计划和购房意向，因此在低收入水平和低购房意向的双重作用下，早期的产业结构对房地产市场的需求产生了削减作用。此外，只有当产业结构不断升级，结构持续优化到一定的阈值时，才会产生产业集群效应与溢出效应，从而促进经济发展，进而影响房地产行业的发展。

政府应充分促进房地产价格与产业结构升级之间的良性互动。对于服务业比较发达的区域，产业结构升级对房价上涨有明显的影响，所以我们有必要推动产业结构升级，使低水平的产业向创新产业和高新技术产业不断发展。同时，允许房价在合理范围内良性上涨，这能够充分发挥房地产行业的筛选机制，推动资源合理配置。不过，我国房价上涨速度过快，远高于产业结构升级的速度。政府应该采取相应的政策来进行平衡管控，对高学历高素质人才提供优惠政策、福利补贴，以免过高的房价对高端技术和创新行业产生反噬作用。此外，应把握住我国产业梯度转移的福利，将东部地区与中西部地区相匹配的产业进行调整和转移，带动中西部地区发展，加快城市基础设施建设，充分利用好产业结构升级带来的人口红利。

2. 产业集聚对房价的影响

产业聚集主要从人口增长、经济增长、房地产投资增长、存款增长和公共服务改善五个方面对房价产生影响。

（1）人口增长。

产业集聚通过人口聚集来影响房价。第二产业的集聚将企业、资本和劳动力集中在本地，强化了企业间的合作与联系，提高了资源的有效利用率。劳动力的集中使人口密度增加，直接引致了住房需求的增加，进而导致房价快速上涨。产业集聚也将促进全国各地信息交流软硬件水平的提升，交通、医疗等基础服务设施也将得到优化。另外，第一产业劳动力也将被更好的发展环境和居住环境吸引过来，再次增加了对住房的需求。伴随着劳动力源源不断地流入，企业也逐渐产生了规模效应，技术水平进一步提高，企业的边际效应得到了更大的释放，带动劳动力平均收入水平上升，从而使人们对住房需求和改善型住房的需求相应增加，最终导致房价的上涨。

（2）经济增长。

产业集群通过经济增长影响房价。产业集群囊括了多种类型的产品制造厂商，在同一个行业里，企业之间存在竞争关系，企业聚集的过程往往伴随着更加激烈的竞争，企业只有通过加大研发投入力度、不断开拓创新，才能在市场上占据一席之地。而激烈的竞争会筛选企业、优化资源并进行重新分配，最终提升行业整体的生产效率，相应地，行业利润也会增加，促进集聚区的经济增长，最终推动房地产价格增长。另外，通常产业集群的工业用地面积有限，随着厂商不断涌入，用地供需失衡，一个区域内用于开发住房的用地面积受到波及，间接地推动了住房开发成本增加，销售价格也会上涨。具体来说，产业集群对房价的影响途径包括住房土地面积和土地价格两个方面。一方面，伴随着大量企业涌入，政府的决策也会侧重于让更多土地被用来建设写字楼、工厂、商场等，从而缩减住房用土地面积。另一方面，自20世纪90年代以来，我国土地城镇化速度远高于人口城镇化。随着产业结构的转型升级，第二、第三产业发展发生了巨大变化，各行各业对土地资源的需求大幅提升。但在土地供应方面，由于土地资源的稀缺性，土地总量是确定的，因此可用于城市开发的土地面积更加有限，所以土地需求的多样化和需求增加必然会提高土地价格，最终影响到房价。

（3）房地产投资增长。

产业集聚会通过房地产投资影响房价。产业集聚会引入大型企业，而工业建设需要大额资金投入，这些大企业通常都有充足的资金，并且与银行业联系紧密，相比其他行业，也更符合银行业的放贷标准。因此，工业企业投资房地产行业在中国是非常普遍的现象。从中国的产业集聚来看，投资渠道单一的现象也促使企业对回报更高的房地产行业有更大的投资力度，推动了房价上涨。2023 年，中国房地产投资总额 110913 亿元。此外，由于企业和工厂可得到银行大规模的贷款资金，货币供应量增加，削弱了货币购买力，进而导致通货膨胀使资产价格提高，最终推动房价上升。此外，由于企业从银行获得了足够的资金，聚集地区的行业和个人的购买力增加，对改善型住房的需求增加，也会推动房价上涨。

（4）存款增长。

产业集聚会通过居民储蓄影响房价。产业集聚增加了企业和个人存款总量，面对通货膨胀时，人们更倾向于投资产品，而住房作为保值产品，更加受到大众的关注，所以房价会有一定程度的上涨。

（5）公共服务改善。

产业集聚将通过改善公共服务影响房价。产业聚集地区的城市化水平较高，通信、交通、生态环境等基础公共设施和资源丰富。这些基础设施和居住环境是推动房价上涨的重要因素。另外，公共服务行业也是推动房价变化的重要因素。公共服务业本身的发展可以促进收入的增加和劳动力的流入，这些因素会暂时推高房价。但最重要的是，公共服务行业本身就是城市基础设施的基石，而这个行业的发展水平是推动房价变化的主要因素之一。一方面，完备的公共设施和服务直接影响居民的生活环境和生活质量，改善他们的生活条件，提高其生活幸福水平，从而间接影响房价。另一方面，完备的公共设施和公共服务也是经济健康发展的重要表现，这些直观因素会让居民对未来产生积极的态度，进一步提高居民对房地产发展的预期，最终促使房价的上涨。

产业集聚可以带来正面效应，但如果发展过度也会产生负面效应，这便是"拥挤效应"。"拥挤效应"与"集聚效应"相对应，意思是当经济集中发展达到一定水平时，再往后发展，便会产生负面作用。这种效应体现在一个国家或地区的经济增长率与经济集中程度之间的关系上。传统城市经济学认为，城市规模扩大会增加人们的通勤成本，增加整体生活成本，最终降低城市的运行效率。学者威廉姆森在分析了 50 多个国家和地区的样本数据后，提出了"威廉姆森假说"，假说认为，在经济发展的早期阶段，空间集聚可以促进经济增长，但超过一定门槛后，空间集聚会对经济增长产生负面影响。威廉姆森认为，人们经济活动的分散主要是因为拥挤效应的强度超过了集聚经济效应的强度。后来的研究也在很多方面证实了这个假说。拥挤效应带动经济下行，导致市场萎靡，房价也会有下跌的趋势。

最优城市规模理论对交通拥堵效应进行了分析，认为集聚经济与城市拥堵效应之间的平衡是城市发展的主要特征之一，而拥堵效应的主要来源是城市内部交通成本的增加。人们为了降低交通成本，会选择在交通便利的街区或离公司更近的地方租房或买房。因此，由于交通拥堵的影响，房价也会有下降的趋势。随着产业集聚和人口增加，公共服务压力增大。资源的不足在一定程度上反映了公共产品拥挤效应的大小。一个城市的基本特征之一是提供公共服务。居民享受公共服务却需要相应的"入场费"，如该地户籍或房产证等。因此，公共产品的拥挤效应对房价的变化也有很强的负面影响，而土地市场的变化是造成城市拥挤效应的重要原因。所以，一旦产业集聚超过一定的范围，就会导致集聚区人口迁移、公共资源短缺、生产效率下降、资本外流，从而给房价带来下行压力。

如上所述，面对拥堵效应，政府主导出台相关的调控政策是必需的。政策的制定也需要结合产业结构优化和产业集聚程度来进行思考，必须考虑到调控房价时产业结构和产业集聚对人们做出决策的影响。随着产业结构不断升级，产业结构的调整变化可以通过房价的变化表现出来，因此调控房地产行业的政策需要适应产业结构的调整升级。如前文所述，第二产业适度集中会导致房价上涨，而过度集中则会导致房价下跌，在制定房价调控政策时，政府应合理适当地利用第二产业来进行调控。比如，在某些房价过高的地区的郊区大力引入第二产业，而在欠发达地区，通过适当引入第二产业来提高居民的收入水平，房价的适度上涨也会促进相应产业的发展，加快当地经济的发展。

第五章

粤港澳大湾区城市群的投资机会

一、粤港澳大湾区的提出与发展

（一）粤港澳大湾区的总体设想与发展路径

现如今，湾区经济对促进全球经济的发展越来越重要。湾区因为具有区域经济社会一体化程度高、区域辐射带动作用强、经济发展优、人口集聚快、资源配置效率高等特点，对带动国家发展具有重要的战略和经济意义。

建立"粤港澳大湾区"，从学术领域的理论提出到广泛讨论再到确定为国家战略，经历了较长的时间。2016年3月国务院发布的《关于深化泛珠三角区域合作的指导意见》中明确，广州、深圳要携手香港、澳门打造粤港澳大湾区，共同建设世界级城市群。同年3月17日，《中华人民共和国国民经济和社会发展第十三个五年规划纲要》发布，其中第十二篇"深化内地和港澳、大陆和台湾地区合作发展"里正式提出要深化内地与港澳合作，推动粤港澳大湾区和跨省区重大合作平台建设。

2017年7月1日，《深化粤港澳合作推进大湾区建设框架协议》正式在香港签署，该协议有效期为 5 年，为内地与港澳全方位深度合作提供了详细的框架，为携手创建国际一流湾区和世界级城市群提供了方向指导。2019年 2 月 18 日，更为详细和具体的合作建设大湾区的指导文件《粤港澳大湾区发展规划纲要》，由中共中央和国务院共同发布。

粤港澳大湾区包括广东省的珠三角九市（广州市、深圳市、珠海市、佛山市、惠州市、东莞市、中山市、江门市、肇庆市）以及香港特别行政区和澳门特别行政区。粤港澳地区经过多年的发展，形成了自己独特的经济生态和经济结构，在地理位置和经济产业分布等方面也展现了较强的区域竞争力，经济总量和经济实力不容小觑，在基础条件上已具有建成国际一流湾区和世界级城市群的实力，但要进一步发展，也存在一定的劣势和不少的挑战，如经济发展内生动力减弱、供需结构不平衡、创新驱动不强等问题。而粤港澳大湾区的建设可以为应对这些不足与面临的挑战提供良方，可以推动粤港澳地区深化改革和深入发展，促进经济资源的良性流动和循环，为城市的发展转型和创新注入新活力。

《粤港澳大湾区发展规划纲要》在规划背景中提出了粤港澳大湾区的战略定位：有活力的世界级城市群、国际科技创新中心、"一带一路"建设的重要支撑、内地与港澳深度合作示范区以及宜居宜业宜游的优质生活圈。而在此定位基础上提出的发展目标是：到 2035 年，大湾区要建成以创新为主要支撑的经济体系和发展模式，要发展高水平市场，推动资源要素高速流动，区域协调发展，加强对周边地区的带动作用。在社会方面，要实现人民生活富裕、社会文明、文化软实力增强、多元文化交流融合、生态环境良好的目标。

《深化粤港澳合作推进大湾区建设框架协议》中提出了粤港澳合作的宗旨、目标和原则，要求各方贯彻"一国两制"方针，创新合作，互利共赢，共同推进粤港澳大湾区建设，要强化广东的改革开放先行和经济发展引擎作用，巩固香港国际金融、航运、贸易三大中心地位，将澳门打造成为世界旅游休闲中心和多元文化交流合作基地。

关于粤港澳大湾区建设的合作重点领域，在《深化粤港澳合作推进大湾区建设框架协议》中主要分为七个方面：一要基础设施互通；二要加强市场一体化；三要科技创新国际化；四要现代化产业协同发展；五要建设宜居宜业宜游生活圈；六要发挥国际合作的带头作用；七要建设重大合作平台。在《粤港澳大湾区发展规划纲要》中，合作重点的七个方面则在前者基础上有所修改完善：一是建设国际科技创新中心；二是加快基础设施互联互通；三是构建具有国际竞争力的现代产业体系；四是推进生态文明建设；五是建设宜居宜业宜游的优质生活圈；六是紧密合作共同参与"一带一路"建设；七是共建粤港澳合作发展平台。

在粤港澳大湾区发展空间布局方面，《粤港澳大湾区发展规划纲要》提出以香港—深圳、广州—佛山、澳门—珠海为极点带动，城市间快速交通网络为轴带支撑的网络化发展空间布局。将深圳、广州、香港、澳门四大中心城市作为核心引擎，其他珠三角七市充分发挥自身的优势，辐射带动周边城镇，促进城乡融合发展，带动泛珠三角地区发展。

为了进一步落实大湾区重大平台开发建设，2021年9月5日和6日，中共中央和国务院先后印发了《横琴粤澳深度合作区建设总体方案》和《全面深化前海深港现代服务业合作区改革开放方案》。两份方案包括了合作区的范围、战略定位、发展目标以及建设合作区的具体要求、保障措施等内容，比之前的方案更为详细和便于落实。

横琴粤澳深度合作区总面积约106平方公里，其设立的初心和发展目标是为实现澳门产业和经济适度多元发展，因此方案中提出的横琴粤澳深度合作区的战略定位也与此相适配：一是促进澳门经济适度多元发展的新平台；二是便利澳门居民生活就业的新空间；三是丰富"一国两制"实践的新示范；四是推动粤港澳大湾区建设的新高地。在产业方面，合作区所发展的产业主要是对澳门现有产业进行补充与升级，如科技研发和高端制造业、中医药业、文旅会展商贸产业、现代金融产业等，以期实现澳门产业多元化。在人口方面，要吸引澳门的居民来此就业创业，同时要与澳门加强合作，完善社会民生和基础设施的建设，便利民众生活，除此之外还要制定吸引人才的政策，促进境内外人才集聚。此外，横琴粤澳深度合作区将由粤澳双方根据客观情况分区分类管理，在制度与管理上要构建高水平开放体系，要简化程序，也要加强监管，既要放得开也要管得住。

前海深港现代服务业合作区设立的意义重大，除了支持香港发展、提升粤港澳合作水平外，也是要将其建成中国高水平对外开放的门户枢纽。为了推动前海合作区的改革开放，更好地发挥示范引领作用，《全面深化前海深港现代服务业合作区改革开放方案》就此制定。在该方案中，前海合作区的面积进一步扩大，由14.92平方公里扩大为120.56平方公里，发展空间扩大，平台功能进一步完善。为将前海合作区打造成全面深化改革创新试验平台，合作区要推进现代服务业创新发展、加快科技发展体制机制改革创新、打造国际一流营商环境、创新合作区治理模式。在对外开放方面，要深化与港澳服务贸易的自由化，扩大金融业和法律事务的对外开放水平，要积极地、高水平地参与国际合作。

粤港澳大湾区从五个战略定位出发，以创新为主要支撑，努力构建资源自由流动、市场高效配置、区域协调发展的经济发展模式。在此过程中，深圳、广州、香港、澳门四大中心城市不断发挥自身的核心带动作用，辐射带动周边地区高效发展，珠三角各城市也在集聚各方创新资源、加快创新创业平台的建设及在社会方面与港澳加强教育、文化、旅游、社会保障等领域的合作，打造宜居宜业宜游的都市生活圈。

（二）粤港澳大湾区的经济状况及人口状况

1. 经济状况

粤港澳大湾区是我国经济活力最强的区域之一，经济发展水平较高。近年来，粤港澳大湾区大部分地方的经济基本保持较快速增长，人均收入进一步提高，产业结构进一步优化，开放型经济水平进一步提高，经济发展稳步向前。

粤港澳大湾区近年来的经济增长较快，经济总量较大，各地区的生产总值情况如表 5 - 1 所示。2017 ~ 2022 年，珠三角九市地区生产总值占全国国内生产总值的 8.65% 以上，其中 2017 年最高，为 9%，2022 年最低，为 8.65%，增长速度与全国平均水平较为接近，保持正向增长态势。澳门特别行政区和香港特别行政区的经济在 2017 年和 2018 年增长迅速，2019 年增长放缓，受疫情影响，2020 年后的经济有所下行。尽管 2020 年以来粤港澳大湾区总体经济受冲击较大，但生产总值在数量上仍具有优势，2022 年澳门的地区生产总值为 1772.69 亿澳门元，折合人民币约 1513.7 亿元①，香港的地区生产总值为 28180.46 亿港元，折合人民币约 25004.24 亿元②。2022 年粤港澳大湾区的地区生产总值估计约 131199.76 亿元，相当于该年全国国内生产总值的 10.84%，相较于国内其他城市群，经济总量优势明显。

　　经济总量在一定程度上也可以反映城市综合经济的竞争力。粤港澳大湾区相较其他城市群，总体的经济竞争力也十分突出。根据中国社会科学院发布的《中国城市竞争力报告 No.18》，2020 年综合经济竞争力的城市排名中，深圳排名第 1，被认为是 2020 年综合经济竞争力最强的城市，而香港紧随其后位列第 2，广州则是第 5 名，粤港澳大湾区排在前 20 名内的城市还有第 14 名的佛山、第 15 名的澳门和第 17 名的东莞。根据《中国城市竞争力报告 No.19》，2021 年综合经济竞争力的城市排名中，深圳、香港排名略降，分别位列第 2 名、第 3 名，其余排名前 20 位的粤港澳大湾区城市变动不大，依旧为广州第 5 名、佛山第 14 名、澳门第 15 名、东莞第 17 名。粤港澳大湾区其他城市排名为珠海第 23 名、中山第 38 名、惠州第 56 名、江门第 78 名、肇庆第 130 名。2022 年《中国城市竞争力报告 No.20》总结出了改革开放以来"20 + 2"个典型城市，其中就包括有香港、澳门、广州和深圳这四个大湾区城市，可以作为全国其他城市的发展模板，这进一步体现了大湾区城市的综合竞争力。虽然大湾区总体经济水平高，但内部依旧存在发展较弱的城市，这一点在人均可支配收入中也有体现。

---

① 以 2023 年 3 月 3 日 100 澳门元兑换 85.39 元人民币的汇率计算所得。
② 以 2023 年 5 月 12 日 100 港元兑换 88.729 元人民币的汇率计算所得。

表5-1　　2017~2022年粤港澳大湾区各市地区生产总值

市别	2017年		2018年		2019年		2020年		2021年		2022年	
	总值（亿元）	增速（%）	总值（亿元）	增速（%）	总值（亿元）	增速（%）	总值（亿元）	增速（%）	总值（亿元）	增速（%）	总值（亿元）	增速（%）
广州	19871.668	7.07	21002.444	5.69	23844.694	13.53	25068.749	5.13	28231.968	12.62	28839	2.15
深圳	23280.272	12.54	25266.077	8.53	26992.327	6.83	27759.015	2.84	30664.854	10.47	32387.68	5.62
珠海	2943.831	20.03	3216.78	9.27	3444.234	7.07	3518.262	2.15	3881.751	10.33	4045.45	4.22
佛山	9382.158	7.15	9976.717	6.34	10739.76	7.65	10758.5	0.17	12156.538	12.99	12698.39	4.46
惠州	3745.751	11.50	4003.331	6.88	4192.929	4.74	4283.725	2.17	4977.36	16.19	5401.24	8.52
东莞	8079.202	11.27	8818.105	9.15	9474.428	7.44	9756.77	2.98	10855.345	11.26	11200.32	3.18
中山	2939.523	3.85	3053.73	3.89	3123.787	2.29	3189.146	2.09	3566.167	11.82	3631.28	1.83
江门	2745.89	10.68	3001.243	9.30	3150.219	4.96	3202.973	1.67	3601.28	12.44	3773.41	4.78
肇庆	1964.966	8.52	2102.294	6.99	2250.674	7.06	2313.24	2.78	2649.986	14.56	2705.05	2.08
九市汇总	74953.261	9.91	80440.721	7.32	87213.052	8.42	89850.381	3.02	100585.25	11.95	104681.82	4.07
全国	832035.9	11.47	919281.1	10.49	986515.2	7.31	1013567	2.74	1149237	13.39	1210207.2	5.31
香港特别行政区	23598.46	6.79	25158.48	6.61	25243.6	0.34	23742.04	-5.95	25444.12	7.17	25004.24	-1.73
澳门特别行政区	3456.92	12.35	3810.81	10.24	3804.38	-0.17	1736.82	-54.35	2059.24	18.56	1513.7	-26.49

资料来源：国家统计局和各市统计局、香港特区政府统计处、澳门特区统计暨普查局官网。

　　珠三角九市的经济生产总值较大，但因人口众多，且各市的发展水平不平衡，人均可支配收入差别较大。2019年，广州以65052元的城镇居民可支配收入位列九市第一，深圳以62522元紧随其后，珠海、佛山、东莞和中山的城镇居民可支配收入均超过5万元，惠州为42999元，江门和肇庆的城镇居民可支配收入则较低，在全国平均水平以下。

　　但珠三角九市的城镇居民可支配收入增长与其经济增长同步，近年均来保持着较高的增长速度。2017～2019年三年里，珠三角除中山市外的八市每年的城镇居民可支配收入增速均超过全国平均水平，保持在8%以上。新冠疫情以来，大湾区内各市经济增长速度有所放缓，各市的城镇居民人均可支配收入的增长速度也有所下降。2022年，大湾区各市的城镇居民人均可支配收入增速大概位于2%～4%之间，而全国城镇居民人均可支配收入增速为3.95%，仅有江门市的城镇居民人均可支配收入增速超过了全国平均水平。香港和澳门由于经济发展水平较高，经济基础好，人均收入则相对较高。香港2022年5月至6月的每月工资中位数为19100港元，2021年5月至6月的每月工资中位数为18700港元，同比增速为2.14%。澳门2017～2019年的月工作收入中位数在逐步增长，2019年为17000澳门元，2020～2022年则与地区经济发展同步负增长，2022年的月工作收入中位数为15000澳门元。从总体上看，粤港澳大湾区的人均收入水平保持了稳定增长的良好态势。

　　粤港澳大湾区的产业以第二、第三产业为主，各市对第三产业的固定投资比重不断上升，第三产业对经济增长的拉动作用也越来越强。珠三角九市中，广州和深圳的第三产业占主导地位，2019～2022年间，广州的第三产业增加值均占地区生产总值的70%以上，深圳的第三产业增加值均占地区生产总值的60%以上。2020年，广州进一步发展第三产业，对第三产业的固定资产投资增长了11.8%，第三产业对经济增长的贡献率为57.5%，2021年，广州市第三产业增加值占地区生产总值的71.56%，对经济增长的贡献率为71.1%，其中八大新兴产业合计实现8616.77亿元的增加值，占地区生产总值的30.5%，对广州市的经济增长拉动作用较强。2022年，受经济下行压力影响，广州市第三产业增加值在地区生产总值中的占比下降为71.47%，但在高技术制造业上的投资增长迅速，同比增长48.2%，其中对电子及通信设备制造业投资增速高达69.6%，另外高技术服务业也稳定发展，有较大增长。

2019年，深圳市的第三产业对地区生产总值的贡献率为72.4%。2020年，深圳市第三产业的拉动作用继续增强，第三产业对地区生产总值的贡献率提高到76.2%，其中现代服务业稳定增长，战略性新兴产业也加速回升。2021年的第三产业贡献率回落为72.4%，2022年第三产业增加值占地区生产总值的比重下降为61.6%，但战略性新兴产业的增加值比2021年增长了7.0%，占地区生产总值的比重为41.1%，对深圳市经济增长的拉动作用较大。作为战略性新兴产业中的优势产业，新一代信息技术产业近年来增长迅速，2019年的增加值达到50.86亿元。在2021年我国工业和信息化部开展的先进制造业集群竞赛中，深圳市新一代信息通信集群更是脱颖而出，成为第一批优胜者，代表了国内产业集群的最高水准。2021年深圳还正式获批组建国家5G中高频器件创新中心，未来在移动通信领域的产业中将会抢占先机。2022年，新一代电子信息产业增加值为5811.96亿元，增长率为2.6%。此外，2020年，深圳获批成为国家高性能医疗器械创新中心。总体来看，深圳的制造业创新能力值得肯定。其余八市中，第二产业增加值与第三产业增加值占各市地区生产总值的比重相当，其中珠海市和江门市2019年的第三产业增加值占比大于第二产业增加值，第三产业略占优势，佛山、惠州、东莞的第二产业增加值占比较大，中山市和肇庆市的第二、第三产业增加值占比差别不大，产业结构需要进一步优化。澳门与香港的产业以第三产业为主。澳门主要产业为旅游及博彩业，主导产业较单一，根据澳门特区政府发布的按行业统计的就业人口数据，可看出澳门大多数人口就业于酒店与饮食业和文娱博彩及其他服务业。香港的四个支柱行业为金融服务、旅游、贸易及物流和专业服务及其他工商业支援服务，2021年四个主要行业的增加值占香港地区生产总值的56.5%，其中贸易及物流2021年的增加价值占比为

23.7%，在四个行业中占比最高，旅游行业增加价值占比最低，从 2020 年的 0.4% 进一步下降为 2021 年 0.1%。

2. 人口状况

新经济增长理论提出，促进经济增长最重要的机制是人力资本积累，经济的发展需要充足的人力资源支撑。粤港澳大湾区的经济发展与其密集的人口和充足的劳动力资源密不可分。2022 年粤港澳大湾区的常住人口总数约为 8630.03 万人，其中广州以 1873.41 万常住人口位列第一，深圳以 1766.18 万人位居第二，其余城市按人口由高到低依次为东莞、佛山、香港、惠州、江门、肇庆、中山、珠海、澳门。

改革开放以来，珠三角地区经济发展对人力资源的需求不断增加，吸引了许多人口前往就业。以深圳市为例，改革开放 40 年来，深圳市的常住人口增长了约 43 倍，1979 年深圳市年末常住人口仅为 31.41 万人，2022 年年末常住人口为 1766.18 万人，年平均增速约为 9.82%。人口的快速增长也会带来居住需求和商业场所需求的增加。1998 年深圳市年末常住人口为 580.33 万人，1998～2021 年深圳常住人口的年平均增长率为 4.96%。而 1998 年深圳市商品房二级市场平均交易价格为 5927 元/平方米，2021 年为 60027 元/平方米，名义价格年平均增速为 10.59%。

粤港澳大湾区较高的经济发展水平和人均收入水平对人口的吸引力也较高，常住人口的增长十分迅速。任泽平团队的《中国人口大迁移报告：2021》显示，2010～2020 年十年间，珠三角城市群的年均常住人口增量为 281.9 万人，是同时期全国年均常住人口增量最多的城市群，长三角城市群以 181.9 万人位列第二。同时，大部分城市的常住人口都远大于户籍人口，人口迁入数量大，外来人口众多。而近年来，粤港澳大湾区各市的户籍人口和常住人口都在不断增长。户籍人口方面，2017～2021 珠三角九市的户籍人口情况如表 5-2 所示，增加量较大的城市为广州市和深圳市，各市具体的增长量情况如图 5-1 所示。东莞市和深圳市的增长率较高，户籍人口增长较快，其次是珠海、佛山和中山，各市具体的增长率情况如图 5 - 2 所示。

表 5 - 2　　　　　　2017～2021 年珠三角九市户籍人口数量　　　　　单位：万人

年份	广州	深圳	珠海	佛山	东莞	惠州	中山	江门	肇庆
2017	897.87	434.72	118.87	419.59	211.31	369.24	170.4686	396.37	445.6482
2018	927.69	454.7	127.4	436.977	231.59	380.9	176.9199	398.91	450.1527
2019	953.72	494.78	133.29	461.276	251.06	389.74	182.8888	400.11	453.86
2020	985.11	514.10	139.22	473.77	263.88	397.76	190.88	401.59	455.41
2021	1011.53	556.39	147.83	484.13	278.61	405.91	198.74	402.87	458.10

注：深圳市的数量为常住户籍人口数量。
资料来源：各市统计局官网。

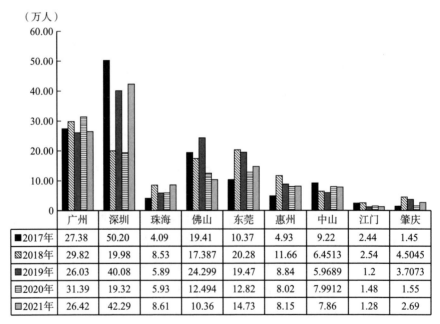

	广州	深圳	珠海	佛山	东莞	惠州	中山	江门	肇庆
■2017年	27.38	50.20	4.09	19.41	10.37	4.93	9.22	2.44	1.45
▨2018年	29.82	19.98	8.53	17.387	20.28	11.66	6.4513	2.54	4.5045
▥2019年	26.03	40.08	5.89	24.299	19.47	8.84	5.9689	1.2	3.7073
▤2020年	31.39	19.32	5.93	12.494	12.82	8.02	7.9912	1.48	1.55
▦2021年	26.42	42.29	8.61	10.36	14.73	8.15	7.86	1.28	2.69

图 5 - 1　2017～2021 年珠三角九市户籍人口增长量直方图

资料来源：各市统计局。

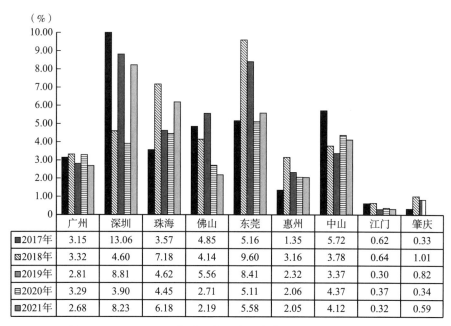

	广州	深圳	珠海	佛山	东莞	惠州	中山	江门	肇庆
■2017年	3.15	13.06	3.57	4.85	5.16	1.35	5.72	0.62	0.33
◩2018年	3.32	4.60	7.18	4.14	9.60	3.16	3.78	0.64	1.01
▦2019年	2.81	8.81	4.62	5.56	8.41	2.32	3.37	0.30	0.82
▤2020年	3.29	3.90	4.45	2.71	5.11	2.06	4.37	0.37	0.34
▥2021年	2.68	8.23	6.18	2.19	5.58	2.05	4.12	0.32	0.59

图 5 - 2　2017 ~ 2021 年珠三角九市各市户籍人口增长率直方图

资料来源：各市统计局。

常住人口方面，2017 ~ 2022 年珠三角九市的常住人口情况如表 5 - 3 所示。从增长量上看，深圳市 2017 ~ 2020 年均是人口增加量最大的城市，广州则居于常住人口增加量的第二位，珠三角各市具体的增长量情况如图 5 - 3 所示。从增长率上看，珠海市的 2018 ~ 2020 年的常住人口增长率均最高，常住人口增长速度较快，其次是深圳和广州，各市具体的增长率情况如图 5 - 4 所示。此外，肇庆市是珠三角地区唯一一个常住人口少于户籍人口的城市，人口流出大于人口流入，这与肇庆市的经济发展状况相符。香港和澳门方面，与它们近年来快速增长的经济不同，近年来的人口规模较为稳定，居住人口数量的变化较小，2017 ~ 2022 年香港和澳门具体的人口数量和增长速度如表 5 - 4 所示。

表 5 - 3　　　　　　2017～2022 年珠三角九市各市常住人口数量　　　　单位：万人

年份	广州	深圳	珠海	佛山	东莞	惠州	中山	江门	肇庆
2017	1746.27	1587.31	207.02	899.99	1038.22	572.22	418.04	465.12	403.88
2018	1798.13	1666.12	220.90	926.04	1043.77	584.72	428.82	470.38	406.58
2019	1831.21	1710.40	233.18	943.14	1045.50	597.23	438.73	475.32	409.24
2020	1874.03	1763.38	244.96	951.88	1048.36	605.72	443.11	480.41	411.69
2021	1881.06	1768.16	246.67	961.26	1053.68	606.60	446.69	483.51	412.97
2022	1873.41	1766.18	247.72	955.23	1043.70	605.02	443.11	482.22	412.84

资料来源：各市统计局。

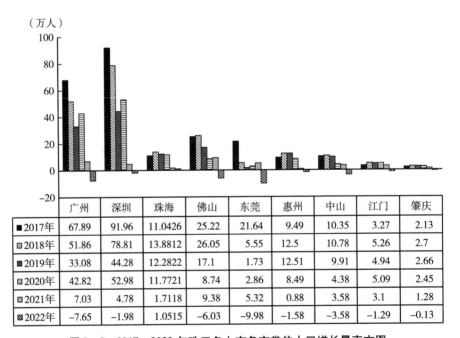

（万人）	广州	深圳	珠海	佛山	东莞	惠州	中山	江门	肇庆
■2017年	67.89	91.96	11.0426	25.22	21.64	9.49	10.35	3.27	2.13
▨2018年	51.86	78.81	13.8812	26.05	5.55	12.5	10.78	5.26	2.7
■2019年	33.08	44.28	12.2822	17.1	1.73	12.51	9.91	4.94	2.66
▤2020年	42.82	52.98	11.7721	8.74	2.86	8.49	4.38	5.09	2.45
▦2021年	7.03	4.78	1.7118	9.38	5.32	0.88	3.58	3.1	1.28
▩2022年	-7.65	-1.98	1.0515	-6.03	-9.98	-1.58	-3.58	-1.29	-0.13

图 5 - 3　2017～2022 年珠三角九市各市常住人口增长量直方图

资料来源：各市统计局。

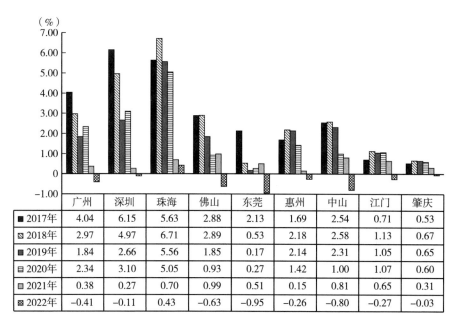

	广州	深圳	珠海	佛山	东莞	惠州	中山	江门	肇庆
■ 2017年	4.04	6.15	5.63	2.88	2.13	1.69	2.54	0.71	0.53
◩ 2018年	2.97	4.97	6.71	2.89	0.53	2.18	2.58	1.13	0.67
■ 2019年	1.84	2.66	5.56	1.85	0.17	2.14	2.31	1.05	0.65
⊟ 2020年	2.34	3.10	5.05	0.93	0.27	1.42	1.00	1.07	0.60
▨ 2021年	0.38	0.27	0.70	0.99	0.51	0.15	0.81	0.65	0.31
▩ 2022年	-0.41	-0.11	0.43	-0.63	-0.95	-0.26	-0.80	-0.27	-0.03

图 5-4　2017~2022 年珠三角九市各市常住人口增长率直方图

资料来源：各市统计局。

表 5-4　　　　2017~2022 年香港和澳门人口数量及人口增长速度

年份	香港		澳门	
	人口数量（千人）	增长速度（%）	人口数量（千人）	增长速度（%）
2017	7414.8	0.50	653.1	1.27
2018	7487.7	0.98	667.4	2.19
2019	7520.5	0.44	679.6	1.83
2020	7426.7	-1.25	683.1	0.52
2021	7401.5	-0.34	683.2	0.01
2022	7333.2	-0.92	672.8	-1.52

资料来源：香港特区政府统计处、澳门特区统计暨普查局。

　　除常住人口和户籍人口外，小学生人数也是反映人口流动的一项指标，它在一定程度上反映了人口结构的变化，可以用来辅助判断人口状况。

2017~2022年珠三角九市小学生人数及年增长率如表5-5所示，2019年，珠三角九市中，小学生人数最多的是广州市，约为110万，第二是深圳市，约为107万，其余八市由高到低依次为东莞、佛山、惠州、肇庆、江门、中山、珠海，与常住人口的分布相似。2021年和2022年，珠海市以4.84%和4.38%的增长率成为小学生人数增长最快的城市，此外与经济下行压力相关，2022年珠三角九市的小学生人数增长率出现了负数，小学生在校人数有所减少。

表5-5　　　　　　　　2017~2022年珠三角九市小学生人数及年增长率

市别	2017年		2018年		2019年		2020年		2021年		2022年	
	小学生人数（万人）	增长率（%）	小学生人数（万人）	增长率（%）	小学生人数（万人）	增长率（%）	小学生人数（万人）	增长率（%）	小学生人数（万人）	增长率（%）	小学生人数（万人）	增长率（%）
广州	100.47	3.73	105.85	5.35	110.47	4.37	112.51	1.85	116.44	3.49	120.44	3.43
深圳	96.45	5.88	102.80	6.58	106.90	3.99	109.12	2.08	113.30	3.84	116.69	2.99
东莞	76.51	3.58	80.35	5.01	83.74	4.22	84.22	0.58	84.85	0.75	83.27	-1.86
佛山	54.36	6.08	58.01	6.71	61.66	6.29	63.87	3.60	66.43	4.00	68.63	3.32
惠州	55.70	4.99	58.43	4.90	60.94	4.30	62.18	2.03	63.37	1.91	63.01	-0.56
肇庆	36.92	3.60	38.52	4.32	40.05	3.97	40.75	1.75	40.89	0.34	40.41	-1.17
江门	32.29	2.87	33.74	4.49	34.95	3.59	35.46	1.46	36.01	1.55	36.04	0.08
中山	29.74	4.00	31.17	4.82	32.64	4.72	33.56	2.82	35.01	4.31	35.99	2.80
珠海	16.22	4.49	17.21	6.06	18.20	5.76	18.60	2.19	19.50	4.84	20.35	4.38

资料来源：各市教育局。

经济的发展除了需要关注人口流动的数量外，还应当关注人口流动的质量和结构，高素质人才已成为各个城市为提高自身发展竞争力而争抢的目标，人才去向的选择也从侧面反映出一个城市的吸引力和竞争力。根据恒大研究院，任泽平等人联合发布的《中国城市人才吸引力报告：2020》，珠三角九市均处于2019年最具人才吸引力城市100强以内，其中，深圳位列全国第2，广州位列全国第4，东莞、佛山、珠海和惠州也在前30强内。① 在2023年发布的《中国城市人才吸引力排名》中显示，2021年长三角城市群的发展势头良好，而珠三角各市的排名变化较大，升降不一。其中，深圳和广州的排名稍降，分别为第3和第4，珠三角城市群内在前30强的城市还有佛山、珠海和东莞，中山由第37名上升至第30名，江门由第85名上升至第70名，惠州则由第30名下跌至第35名，而肇庆市已跌出前100。②

珠三角地区对人才的吸引力大，人才净流入方面占有优势，2016～2020年珠三角地区人才净流入的比重不断增加，2020年为3.8%，仅次于长三角地区的6.4%，但与长三角地区的差距在扩大。在一线城市中，深圳和广州仍具有吸引力优势，2016～2020年，深圳和广州的人才净流入比重持续增加，深圳市由2016年的-0.2%上升到2020年的1.3%，广州市由2016年的0.3%上升为2020年的0.9%，这说明两市的经济环境、就业条件和人才政策等对人才的吸引力较强。另外，从全国"双一流"高校发布的毕业生就业省区市数据也可以了解到，广东省是许多院校毕业生就业地区的优先选择。

清华大学2021届毕业生就业地域分布中，有18.3%的本科毕业生选择到广东省就业，人数占比位列第二，硕士毕业生中则有15%选择到广东就业，人数位列第三；2022届毕业生中，选择到广东就业的本科生占比为12.4%，位列第三，硕士毕业生则有17.3%的人选择到广东就业，仅次于北京市。北京大学2021年选择到广东省就业的本科毕业生人数位居第三，研究生人数位居第二。中国人民大学2019年毕业生中有9%选择广东就业，仅次于北京。此外还有南京大学、武汉大学、华中科技大学、哈尔滨工业大学等"双一流"高校的毕业生将广东省作为就业地域的优先选择。

经济状况与人口状况在一定程度上相互影响，数据上相互反映。经济发展水平较高的城市，基础设施建设较好，生活水平较高，流动人口的留居意

---

① 恒大研究院，熊柴，周哲，任泽平：中国城市人才吸引力报告：2020［N/OL］.澎湃政务，2020－08－17.

② 任泽平团队：中国城市人才吸引力排名［N/OL］.泽平宏观，2023－05－29.

愿也较强，常住人口也就相对较多。而城市的就业环境、收入水平和人才政策等则对高素质人才的吸引力影响较大。从长期来看，对人才吸引力较强的城市的房地产价格才更有持续增长的可能性，粤港澳大湾区的经济状况和人口状况总体上向好发展。

（三）粤港澳大湾区的产业发展与演变

根据各区域产业的发展历史和路径不同，粤港澳大湾区的产业发展与演变可分为澳门地区、香港地区和珠三角地区三个不同地区的产业发展与演变。

1. 澳门地区的产业发展与演变

自20世纪60年代起，澳葡政府采取了许多有利于澳门经济发展的政策，吸引外商来澳投资。20世纪70年代至80年代，澳门的经济快速发展，制造业逐步壮大，形成了以纺织业等劳动密集型产业为主的出口加工业。但随着外部经济环境的变化，澳门劳动密集型产业的优势逐渐丧失，第二产业逐步萎缩，而以旅游博彩业为主的第三产业发展形势却较好。1989年，旅游博彩业占当年澳门地区生产总值的比重为28%，成为澳门支柱产业之首。步入90年代，澳门的第三产业继续发展，到90年代中期，第三产业占比已达70%，占据了主导地位。在此过程中，澳门逐步形成了旅游博彩业、出口加工业、金融业和房地产建筑业四大支柱产业。

澳门回归后，1937年确立的赌博专营制度被废除，赌权经营制度放开，博彩业引入竞争机制，这使得博彩业内生动力增强，发展更上一层，由此澳门形成了单一产业为主导的产业结构。为调整澳门单一的产业结构，提高经济抗风险能力，澳门特区政府和社会各界不断地进行探讨和实践。2003年，澳门特区政府尝试在珠海建设跨境工业区以优化澳门的产业结构，促进澳门经济适度多元化，但是以失败告终。而关于澳门产业结构多元化的研究却没有因此而停止，多年来经过多方专家的研究，对澳门产业的结构优化达成的较为一致的看法是：澳门经济体系的主体是包括旅游博彩业在内的服务业，澳门产业的多元化是在这个主体基础上的多元化，需要优化服务行业的产业结构，促进博彩旅游业的多元化，发展具有发展条件的服务行业，在现有经济基础上进行工业的转型升级。

2011 年，澳门特区政府在施政报告中提出，将会展业、文化创意产业、中医药产业、商贸服务等产业纳入政府重点扶持的产业。澳门特区政府在 2016 年发布的《澳门特别行政区五年发展规划（2016—2020 年）》中也提出，要构建经济适度多元发展指标体系，不断推进澳门经济的适度多元发展。2015～2018 年，澳门特区政府重点扶持的金融业、会展业、文化产业以及中医药产业四大新兴产业得到了较好的发展，四年间，该四大新兴产业增加值增加了 94.52 亿澳门元，增长率达到 36.52%，高于博彩业同期的增长速度。2020 年，为了更好地参与粤港澳大湾区建设，融入国家发展大局，澳门特区政府《2020 年财政年度施政报告》中提出，要探索高新技术产业发展，推动会展业的专业化和市场化，推动文化创意产业的发展，推动澳门工业转型升级，重点发展中医药等工业，发展现代金融业。此外，该报告还着重指出，珠澳合作建设的横琴新区是澳门未来发展新的出路、新的机遇和新的希望，在横琴新区要依靠澳门的相关优势，发展好以上产业。

而为了支持澳门的产业和经济适度多元发展，2021 年 9 月中共中央和国务院印发了《横琴粤澳深度合作区建设总体方案》，为横琴合作区新兴产业的发展提供了具体思路与政策支持。为促进琴澳一体化发展和澳门经济多元化发展，横琴合作区要完善科技基础设施的布局建设，高标准建设产学研示范基地，大力发展高端制造业，另外要建立具有自主知识产权和中国特色的医药创新研发与转化平台；文旅方面要加强对周边海岛旅游资源的开发利用，支持澳门世界旅游休闲中心建设；金融服务业方面，要在合作区打造中国—葡语国家金融服务平台，开展跨境人民币结算业务。

在政府的政策扶持和澳门原有的产业基础和资金的支持下，澳门的经济会进一步多元化发展，经济结构进一步优化，琴澳一体化发展体制机制会更加完善，综合经济实力进一步加强。

2. 香港的产业发展与演变

香港的产业发展可追溯到 20 世纪 50 年代。20 世纪 50 年代初，在当时对华禁运等国际政治变动的影响下，香港的转口贸易发展受限，但同时也有许多资本与人才因政治原因流入香港，香港产业借此机会开始了工业化转型。60 年代和 70 年代，香港以加工贸易型制造业为主导的产业结构逐步形成，工业的发展带动了香港经济的快速增长，使香港一跃成为"亚洲四小龙"之一。到 70 年代末，因为改革开放政策的吸引，香港许多劳动密集型的制造业向珠三角地区转移，开启了粤港两地"前店后厂"合作模式，港商开始在内地进行投资。同时，香港的转口贸易也得到了恢复。制造业的外迁使香港的金融、保险以及商务服务业等行业得到发展机会，20 世纪 70～90 年代，香港跃升为国际金融中心、贸易中心、航运和旅游中心，香港产业以"服务经济"为主要特点进行转型，服务业逐渐成为主导行业。

2003 年，香港特区政府提出了"一个方向"和"四个支柱"的发展思路，"一个方向"是指加快香港与广东珠江三角洲地区的经济整合，促进香港经济转型，"四个支柱"是指强化金融、物流、旅游和工商业等四大支柱产业的发展。2008 年，为应对金融危机，政府又提出要发展六项优势产业，即医疗产业、环保产业、检测及认证产业、教育产业和创新科技以及文化创意产业，以期推动香港向知识型经济转型。但至今为止，香港的经济增长仍然靠四大支柱产业拉动，其中以金融业的贡献最大，六项优势产业对于香港经济的发展作用较小。而近年来，香港的经济增长速度有所放缓，四大产业发展内生动力有限，对香港经济的带动作用在减小。因此，加强粤港澳大湾区的产业合作，整合资源，发展创新科技产业，为香港经济寻求新的增长极，对香港经济持续发展具有重要意义。

2020 年 11 月，香港特区政府发布的《行政长官 2020 年施政报告》在"注入经济新动力"模块中，除了着重提及金融业"巩固香港国际金融中心地位"和物流业"巩固香港国际航空枢纽地位"的发展方向外，还提出要"发展香港成为国际创新科技中心"，加强与深圳在科技创新方面的合作，共同建设深港科技创新合作区。而 2021 年 10 月香港特区政府发布的《行政长官 2021 年施政报告》则提出要融入国家发展大局，背靠国家，面向世界。要提升国际金融中心地位，推进与内地金融市场互通，发展离岸人民币业务；要提高国际航运中心地位，推动"智慧港口"建设，跨境陆路方面与广东省相连通，融入大湾区"一小时生活圈"；提升国际贸易中心地位，关注中小企业发展；建设国际创新科技中心，建立更完整的科创生态圈，与深圳的科创发展相辅相成。

3. 珠三角的产业发展与演变

珠三角的产业发展历史较短，自改革开放后才开始逐步建设发展，但发展速度快，发展的产业类型较多样。在 20 世纪 80 年代发展初期，珠三角地区的产业基础薄弱，缺乏发展经验，承接了大量由香港转移而来的劳动密集型制造业，主要产业是生产传统消费品的轻工业，经过了几年发展，80 年代末期，传统制造业转为生产新型的耐用消费品。步入 90 年代，珠三角地区积累了一定的生产经验，形成了一定的产业基础，产业发展逐步转向重工业化发展新阶段，到 2002 年，珠三角的重工业以 7055.57 亿元的总产值超过了轻工业，进入以重工业为主导的阶段。但随着发展逐步进行，珠三角地区较粗放的产业发展模式弊端开始显现，到 2005 年，广东省政府实施了产业转移政策，意图将污染大、成本高的传统产业迁出珠三角地区，以此推动珠三角集群化的传统产业转型升级，发展资本和技术密集型产、现代服务业和新兴技术产业。在 2006～2010 年的"十一五"期间，珠三角工业向重型化和高级化转变，劳动密集型产业向资本和技术密集型产业转变。2008 年，珠三角基本形成了工业和服务业并驾齐驱的产业格局，但实际上，工业的内部结构不合理、发展质量较低，第三产业内部结构层次也偏低。所以在同年，广东省委、省政府出台了《关于加快建设现代产业体系的决定》，提出要推进自主创新，建设现代服务业和先进制造业双轮驱动的主体产业集群，建立起产业结构高级化、产业布局合理化、产业发展集聚化、产业竞争力高端化的现代产业体系。

到 2013 年，在工业方面，广东省了形成电子信息、石油化工、电气机械、电力、食品饮料、交通运输设备、纺织服装、通用专用装备、五金制品、建材 10 大工业产业；在服务业方面，形成了批发零售、金融、物流、租赁商务、软件信息、住宿餐饮 6 大服务产业，而这些产业主要集聚在珠三角地区。

到 2017 年，珠三角地区的优势制造业主要为计算机、通信和其他电子设备制造业，电气机械和器材制造业，交通运输设备制造业三大行业；现代服务业也形成了一定的规模，金融业等生产性服务业发展较好，传统服务业占比逐步下降。

2019 年，广东省推进粤港澳大湾区建设领导小组印发的《广东省推进粤港澳大湾区建设三年行动计划（2018 – 2020 年）》提出要"协同构建具有国际竞争力的现代产业体系"，其中，对先进制造业方面，提出要培育壮大新一代信息技术、生物医药、新材料、海洋经济等战略性新兴产业，建设电子信息、汽车、智能家电、机器人、绿色石化五个世界级产业集群，推动新一轮传统行业技术改造，发展智能制造、服务型制造和绿色制造；对现代服务业方面，提出要发展数字创意、智慧物流、现代供应链、人力资源等高端生产性服务业，大力发展特色金融业，携手港澳建设国际金融枢纽。珠三角地区的创新能力在全国具有领先优势，有利于提高各类产业的竞争力。以每万人专利授权数量的指标来看，深圳、中山、珠海位列全国前三，而佛山、东莞和广州依次位列第 5 ~ 7 名，其中深圳每万人的专利授权数量高达 124 个，是唯一数量过百的城市。

从三个地区的产业发展与演变来看，粤港澳大湾区最终的产业发展方向都是向先进制造业与现代服务业靠拢，长远和持续的发展都需要依靠自主创新能力。粤港澳大湾区现代化产业体系的构建也离不开各地区总结自身发展经验，发挥自身优势，加强交流和合作。而这些目标的实现，除了资本的投入以外，还需要依靠大量的高素质人才，而粤港澳大湾区对人才资源的需求大幅度增加，人才资源的价格也会相应上涨，各行各界为吸引人才、留住人才也会出台政策以提供较好的福利待遇，进而对人才的吸引力也会进一步加强，随着越来越多人才的流入，也会给市场带来更大的住房需求量。

(四) 粤港澳大湾区的都市圈

都市圈一般是指由一个或多个中心城市和其临接的城市组成的区域，圈内城市间实现经济与社会的密切联系，城市间的发展协调，具有一体化倾向。都市圈的形成与发展有利于促进圈内城市间的资源流通与互补，提高城市经济与社会发展的综合能力，促进区域间协调发展。2008 年 12 月，国家发展和改革委员会发布的《珠江三角洲地区改革发展规划纲要 (2008 - 2020 年)》提出，珠三角九市要打破行政体制机制障碍，九市间可以创新合作机制，实现资源共享、优势互补，在市场主导和政府推动这一一体化发展路线下，优化资源配置，协调发展、互利共赢。珠三角九市分为"广佛肇""深莞惠""珠中江"三个都市圈自 2009 年提出合作建设以来，都得到了较好的发展，地区生产总值增加明显，人均地区生产总值也大幅增加，三大都市圈具体增长的数值如表 5 - 6 所示。设立之初，"广佛肇"都市圈较其他两个都市圈在经济规模上具有优势，但经过 13 年的发展，"深莞惠"都市圈凭借着 10.33% 的 GDP 年平均增速，在总量上超越了"广佛肇"都市圈，成为三个都市圈中最具竞争力的。从人均 GDP 上看，"深莞惠"都市圈的人均 GDP 年平均增速也占据优势。

表 5 - 6 　　　2009 年、2022 年三大都市圈 GDP 和人均 GDP 及年平均增速

都市圈	城市	2009 年		2022 年		GDP 年平均增速 (%)	人均 GDP 年平均增速 (%)
		GDP (亿元)	人均 GDP (元)	GDP (亿元)	人均 GDP (元)		
广佛肇	广州	9146.74	79457	28839	153625	9.24	5.20
	佛山	4814.5	80579	12698.39	132935.42 *	7.75	3.93
	肇庆	793.41	20759	2705.05	65513	9.89	9.24
	总计	14754.65		44242.44		8.81	

续表

都市圈	城市	2009 年		2022 年		GDP 年平均增速（%）	人均 GDP 年平均增速（%）
		GDP（亿元）	人均 GDP（元）	GDP（亿元）	人均 GDP（元）		
深莞惠	深圳	8514.471	87360	32387.68	183274	10.82	5.87
	东莞	3816.83	49676	11200.32	106803	8.63	6.06
	惠州	1314.08	33104	5401.24	89157	11.49	7.92
	总计	13645.38		48989.24		10.33	
珠中江	珠海	1038.66	69889	4045.45	163700	11.03	6.77
	中山	1587.55	54887	3631.28	81620	6.57	3.10
	江门	1340.88	32139	3773.41	78146	8.28	7.07
	总计	3967.09		11450.14	153625	8.50	

注：＊为利用佛山市 2022 年 GDP 除佛山市 2022 年末常住人口计算得出的结果，非官方给出的数值。

资料来源：各市统计局。

"广佛肇"都市圈由广州、佛山和肇庆三个城市组成。2009 年，广州、佛山和肇庆三市政府签署了《广佛肇经济圈建设合作框架协议》，决定在交通、产业等经济和社会领域开展深度合作，空间发展形态以广州中心城区为核心，以佛山中心城区和肇庆中心城区为副中心。在经济发展方面，广佛肇三市的经济总体发展态势良好，经济规模大幅增加，2009 年，广州佛山肇庆三市的 GDP 合计为 14754.65 亿元，到 2022 年，三市 GDP 合计达 44242.44 亿元，增长明显。三市中，肇庆市的 GDP 和人均 GDP 的年平均增速较大，和其他两市的差距逐步缩小，广州市在保持规模优势的同时也保持着高速增长，在三市中发挥着带动作用。广佛两地经过多年的协同发展，两地的人口流动、经济交流和产业合作密切，融合发展的优势突出，现阶段正在寻求更高质量的融合发展，建设广佛融合发展先导区。《2021 年佛山市政府工作报告》中提出要与广州共建大湾区广佛极点，规划建设"1+4"广佛高质量发展融合试验区,《2021 年广州市政府工作报告》中也提及广佛高质量发展融合试验区建设取得重要进展,同时广州也要推进与东莞、中山、惠州等周边城市合作,加快广佛肇清云韶经济圈建设。

在产业方面,广佛肇开展合作之初,三市产业以电气机械、钢铁、汽车、建材产业带为主,良好的工业基础为智能制造产业发展和科技创新提供了支持。2015 年,广州的四大产业为汽车制造业、化学原料和化学制品制造业,以及计算机、通信和其他电子设备制造业和电气机械和器材制造业。佛山的三大产业为计算机、通信和其他电子设备制造业,橡胶和塑料制品业,以及专用设备制造业。而肇庆的优势产业是金属加工业。近年来,广佛肇三市的产业经过发展与现代化升级,形成了产业发展新格局。广州要促进产业高端化,培育发展新一代信息技术、人工智能、生物医药、新能源、新材料等战略性新兴产业,同时先进制造业规模也不断扩大,2020 年,广州市汽车年产量居全国城市首位。佛山要巩固提升智能家电、汽车、先进材料、现代轻工纺织、生物医药与健康等战略性支柱产业,大力发展数字产业,壮大高端装备制造、智能机器人、新能源、安全应急与环保等战略性新兴产业。肇庆则形成了新能源汽车、电子信息、金属加工等 7 个超百亿元产业集群,未来将继续壮大新能源汽车、新一代电子信息、先进材料等 8 个广东省支持建设的产业集群。从产业布局上看,广佛两市的优势产业与发展方向差别不大,协同合作发展有利于发挥规模效应,进一步提高效率。另外,在工信部举办的先进制造业集群决赛中,广佛惠超高清视频和智能家电集群成为优胜制造业集群,生产水平在全国领先。

从人口方面来看,广佛肇三市的人口净流入总量较大且逐年增加,从2017 年起到 2021 年,三市的人口净流入均达到 1200 万人以上,对人口的吸引力较强,广州市的人口净流入最多,而肇庆市人口流出大于人口流入,需要进一步发展产业,完善基础设施,提高对人口的吸引力,广佛肇 2017~2021 年人口净流入的具体情况如表 5-7 所示。

表 5 - 7　　2017 ~ 2021 年广佛肇都市圈户籍人口、常住人口及人口净流入信息

单位: 万人

年份	广州			佛山			肇庆			三市人口净流入总计
	户籍人口	常住人口	人口净流入	户籍人口	常住人口	人口净流入	户籍人口	常住人口	人口净流入	
2017	897.87	1746.27	848.40	419.59	899.99	480.40	445.65	403.88	-41.77	1287.03
2018	927.69	1798.13	870.44	436.98	926.04	489.06	450.15	406.58	-43.57	1315.93
2019	953.72	1831.21	877.49	461.28	943.14	481.86	453.86	409.24	-44.62	1314.73
2020	985.11	1874.03	888.92	473.77	951.88	478.11	455.41	411.69	-43.72	1323.31
2021	1011.53	1881.06	869.53	484.13	961.26	477.13	458.10	412.97	-45.13	1301.53

资料来源: 各市统计局。

"深莞惠"由深圳、东莞和惠州三个城市组成。2009 年 2 月 27 日, 深圳、东莞和惠州政府也召开了三地主要领导联席会议, 签订了《推进珠江口东岸地区紧密合作框架协议》, 由此拉开了经济一体化合作序幕。深莞惠的产业以电子通信设备制造业为主, 是全国最大的电子通信业制造基地, 深圳作为"深莞惠"都市圈的中心城市, 是珠三角战略性新兴产业规模最大、集聚性最强的城市, 同时也是国家自主创新示范区, 对东莞和惠州的带动作用较强。

东莞市的高新技术产业近年来发展较快, 其工业结构也在不断优化, 向高端制造业转变, 东莞市智能移动终端产业集群的水准在全国排名靠前。在产业分布上, 深圳和东莞的产业也具有互补性, 产业创新和融合基础较好, 近年来, 有许多深圳的科技企业前往东莞落户, 如华为、大疆等, 深圳研发、东莞生产的合作模式已初见雏形。2020 年, 东莞市也发布了《关于进一步完善区域协调发展格局　推动南部各镇加快高质量发展的意见》, 提出将东莞市与深圳交界的 9 个镇融入深圳, 与深圳共建"深莞深度融合发展示范区"。在《2021 年东莞市政府工作报告》中, 东莞也表示会全力支持深圳建设先行示范区, 推动松山湖科学城与光明科学城共建综合性国家科学中

心先行启动区。

深莞惠三市在经济上深度合作，融合发展，共同建设基础设施，可以为东莞和惠州带来新的发展机遇与动力，也可以在一定程度上缓解深圳的人口压力，促进人力资源向莞惠两地倾斜。

从人口流入方面看，深莞惠三地的人口净流入数量在三个都市圈中最大，在全国也排名较靠前，深莞惠的产业发展和收入水平对人口的吸引力较强，2022 年三地人口净流入总计为 2123.21 万人，各市具体的人口情况如表 5-8 所示。

表 5-8 2017~2022 年深莞惠都市圈户籍人口、常住人口及人口净流入信息

单位：万人

年份	深圳			东莞			惠州			三市人口净流入总计
	常住户籍人口	常住人口	人口净流入	户籍人口	常住人口	人口净流入	户籍人口	常住人口	人口净流入	
2017	434.72	1587.31	1152.59	211.31	1038.22	826.91	369.24	572.22	202.98	2182.48
2018	454.7	1666.12	1211.42	231.59	1043.77	812.18	380.9	584.72	203.82	2227.42
2019	494.78	1710.4	1215.62	251.06	1045.5	794.44	389.74	597.23	207.49	2217.55
2020	514.1	1763.38	1249.28	263.88	1048.36	784.48	397.76	605.72	207.96	2241.72
2021	556.39	1768.16	1211.77	278.61	1053.68	775.07	405.91	606.6	200.69	2187.53
2022	583.47	1766.18	1182.71	292.45	1043.7	751.25	415.77	605.02	189.25	2123.21

资料来源：各市统计局。

"珠中江"都市圈包括珠海、江门和中山三个城市。2009 年，珠海、江门和中山三市政府签署了《推进珠中江区域紧密合作框架协议》，约定珠中江三市将率先在交通基础设施、环保、通信、旅游应急等方面展开合作，并逐渐延伸到产业合作层面，最终实现三地居民生活同城化。但珠中江都市圈经济实力较弱，自开展都市圈合作以来，在三个都市圈中处于劣势地位。珠海市作为珠中江都市圈的中心城市，优势产业竞争力不足，对中山、江门的

辐射带动作用有限。江门市的经济发展模式较为落后，经济总体发展水平在珠三角九市中较低。在产业发展方面，珠中江长期以纺织、船舶、家庭耐用品、非耐用品等传统制造业为主，工业集约程度较低，科技含量不高。此外，珠中江三市的产业类型差别不大，同质化指数较高，尚没有形成产业的相互协作模式。

但是珠中江都市圈的资源开发利用不完全，资源丰富，土地开发率较低，经济发展的空间和潜力十分巨大，且各市的产业基础较好，有利于未来经济的高速增长。近年来，珠海充分利用自身优势，积极开展经济建设，优化产业结构，推动科技创新，实现了地区生产总值的高速增长，2009年，珠海市的地区生产总值仅为1038.66亿元，在珠中江都市圈中经济规模最小，而到2019年，珠海市地区生产总值已达3435.89亿元，超过了中山和江门，10年来的年平均增速为12.71%，在珠三角地区中发展成绩引人瞩目。此外，珠海市还加强了与澳门的深度合作，进一步探索建设粤港澳合作的新模式，大力支持横琴新区的建设开发。2021年，珠海出台了新能源、新材料、高端打印设备等产业集群发展扶持政策，并加快发展先进制造业和战略性新兴产业，增强创新要素支撑能力，完善激励机制和科技评价机制，引进培育高水平创新创业团队。

江门市和中山市近年来也不断加快产业建设升级，提高创新驱动能力，提出要主动对接广深港、广珠澳科技创新走廊，健全科技创新体系。《2021年江门市政府工作报告》中提出，要建设好重大发展平台，高质量建设中心城区产城融合示范区，要全力构建支撑高质量发展的产业体系，健全完善科技创新政策体系，壮大高端装备制造、新一代信息技术、大健康、新能源汽车及零部件、新材料五大战略性新兴产业，优化金属制品、造纸和印刷、纺织服装、家电、摩托车等特色产业。中山市则提出要深入实施创新驱动发展战略，奋力打造大湾区国际科技创新中心重要承载区和创新科技成果转化基地，高标准规划建设中山科技创新园，强化企业创新主体作用，优化创新生态环境。

在人口方面，珠中江都市圈的人口规模相较于其他都市圈较小，人口净流入也较少，但在逐年缓慢增加，常住人口规模比较稳定，缺乏新的经济增长极，珠海、中山、江门三市的具体人口情况如表 5-9 所示。

表 5-9　2017~2021 年珠中江都市圈户籍人口、常住人口及人口净流入信息

单位：万人

年份	珠海			中山			江门			三市人口净流入总计
	户籍人口	常住人口	人口净流入	户籍人口	常住人口	人口净流入	户籍人口	常住人口	人口净流入	
2017	118.87	207.02	88.15	170.47	418.04	247.57	396.37	465.12	68.75	404.47
2018	127.4	220.90	93.50	176.92	428.82	251.90	398.91	470.38	71.47	416.87
2019	133.29	233.18	99.89	182.89	438.73	255.84	400.11	475.32	75.21	430.94
2020	139.22	244.96	105.74	190.88	443.11	252.23	401.59	480.41	78.82	436.79
2021	147.83	246.67	98.84	198.74	446.69	247.95	402.87	483.51	80.64	427.43

资料来源：各市统计局。

　　都市圈各城市的融合发展，除了产业间、政府间的合作外，还需要便利的交通物流条件来为都市一体化提供物质方面的支撑。而在交通一体化方面，又以高容量、高速度的轨道交通为优。珠三角各市在广东省政府的支持下已实现了城轨互通，这为三大都市圈内的经济联系打下了坚实的基础，为进一步的发展增添了助力。广佛肇都市圈以《广佛肇经济圈建设交通运输合作协议》和《广佛肇交通基础设施衔接规划（2011-2020 年)》为基础，三市共同建设公路、铁路和水路立体交通网，交通基础设施的一体化程度高。在城轨建设方面，已经建立了广佛环线、广佛江株城际、佛肇城际、佛莞城际和肇顺南城轨五条专属都市圈的城际铁路。深莞惠都市圈已建设开通了多条高速铁路，城际轨道交通系统覆盖率较高，跨市交通需求基本得到满足。此外，在公共交通方面，深圳已规划建设多条与东莞市、惠州市联通的跨市地铁路线和跨市公交路线，有利于更好地满足人员跨市流动需求，加快人员流动，促进跨市沟通合作。珠中江都市圈中，各市的交通联系主要通过

公路运输实现，三市间的高速公路网络密集，路程时间有所减少，此外，城轨系统对高速公路的运输压力有所缓解，加快了三地的经济发展。

粤港澳大湾区中的三大都市圈合作和经济发展情况差异较大，有能带动都市圈城市间产业合作发展的中心城市，如广州市、深圳市，也有自身优势产业发展较慢、难以起到带动作用的中心城市，如珠海市，还有发展模式和产业基础较弱的城市，处于边缘位置、难以融入其他两个城市的深度合作之中，如肇庆市、惠州市和江门市。但随着发展战略的优化，在国家政策的扶持、科学方针以及合理规划的指导下，粤港澳大湾区各城市都在努力地促进经济建设，不断完善产业体系，培育以创新为主的核心竞争力。而在未来都市圈的融合发展中，还需要都市圈内城市更多地加强沟通合作，集合各方优势资源，同时更多地关注协助弱势城市的发展，促进区域发展平衡、统一、协调。都市圈的融合发展需要政策方面的统筹规划和社会各界的深度联系、通力合作，共同打造出"一小时生活圈"，形成互为补充、相辅相成的产业协作体系，促进各类资源要素在都市圈内自由流动，提高资源配置和利用的效率。除此以外，人才的引进与培育也是未来都市圈可持续发展的重要一环。都市圈内城市需要有合理、完善的人才政策，并且为人才提供便捷的工作和生活环境，从而集聚起大量优秀人才，进一步增强各城市的发展活力，为粤港澳大湾区的可持续协同发展助力。

二、粤港澳大湾区的房地产投资机会

（一）粤港澳大湾区的落户政策与人才引进政策

"致天下之治者在人才。"改革开放以来，粤港澳大湾区取得辉煌成就不仅依赖于经济、社会、文化体制机制的改革，还依赖于引进大量海内外人才并发挥其积极创新能动性。粤港澳大湾区作为中国改革开放以来取得举世瞩目成绩的典型代表，未来要打造"富有活力和国际竞争力的一流湾区和世界级城市群及国际科技创新中心"任重而道远，这要求大湾区未来要完善相关的人才引进、培养、激励制度，以更加积极的姿态欢迎世界各地、各种类型的多元化的人才。

1. 落户政策概况

典型的落户政策有三种：一是人才引进政策。人才引进政策是指对于符合该市经济社会发展需要的人才给予一个准入的条件清单，如满足清单条件要求，经审核后予以户籍准入。二是在当地合法居住满一定期限，合法纳税，按规定缴纳满一定期限的社保而申请落户的政策，如深圳的纳税入户和广州的积分制入户政策。三是政策性入户，是按照相关政策规定，对符合政策规定的人员进行办理入户的一种入户政策。常见的政策性入户政策包括：一是依照亲属关系入户，如夫妻投靠、老人投靠、未成年子女随迁；二是由于工作关系变动入户，如军转干部安置、军人家属随迁、军休及复员干部和退役士兵安置等。

从落户的结果上看，截至 2019 年湾区九市的户籍人口达 3767.74 万人，相较于 2017 年增长了 292.64 万人，增长总量可观。根据省统计局数据，从 2016 年开始，环比落户人数呈现递增趋势，相比 2015～2016 年落户人数增量 84.83 万人，2017 年落户人数增量环比增长 46.8%，2018 年落户人数环比增长 23.2%。且 2016～2019 年年增量规模大多维持在百万以上，与 2010～2016 年每年户籍人口增长约 50 万人形成对比。这一数据与近年来逐步宽松的入户政策趋势相适应，逐步扩大的户籍人口队伍将对房地产市场的供求关系产生更直接的影响。

粤港澳地区是主要的人口流入地，户籍人口数远不及常住人口数，截至 2019 年，该地区年末常住人口数为 6446.89 万人，接近户籍人口的 1 倍。

2. 人才政策概况

人才政策可以分为人才评价和人才服务政策。

（1）人才评价。

大湾区广东九市基本上都建立了多元化的人才评价体系，着力构建更优质的人才结构。根据湾区九市的人才引进准入条例，大多数城市将不同知识结构、不同能力特长的人才划分为以下类型：一是高层次人才，即政府按照一定标准认定的且符合年龄限制的具有创新创业能力的人才；二是留学人才，其标准是在境外学习并取得学士及以上学位的留学人员，在境外高等院校、科研机构工作或学习一年以上、取得一定成果的访问学者和博士后等进修人员；三是一般人才，指取得普通高等教育本科以上学历且年龄在 45 周岁以下人员，或具有普通高等教育专科以上学历、年龄在 35 周岁以下的人员；四是专业技术人员，主要指在规定的技能大赛中获奖，或具有有关技术资格证或职称且在限制年龄以下，是该市社会经济发展急需的技术人员。

这些城市的人才评价体系涵盖的范围广，覆盖的人才类型多，符合城市发展迫切需要，并且有明确的衡量指标体系，有利于引进人才时的公开化透明化。

香港的引才政策和内地九市人才政策的导向和人才评价方式大同小异，也是制定了明确的评价体系，注重人才引进的多样化和综合考察。香港的人才引进政策主要分为成就计分制和综合计分制，成就计分制类似于内地的高层次人才引进政策，综合记分制则对人才的年龄（最高 30 分）、学历或专业资格（最高 70 分）、工作经验（最高 75 分）、语文能力（最高 20 分）、家庭背景（最高 20 分）、人才清单（最高 30 分）进行赋分，以此来考察申请人的综合背景。

澳门于 2023 年 7 月 1 日执行第 7/2023 号法律《人才引进法律制度》，主要包含三种人才计划，即高端人才引进、优秀人才引进以及高级专业人才引进计划。其中，高端人才引进对象为曾获取杰出成就奖、国际或国家级专家和学者、于特定领域有重大贡献人士以及国际组的最高管理层成员。优秀人才计划引进对象为能带动重点产业的领军人物以及成功在重点产业创业的人士。高级专业人才引进对象为属紧缺、具有专业经验及技术能力的人才。

此外，三种人才引进计划的申请要件和居留许可的维持和续期条件各不相同，以高端人才计划申请和续期条件最宽松，高级专业人才计划申请和续期条件最严格。

（2）人才服务政策。

配套专门的人才激励、服务政策，使人才引进和资源配套并行，提高城市吸引力。湾区各市的人才服务政策主要关注住房保障、创业创新保障和为其本人及家人提供便利服务这三方面，其中住房保障政策与湾区房地产的联系更为密切。

3. 住房保障政策

粤港澳大湾区的住房保障政策采取多种落实形式，其中比较典型的是提供租房补贴以及提供公租房和政策性购房优惠这两种形式。

（1）租房补贴。

深圳市人才引进力度较大，人才补贴额较高。根据最新的政策，深圳市市级新引进人才租房和生活补贴的最新标准为本科毕业生15000元/人，硕士毕业生25000元/人，博士毕业生30000元/人。除了可以申请市级补贴，若申请人全额获得了市级补贴且符合相关要求，可以在6个月内申请龙华区、龙岗区、光明区、盐田区、宝安区以及大鹏新区的区级人才引进追加补贴。因此，若按学历标准认定补贴额，在深本科生学历引进最高可领3万元，研究生学历引进最高可领5万元，博士学位引进最高可领8万元。

广州市各区有其属于自己的人才补贴政策，其中南沙区和黄埔区的新引进人才住房补贴和高层次人才住房补贴较为突出。南沙区新引进人才入户要求全日制本科生、硕士研究生、博士研究生分别不超过30、35和40周岁，对获取学士学位、硕士学位和博士学位的人才分别给予3万、6万和12万元的生活补贴，分3年等额发放，若人才首次申请前已在南沙区购房，则可申请一次性发放，此标准对教育部认证的境外学士人员同样适用。黄埔区新引进入户人才住房补贴标准为博士研究生和副高级职称以上人员5

万元、硕士研究生 3 万元、全日制应届本科毕业生 2 万元，该补贴分两次发放。对于引进本区工作的持有 A 证、B 证未享受安家费的区杰出人才、优秀人才、精英人才则可分别享受每月最高 10000 元、8000 元、5000 元的住房补贴。

同时，大湾区的其他城市也有类似的人才补贴政策。如珠海市企业新引进人才政策，正高级和副高级职称专业技术人才分别给予每人 35 万元和 25 万元住房补贴，按 40%、30%、30% 的比例分 3 年发放；中级职称专业技术人才、全日制硕士研究生、高级技师每人发放 3.8 万元租房和生活补贴，补贴分两年两次等额发放；全日制本科、技师每人发放 2.6 万元租房和生活补贴，补贴分两年两次等额发放。如东莞市规定，新入户人员可享受每年最高不超过 6000 元的租房补贴，最长补贴期为 3 年，即最高可享受 1.8 万元租房补贴，租房补贴金额 = 500 元/月 × 核定补贴月数。

（2）公租房和政策性购房优惠。

除了货币的补贴，各大城市还通过政策性住房这一产品的提供以解决住房保障问题。

广州市实行的是"人才公寓＋共有产权房＋公租房"的政策。人才公寓是针对特定类别人才而推出的租赁优惠政策。共有产权房是指政府将住房以市场价约 50%～80% 的价格销售给共有产权房的承购人，规定承购人的产权份额不得低于 50%，剩余比例由政府持有。如果购房者想取得全部产权，需要在当地就业满一定年限。这一政策自 2018 年 4 月起在广州、深圳、珠海、佛山、茂名 5 市开始试点，广州市的共有产权房集中在黄埔和南沙两区。广州市的公租房有三种，分别面对户籍家庭、来穗人员和新就业无房员工三种群体。

深圳市实行的是"人才房定向配租＋安居房＋公租房"的模式。人才房定向配租指企业获得配租资格，只将配租房源向本单位符合要求的人员租赁。公租房主要用于出租，安居房主要用于出售，其认购标准为单身居民、2 至 3 人家庭配售建筑面积标准为 65 平方米左右；4 人及以上家庭配售建筑面积标准为 85 平方米左右。

（二）粤港澳大湾区的房地产政策

1. 房地产政策的含义及方向

房地产政策指的是一个国家或地区为支持社会经济持续发展而采取有关的调控政策以调节房地产市场结构，使其结构更加合理。

自 2016 年中央经济工作会议首次提出"房住不炒"的房地产政策方针以来，我国的房地产调控政策保持较强力度。疫情后为稳定宏观经济，促进房地产平稳发展，降低系统性金融风险，形成了针对房地产业的企业资金监管和融资管理规则的"三道红线"，对房地产业实行严格的监管和紧缩的融资政策，可见房地产调控政策的定力和一致性。面对市场消费者，政府目前已通过消房贷利率下限、房贷首付款比例、户籍限制、保障性住房贷款等政策，极大地降低了居民购房门槛，刺激购房需求。2024 年 8 月，住建部部长倪虹表示市场正处于调整期，当前房地产供求关系已发生了巨大的变化，要深刻理解"房住不炒"的理念，体系上要满足刚性住房需求，完善房地产从开发到使用的制度流程，夯实制度基础，建立"人、房、地、钱"四要素联动机制，因城施策，贯彻落实，敦促房地产行业平稳发展。

2. 粤港澳大湾区房地产政策的特点

（1）商品房流通市场保持了较严格的调控政策。

粤港澳大湾区各市为了贯彻落实住房政策的方针，探索房产行业发展新模式，稳定房产市场价格，对商品房的购买交易、生产供给都做出了多方面调控。对于购房者而言，这些稳楼市政策主要从限购、限贷、限离方面做出调整。

一是限购政策。它影响的是购房者的购房准入资格和可购买套数。对于个人购房者，多数城市将其按照单身与家庭、本地户籍与非本地户籍的标准进行划分，并执行相应的限购政策，然而，限购政策在 2024 年迎来重大调整。东莞市规定，2024 年 5 月 1 日起，降低了购房门槛，购房者可凭个人所得税证明，即可购房，此外，社会保险金的缴纳方式由"逐月连续"缴纳调整为"累计"缴纳，并且落户即获取购房资格，取消社保额度限制。深圳市于 2024 年 2 月 7 日起取消了深圳市户籍居民购房时落户年限和缴纳社保年限的要求，居民家庭可购买 2 套住房，单身及离异人群可购买 1 套住房，而非深户籍则要求 3 年的深圳市连续缴纳社保证明，限购一套。除针对个人购房者的限购政策以外，各地对企业购置房产也做出了限制性规定。目前，在深圳市累计纳税 100 万元人民币、拥有 10 名及以上的员工的企业，可在除罗湖区、福田区、南山区、深汕特别合作区以及新安和西乡街道（宝安区）以外的地区购置商品住房。东莞市则要求企业要注册期满 2 年才可购房。另外，由于珠海、中山与港澳地区经济交往紧密，二市对港澳人士出台了专门的限购政策。

二是限贷政策。房地产市场短期的需求受金融政策影响显著，购房者的投机需求和消费需求的实现需要流动性的支持，而限贷政策限制了货币流入房地产市场，客观上会限制房地产市场交易，给房地产市场降温。粤港澳大湾区内地九市几乎每一个城市都在流动性上限制房产的交易。从对购房者有无房贷记录、有多少套房贷未还清、首付比例等方面进行考察，并综合以上情况决定贷款限额，实行差别化住房信贷政策。从 2024 年 5 月 24 日起，广州、深圳两市仍未调整房贷政策，广东省其他 19 城均制定了差别化的信贷政策。一般来说，无房贷记录首付需结清房款的 15%，取消利率下限。二房贷款的最低首付比例不得低于 25%，无利率下限。

三是限离政策。深圳市和东莞市规定了较为严格的限离政策，离婚的期限与首付比例和房产更名相关。广州市也提到了离婚 1 年后再买房，首付按已拥有 1 套房执行。

而对于房产的出售者，房地产调控政策对他们售房行为的约束主要体现为限价政策和限售政策。目前，广州已取消限售要求，深圳则明确自取得不动产 3 年内禁止转让，东莞则按区域实行差异化的限售政策。在限价方面，部分城市提出了新房预售申报价不得明显高于周边同类户型在售项目销售均价的要求。

（2）调控政策与城市群不同的市场结构相适应。

在粤港澳大湾区城市中，广、深两市的楼市调控政策较为保守，而其他城市目前的商品房调控力度相对较大，整体而言，大部分城市已全面取消限购，仅有广州（有限放开）和深圳（未开放限购）。对于房地产限售政策，除深圳限售政策保持不变以外，大部分城市修改了限售政策或者全面放开限售，城市内对市场热度较低的区域不实行限购政策有利于房地产拉动地方经济，承接过热区域置业刚性需求，吸引外来资金；而对去库存压力较大的三四线城市不实行限售政策，客观上有利于加快市场出清和房地产市场的周转，促进宏观经济稳健发展。

（3）公共保障性住房制度逐步完善。

为解决房产供需矛盾和人才的居住难题，提高城市的竞争力，促进经济的持续发展，大湾区城市积极探索完善公共保障性住房制度，扩大保障性住房的供给。

以深圳为例，深圳的保障性住房主要包括人才住房、安居型住房和公共租赁住房三大类，并将计划提高这三类住房在总住房供给中的比例。《关于深化住房制度改革加快建立多主体供给多渠道保障租购并举的住房供应与保障体系的意见》指出，深圳将计划从 2018 年至 2035 年新增建设集建各类住房共 170 万套，其中市场商品住房占总供应的 40%，保障性住房占 60%。

澳门在住房保障方面采取公屋政策，是优先照顾弱势及核心家庭的住房长效保障政策。其保障房计划主要提供社屋，经屋作为对社屋的补充。社屋政策是指特区政府或开发商兴建社屋，完工后由政府回收，以低廉租金价格租予低收入或有特殊困难的家庭居住。只要年满 18 岁的澳门永久居民，且在澳门居留 7 年以上，家庭成员均不持有不动产并且总收入及总资产根据家庭人数不能超过特定限额，就有申请资格。经屋政策是一种为了协助特定收入及资产水平的澳门永久居民解决住房问题，并促进与澳门永久居民实际需要和购买力相符合，而提供的用于出售的政策性廉价住房。经屋对私人房屋市场及社屋政策起着补充性作用。申请人为年满 18 岁的澳门永久居民，获得经屋 5 年内不得拥有不动产，获得经屋 16 年后可转售，流入私人房屋市场，且转售所得须按一定比率返回政府。[①]

香港的住房保障政策和澳门的公屋政策类似，但在历史发展的过程中香港所采取过的保障手段更为多样化。香港的住房保障政策自 20 世纪五六十年代起步，1961 年正式推出廉租房计划。香港在其政策发展探索的过程中逐渐出现了多种保障形式，如 1976 年的"居者有其屋计划"（建设直接出售给符合条件家庭的居屋）、1988 年的"自置居所贷款计划"（向符合条件的家庭提供贷款资助购房）、1998 年的"租者置其屋计划"（建设允许承租人先租后买的公屋）、2001 年的"长者租金津贴计划"（向符合条件的长者发放租赁补贴以租住私人楼宇）等，探索了公屋、居屋、租赁补贴、贷款资助、租转购等多种住房保障方式。而在 21 世纪后，香港的住房保障政策趋于成熟和稳定。自 2003 年开始，香港宣布中止执行居屋、租赁补贴、租转购、贷款资助等一系列政策，新的中低收入家庭的住房困难问题全部通过出租公屋来解决。

与内地的保障房政策相比，香港的住房保障政策的覆盖范围更大。数据显示，香港的公屋（相当于公租房）超过 72 万套，居住人口超过 200 万人，约占全港人口的 30%，此外还有约 18% 的人口居住在购买的居屋（相当于经济适用住房），住房保障覆盖面合计约 48%，大于国内一线城市租住在公租房中的人口比例。

3. 粤港澳大湾区的土地政策

（1）土地政策概况。

土地政策是指国家根据一定时期的现实国情，在土地资源的开发利用、治理保护和管理方面规定的行动准则。土地政策一般可分为地权政策、土地金融政策和土地赋税政策。地权制度显示着土地的性质，是三者的核心与根本。

---

① 中央政府驻澳门联络办. 回归以来澳门住房市场基本情况［BD/OL］. 2014 - 11 - 15.

宪法规定，我国的城市土地属于国家所有，农村土地中的宅基地和自留地属于集体所有，可流转的是土地使用权。国家土地所有权由国务院代表国家行使，国家每年给地方限定一定的建设用地指标。土地使用权依照法律采取拍卖、招标、协议等方式有偿有限期转让。

香港实行土地租用制度，与内地相似，香港境内的土地全部属于国家所有，由香港特别行政区政府负责管理、使用、开发以及出租或批给土地使用者。

《澳门基本法》第七条规定："澳门行政区境内的土地和自然资源，除在澳门特别行政区成立前已依法确定的私有土地外，属于国家所有，由澳门特别行政区政府负责管理、使用、开发以及出租或批给土地使用者。"

（2）房地联动调控成为大湾区土地政策新趋势。

大湾区房地联动调控政策有加强的趋势，"限房价，竞地价"政策成为各大城市房地调控的主流，在此基础上的竞自持（配建）政策也盛行于大湾区的核心城市。"限房价，竞地价"即是在拍地时对项目的成品最高销售单价和均价进行限制，开发商向上竞拍地价，向下竞拍房价，从而达到抑制过高房价、降低开发商投机热情的效果。竞配建指的是当开发商报价达到了地价上限后，改为现场投报配建公租房面积，投报面积大者得到该地块的土地使用权。这一政策旨在限制开发商的盈利空间、控制土地的溢价率，以实现稳地价、稳房价的目标，同时可以促进城市更新和扩大保障房供给。

（三）粤港澳大湾区的房地产市场需求

1. 影响粤港澳大湾区房地产需求的因素

房地产需求长期看人口，中期看土地，短期看金融。

而从人口来看，粤港澳大湾区特别是核心城市的人口情况比较乐观，表现为人口持续流入、人口结构年轻化明显，流入人口受教育程度提高，人口红利转化为人才红利可期。流入人口和家庭的总量增加使房地产的需求总量增加。截至 2019 年，粤港澳大湾区人口总数已达约 7000 万人，庞大的人口基数不仅对于房地产的需求旺盛，对各行各业也存在巨大的需求。改革开放以来，珠三角地区一直都是人口的净流入地，2017 年以来，由于大力度的引才政策及城市竞争力的提高，每年入户人数都维持在 150 万左右。粤港澳大湾区人口结构呈现出年轻化的特征，0～14 岁青少年比例和 15～64 岁适龄劳动人口比例都高于全国水平，在东部地区排名前列。据《中国流动人口发展报告 2017》，中国的人口流动方式发生了变化，从以个人移动为主转变为以家庭流动为主。小学生人数被认为是人口红利的"晴雨表"。广东有约全国 1/10 的小学生，小学生人数破千万，其背后是相当多外来务工人员的流入，他们留粤工作并组建家庭。在地域分布上，人口流入分布呈现两极分化的情况，即向大城市集中，这影响着湾区房地产需求的分异。

湾区城市人口集中度的提高，将促使核心城市的房地产需求进一步提升。深圳和广州作为两大核心城市，担当着人才流动中心的角色，从外部流入湾区的人才有 40.39% 都流向深圳，31.42% 流向广州，两者合计占到七成以上。粤港澳大湾区房地产交易数据显示，2018 年广深港 3 个核心城市的交易额占比为 60%，预计 2025 年交易额为 2.4 万亿元，占湾区市场份额预计提升至 65%。

人口的流入与珠三角地区的产业发展密切相关，产业的发展和结构的转型带动了人才的流入。随着粤港澳大湾区产业的转型，高新技术因素的影响力加强，建立起了一批具有全球影响力的高新技术企业。这些企业吸引了更多的高质量人才来到粤港澳大湾区定居。而高新技术产业更是城市竞争力，是城市发展前景最好的体现，可以让人们对区域经济及当地房地产业可持续发展产生良好预期。高新技术产业的发展会进一步辐射并吸引基层人才。从这些方面来看，产业的转型发展推高了对房产的需求。

从供需来看，粤港澳大湾区部分城市如深圳、东莞、珠海因为土地资源稀缺，城市的延伸受阻，这些城市的整体供应量小，供给压力大。以深圳为例，深圳的建设用地开发程度已达50%，超过了区域建设用地开发世界公认的上限，因此深圳再新增开发用地就显得压力较大，深圳2020年批准预售商品住宅共5.15万套，而深圳常住人口年均增长约50万人，从长期来看，由于城市新增人口的速度快于房地产商品的供应增速，造成住房供不应求的情况，为满足住房刚需，这些城市的供需结构需要调整。

2. 粤港澳大湾区房地产需求状况

（1）需求总量大，区域内部差异明显。

粤港澳大湾区人口众多，经济发展程度高，市场经济活跃，近年来房地产需求旺盛。但是，粤港澳大湾区内部经济社会发展水平不一，特别是核心城市和区域内欠发达的三线城市需求差异较大。

从总体上看，粤港澳大湾区房地产市场交易规模庞大，且需求量呈增长态势，特别是在核心城市及其周边区域。粤港澳大湾区城市房地产成交之多显示出房地产需求之大。国家发改委数据显示，2020年，珠三角地区九市商品房成交套数为724202套，商品房成交面积7344.4万平方米，占全省商品房成交面积的65.9%。商品房的销售金额为13722.9亿元，占全省的83.6%，而2020年全国的商品房成交额为17万亿元，大湾区约占全国成交额的8%，在全国的商品房交易中占据了重要地位。二手房市场是重要的房屋存量市场，它不仅代表着前一周期的房产需求，其出清行为对于现需求的研究也有重要作用。2020年全国二手房交易金额达7.3万亿元，其中粤港澳城市群表现抢眼。深圳、广州分别占据二手房交易规模（GMV）十大城市的第三位和第四位，成交量同比增长29%、21%。随后深圳市出台了二手房参考价等调控政策，二手房交易明显下降，需求外溢到周边城市。

从个体上来看，不同层级的城市呈现出不同的房地产需求特征。一是二手房涨跌幅的差异巨大。二手房需求一线热门，三线遇冷。如第一档城市虽然二手房成交套数近2015～2020年不断波动，但其成交均价比较稳定，房地产市场需求长期比较热门。反观三线城市，如江门、肇庆，二手房就显得需求乏力。江门 2020 年二手房成交环比下跌 13.5%，二手房交易量已连续三连降。肇庆在 2020 年 9 月的均价下跌了约千元，是大湾区房价下跌最多的城市。二是核心城市的购房需求外溢特征明显，外溢方向满足重叠需求的特征且与距离有关，同时受政策的影响。核心城市购房者更愿意选择房价稍低，但人均收入水平更相近且距离更近的城市。如佛山市最大的外地购房者群体就是广州购房者，东莞承接了大量的深圳外溢置业需求，而东莞限购政策实施后，深圳客群分流到惠州，使得惠州市成交量迭创新高，2018 年的成交量在全国城市成交榜上居第二位。但是中等二线城市的需求外溢并不明显，难以辐射湾区内三线城市。

（2）住房结构有待改善，需求潜力大。

粤港澳湾区的居住品质仍有待提升，未来将在改善居住条件方面释放更大的需求。以深圳为例，深圳有 1893 个城中村，占地面积约 320 平方千米，相当于深圳土地总面积的 1/6，其租赁住房更是占了总租赁住房的一半以上。可见，居住在城中村的务工人员众多。这不仅能从现实数据中看出，更和近年来的政策导向相适应，如近年来广泛提倡的棚改政策、三旧改造和城市更新等，未来的城市环境与居住条件将进一步改善，期待粤港澳大湾区城市解决住房短板，释放更多需求。

（3）区域内市场轮动特征明显，需求对调控政策敏感度高。

粤港澳大湾区区内经济发展水平存在着较大差异，与之相适应的各地调控政策的力度也各不相同，并且受到核心城市购房需求外溢的影响，大湾区的房地产市场呈现出较明显的板块轮动特征。其具体表现可概括为，当房地产市场上行时，一线城市率先升温，二线、三四线城市依次跟进，反之亦然。新冠疫情后受益于流动性宽松，潜在购房需求加速释放，深圳成为本轮行情的起点并逐步将购房需求外溢到周边城市。2020 年 4 月深圳商品住宅成交面积同比增速上涨 20%，此时东莞该指数由负转正，并保持高位运行。随着深莞两市的调控政策加码，特别是深圳"7·15"新政，东莞在 2020 年 7~9 月 5 次发布楼市新政等政策，使得需求进一步外溢至距离更远的城市。

（四）粤港澳大湾区的房地产供给和土地供给

1. 粤港澳大湾区的土地供给

（1）粤港澳大湾区土地概况。

粤港澳大湾区土地面积约为 5.6 万平方千米，仅占全国土地面积的 0.6%，呈现出地狭人稠的特征。改革开放以来，粤港澳大湾区经过数十年的城市化高速扩张，不少城市面临着土地资源局限的现实困境，新增土地供给数量面临下行的压力。这一点能在土地开发强度这一指标中很好地体现，一般来说，按照国际惯例，一个地区的国土利用强度达到 30% 就已经是警戒线。而在粤港澳大湾区各城市中，超过警戒线的就有深莞佛珠四个城市，深圳更是高达 50%，而一河之隔的香港这一指数也仅为 19%，可见未来珠三角地区需要更好地协调土地开发与人地协调的关系。

（2）粤港澳大湾区土地供给的特点。

粤港澳大湾区近年来的土地供给呈现出以下特点和趋势。

一是核心城市土地计划及实际供给量增加，其中住宅建设用地供给量增加明显。由于当地住房需求的扩张，住宅用地拨划也要求随之增加。如广州市 2021 年住宅用地面积计划供应 634 公顷，比前 5 年均值 521 公顷高出 22%，与 2019 年相比增加了 64 公顷；深圳市 2021 年计划供应居住用地 3.6 平方千米，占总供应面积的 32%，在全年土地供应中占举足轻重的地位，比 2020 年、2019 年居住用地计划供应量分别提高了 24%、142%。

二是土地供给与城市发展策略联系紧密。其一表现为服务于城市区域发展战略。以广州为例，广州的房地产发展政策明确，是依靠轨道交通链接打通多个城市区域中心并随之进行供地开发的，供地面积呈现出从外围向中心递减的特征。2019 年，从化实现地铁联通，自此广州 11 个区全面实现了地铁连接。从区域上看，最外围区域（增城、南沙）供地越来越大，2019 年这两个区占比 65%，比 2014 年增长了近 20 个百分点；次外围区域黄埔、白云、从化、番禺为供地的第二梯队，供地占比25%；中心区域（越秀、天河、海珠、荔湾）供地不足10%。住房供应也维持这一格局。

三是与城市的人才引进战略紧密贴合。广州打造南沙（城市副中心）、番禺（南站泛珠CBD）、花都（空港）、增城（山水）和黄埔（科技创新）等多个区域中心，鼓励人口向外迁徙、买房。在此背景下，广州的策略和深圳一致，就是通过大力引进人才，保障好人才的住房问题，做到市场的归市场、保障的归保障，其他的限制性政策也开始逐步退出。因此，到2019年底，广州外围几个区——花都、白云、番禺、南沙、黄埔等，通过人才政策逐渐退出了限购。

四是以城市更新盘活存量土地。大湾区的"三旧改造"大量采用拆除重建的方式，为珠三角日趋紧张的土地供应拓展了空间。根据《广州市2017－2019年城市更新土地保障计划》，城市更新项目2017～2019年计划保障供地9.26平方公里，其城市更新成为湾区房企补充土地储备的重要手段。根据广州市住建局的数据，2020年广州全市"三旧"改造新增实施面积18773亩、完成改造面积17712亩，完成固定资产投资1006亿元、同比增长44.75%。根据《深圳市住房建设规划（2016－2020）》，深圳的住宅用地主要来自城市更新用地，新增供地极其有限，商品住房和保障性住房的供应主要依靠城市更新建设实现，深圳的商品住宅用地超过70%来自城市更新，新增供地极其有限。

2. 粤港澳大湾区的房地产供给

（1）房地产供给的含义。

房地产供给是指在特定时间内，在一定价格条件下，房地产商品生产方愿意且能够提供的房地产商品数量。

（2）影响房地产供给的因素。

影响房地产供给的因素有很多，能够在一定时期对一个地区的房地产供给产生较重要影响的因素有房地产商品价格和开发成本、土地供给量、资金周转和金融政策、房地产调控政策及其他相关政策以及供给者的预期。

（3）粤港澳大湾区房地产供给的特点。

第一，核心城市有效供给不足。

房地产市场的有效供给是指现实供给层次中符合投资者需求的、正在或即将实现交换的那一部分房地产商品的供给量。

大湾区核心城市持续流入的外来人口和土地供给的有限性是造成房地产有效供给不足的重要原因，而房价的高企加剧了供需对接的矛盾。深圳是土地储备较为紧张、住房供应压力较大的城市之一。2014～2018 年，深圳常住人口增量达 225 万，但新增住房供应仅 24 万套，新增供应节奏难以跟上需求。2020 年深圳新房均价达每平方米 61543 元，而 2020 年的深圳居民人均可支配收入为 64878 元，房价收入比为 48.1，且仍保持着上升的趋势。房价，高企带来的后果如下：一是购房者依赖金融杠杆方式购房；二是影响供需配置效率，需要住房的人只能寻找更便宜的房子，形成住房降级，如购买二手房、转入存量市场或是向郊区或卫星城等价格洼地方向购置房产。

而与内地城市普遍存在的房地产市场化过度的问题不同，造成香港房地产有效供给不足的是供给端市场化不足的问题。香港的住房供应体系中仅有 53.7% 的住房是私有产权房屋，非市场化的公屋和居屋的比重过高。但香港公屋体系并没有很好地解决中低收入群体的住房问题，其供给量不足。2008～2017 年十年间香港公屋仅增加 8.8 万套，居屋存量仅增 5500 套。同时从绝对价格上看，香港几乎是全球商品住宅套均价格最高的城市，私人房屋价格的高企加剧了香港房地产商品的供需匹配不平衡。

第二，核心城市存量市场深化。

随着城市化的深入，城市空间的有限性和土地资源的稀缺性使房地产的布局远离市中心成为必然趋势。而由于人口和就业的聚集地主要为城市区域，与新增房地产商品的布局产生矛盾，这使存量房交易逐步成为市场的选择。

大湾区的房地产市场由以"增量开发"为代表的增量时代逐步进入以"存量运管"为标志的存量时代。深圳在 2009 年就迈入存量市场，2017～2019 年二手房成交占比保持在 7 成左右。2018 年一线城市中广州、深圳存量房成交套数分别是新房成交套数的 1.12 倍和 2.2 倍。2014~2018 年香港的二手住宅成交套数与新房成交套数之比的平均值为 3.3 倍。从湾区九市的库存情况来看,广佛深莞等湾区核心城市因其市场热度高,去化周期偏低,基本在 10 个月以内,最低的东莞市仅需 4.9 个月就可以完成去化。按照自然资源部制定实施 2019 年住宅用地"五类"调控目标的要求,城市住宅去化周期 12~6 个月的,要增加供地;6 个月以下的,要显著增加并加快供地。新增商品房销售的紧俏促进了需求转入存量市场,满足住房需求不能只依赖一手房的供应,存量房的供给的地位越来越重要。

第六章

长三角城市群的房地产投资机会

一、长三角城市群的提出与发展

截至 2022 年，中国一共已经规划建设有 19 个特大中心城市群，其中囊括了长江三角洲城市群（以下简称长三角城市群）、珠江三角洲城市群（以下简称珠三角城市群）、京津冀城市群等。以上提及的三个城市群的定位相对突出，从特点来看，京津冀城市群囊括了中国的政治中心（北京），而粤港澳大湾区所覆盖的南部地区，是改革开放和科技创新的前沿地区。在以上几个城市群中，长三角城市群是经济体量最大、历史最悠久且架构最完善的城市群，同时也是中国最早对外实施开放的地区，是中国最早的金融中心，长三角城市群的发展对中国南北方地区的经济建设和科技进步有着极大的促进作用，同时也起到了连接作用，是国家经济建设的战略中心区域。总体来说，长三角城市群的建设与发展不仅对国家宏观经济有着重大的影响，同时也是国家发展战略的重要环节，还是中国式现代化建设的战略重心。

长三角城市群作为中国经济发展最快、城镇化建设水平最高的特大城市群，孕育着巨大经济体量和人口。随着中国的产业转型升级和中国区域经济一体化推进程度的不断加深，长三角城市群汇聚了大量的海内外人才和技术资源，而持续增加的人口和经济体量以及经济质量的不断提高，推动了消费群体对住房需求的不断扩张，因此长三角地区的房产投资领域也成为了备受关注的热点。其中最主要的是以下两点：长三角城市群中有哪些重点地区的房产更加具有发展潜力？哪类地区的房产更保值、风险更低？本章将通过对长三角城市群政策、经济和人口的情况进行分析来探寻房地产投资方向。

（一）长三角城市群的总体设想与发展路径

长三角城市群历史悠久，因其独特的地理位置和气候优势，自明清开始，就已初具规模。中国改革开放以后，国家将工作重点放在发展经济和实施对外开放上，而长三角城市群作为中国经济发展的"先行者"，其经济迅速发展，规模逐渐扩大。数据显示，长三角城市群面积仅占中国土地面积的2.3%左右，却拥有2.25亿人口，创造了全国约25%的GDP总量，拥有着中国接近25%的"双一流"高等院校。除此之外，在2020年全国科技研发经费支出和有效发明专利数方面，长三角地区占有总值的30%左右。

2010年5月，国务院正式批准实施的《长江三角洲地区区域规划》将长三角的范围确定为江浙沪三省市。2016年5月国务院发布的《长江三角洲城市群发展规划》将长三角城市群定义为包括：上海市、江苏省八市、浙江省八市、安徽省的九市共计26个城市。2016年12月8日，长江三角洲地区主要领导座谈会在杭州如期举办，议题主要内容有构建一核五圈四带空间格局和加强省际统筹效率。按照会议指示，未来将共同构建长三角城市群"一核五圈四带"的空间战略格局，其中一核特指上海，五圈分别为南京、杭州、合肥、苏锡常、宁波五个都市圈，"四带"指的是沪宁合杭甬发展带、沿江发展带、沿海发展带、沪杭金发展带。2019年，《长江三角洲区域一体化发展规划纲要》正式印发，苏浙皖沪四省市的全部区域正式划入长三角城市群，长三角城市群的范围进一步扩大。

2008年国务院颁发了《国务院关于进一步推进长江三角洲地区改革开放和社会经济发展的指导意见》，旨在着重推动长三角地区建设。至2010

年末，经过两年时间的迅速发展，长三角城市群初具规模，逐步形成了一个新型的世界第六大社会经济综合城市群①，但值得注意的是，长三角城市群的综合实力与其他五个世界级城市群仍存在着巨大的差距。2010 年 6 月，国家发改委正式印发了《长江三角洲地区区域规划》，进一步完善了对长江三角洲地区的规划，其中的主要目标是将长三角建设成为一个拥有强大国际影响力的世界级城市群。2016 年 6 月 1 日，国家发展改革委、住房城乡建设部印发的《长江三角洲城市群发展规划》，提出加快培育更高发展水平的区域经济驱动增长极，进一步明确了将长三角城市群全面建成为一个拥有高度国际影响力的世界级超大城市群的目标。该规划对长江三角洲城市群的核心定位和总体功能提出了具体的战略要求，意在将长三角城市群重点打造建设成为中国改革创新的先行示范区、自由对外贸易试验区和引导改革政府职能转变的体制改革先锋区。此外，规划加大了长三角地区的开放程度来吸引更多的外资进入，旨在增强区域内竞争力，进一步提高长三角的创新能力，从而全方位实施创新驱动发展战略，以科技创新城市，引领地区未来的发展。在如今百年未有之大变局的国际形势下，为了更好地适应当今世界的政治经济格局并做出相应改变，长三角城市群正在加快发展速度，全面完善体制，努力建成可比肩其他五个世界级城市群的沿岸内陆城市群。

长三角城市群资源雄厚，优势明显，拥有诸多社会资源，如充足的科技专业人才储备、高创新水平的科创型企业、发达的制造业、完备的产业链和社会资源整合供应链、巨大的市场经济潜力等。近年来长三角城市群的经济发展实力不断提高，国际地位和影响力也在逐年攀升。作为中国唯一的世界级特大城市群，长三角特大城市群在推动中国社会经济发展过程中起到了巨大作用，由于长三角城市群在国家战略布局和国家现代化发展战略中处于核心位置，所以国家对长三角的战略规划定位是长时期、全区域、全视角的。长三角三大城市群对外是中国对外经济交流与国际互通的重要窗口，对内是"一带一路"与长江经济带的重要交汇地带。

---

① 2010 年中国城市群发展报告。

综合中国国家战略规划来考量，未来长三角城市群正朝着区域一体化的方向不断演进，旨在区域的整体协同发展，区域内各部分发挥其优势，最终促进整体区域平衡发展和共同富裕。长三角的发展路径是先从个别综合实力强劲的超大城市出发，推动长三角区域整体水平提高，从而更好拉动区域内其他城市协同发展，最后对超大城市的经济产生反哺作用。从国家发展的层级来看，通过长三角城市群与京津冀城市群等其他城市群共同发挥其节点作用，最终连结而成中国完整的发展战略网络，使得中国的整体经济水平和综合国力都能够协同共进。

（二）长三角城市群的经济状况及人口状况

1. 人口状况

人口是一个城市发展的根基，大量的人口聚集意味着影响力的聚集，一个区域的人口状况对区域的发展来说至关重要。人口状况的描述大概分为人口数量、人口密度、人口素质、人口构成结构（特指人口老龄化程度）、城镇化率、人口分布状况、常住人口数目、流动人口数等。下面通过上述几点对长三角地区的人口状况进行分析。

长三角城市群是中国最具经济活力，同时开放度高、创新性强、对外来人口吸引力大的城市群，近年来长三角城市群的外来人口随着该区域的经济发展而稳定增长。长三角沿海城市群覆盖的范围包括上海市，江苏省、浙江省、安徽省中的共计 26 个沿海城市，土地总面积为 21.17 万平方公里。从人口密集度来看，长三角城市群面积仅占全国总面积 2.3%，但 2020 年第七次全国人口普查数据显示，长三角各大城市群的常住人口高达 2.25 亿。从地理分布来看，长三角城市群人口形势总体呈现出北高南低的格局，北部地区的人口密度相对来说高于南部地区，但伴随着整体经济的发展和区域一体化进程的推进，这种趋势在慢慢改变。

作为长三角城市群的经济中心与交通枢纽，上海市对流动人口更具吸引力。据统计，2000 年初至 2021 年末，上海常住人口共计增加 848.66 万，但值得注意的是，自第六次人口普查以来上海市人口增速开始呈现出放缓趋势，尤其是近几年上海市人口增量一直处于小幅度波动的上升状态，人口增速不高。其内部原因主要是上海市人口政策的调整和较高的生活成本，而外部因素则主要是附近的城市群对上海市产生了人口分流效应。近年来，珠三角城市群、京津冀城市群对人口的吸引力持续增加，相关城市为吸引人口也相继出台了众多政策，导致长三角地区对人口的吸引力优势下滑。但从总体来看，上海市常住人口总量趋于稳定（见图 6-1），而且上海市政府也相继出台了相关政策以提高对高精尖人才的吸引力，保持了城市的创新能力和发展潜力。

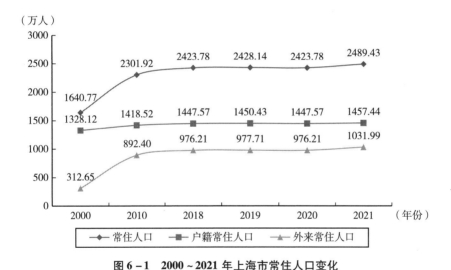

图 6-1　2000~2021 年上海市常住人口变化

资料来源：上海市统计局，https：//tjj. sh. gov. cn/sjfb/index. html。

从人口分布结构来看，长三角重点城市群的新增户籍居民常住人口分布结构呈现不均衡的状态。2019 年常住人口统计数据显示，在 26 个长江重点城市中，各市的新增户籍居民常住人口总数分布结构差别较大，其中上海、苏州和杭州位居前三，2018 年的户籍居民常住人口分别为 2423.78 万人、1072.17 万人和 980.6 万人（如表 6-1 所示）。杭州 2018 年度的四个城镇户籍常住人口的新增数量分别为 12.6 万人、17 万人、28 万人和 33.8 万人，常住人口保持高增速的持续增长。南京、宁波和合肥位列常住人口总量的第四到第六位，总体上属于 800 万常住总人口梯队。但需要指出的是，26 市中至少有 5 个重点城市 2018 年城镇常住人口总量远低于 300 万。

表 6 – 1　　　　　　　2018 年长三角城市群 26 市人口数据

城市	2018 年常住人口（万人）	增减（万人）	2018 年户籍人口（万人）	2018 年人口净流入（万人）	2017 年城区人口（万人）	2018 年城镇化率（％）
上海	2423.78	5.45	1447.57	976.21	2418.33	87.60
苏州	1072.17	3.81	703.55	368.62	332.94	76.05
杭州	980.6	33.8	774.1	206.5	637.07	77.40
南京	843.62	10.12	696.94	146.68	642.68	82.50
宁波	820.2	19.7	603	217.2	332.82	72.90
合肥	808.7	12.2	757.96	50.74	395.9	74.97
南通	731	0.5	762.52	−31.52	159.84	67.10
盐城	720	−4.22	824.7	−104.7	136.86	64.03
无锡	657.45	2.15	497.21	160.24	254.77	76.28
台州	613.9	2.1	605.4	8.5	105.07	63.00
金华	560.4	4	488.97	71.43	80.18	67.70
绍兴	503.5	2.5	447.21	56.29	153.66	66.60
常州	472.9	1.13	382.2	90.7	188.57	72.50
嘉兴	472.6	7	360.44	112.16	91.28	66
安庆	469.1	4.8	528.44	−59.34	71.44	49.20
泰州	463.57	−1.62	503.39	−39.82	93.88	66.00
扬州	453.1	2.28	458.34	−5.24	121.07	66.05
滁州	411.4	3.8	453.7	−42.3	50.43	53.40
芜湖	374.8	5.2	388.85	−14.05	147.21	65.54
镇江	319.64	1.01	270.78	48.86	89.17	71.20
湖州	302.7	3.2	267.06	35.64	93.30	63.50

续表

城市	2018 年常住人口（万人）	增减（万人）	2018 年户籍人口（万人）	2018 年人口净流入（万人）	2017 年城区人口（万人）	2018 年城镇化率（％）
宣城	264.8	3.4	278.9	−14.1	35.82	55.20
马鞍山	233.7	3.5	229.11	4.59	74.27	68.20
铜陵	162.9	2.1	170.8	−7.9	51.49	56
池州	147.4	2.5	162.2	−14.8	30.95	54.10
舟山	117.3	0.5	96.9	20.4	60.61	68.10

资料来源：各地统计公报，其中上海城镇化率为 2015 年数据。

从全市城镇化发展水平情况看，26 个城市中还有 9 个重点城市的城镇常住人口平均城镇化率未达到 70%，杭州、无锡、苏州、合肥、宁波、常州和镇江则在 70% ~80% 之间，苏南 5 市的常住人口城镇化率均低于 79%。26 市中，铜陵、宣城、池州、滁州和安庆的新型城镇化率远低于同年全国城市化平均水平的 59.58%，这说明以上新型城镇的城镇化事业还有较大推进空间。

从人口净流入来看，2018 年，26 城中共有 16 个城市基本实现了人口的实际净流入，其中仅有 7 个城市的城镇人口实际净流入量未超过 100 万，其中，上海的净流入最多，达到了 976.21 万人，紧随其后的是苏州（368.62万人）和宁波（217.2 万人），上海不仅是长三角城市群人口流入最多的城市，也是中国就业人口净流入最多的城市，上海 2017 年的中心城区就业总人口超过了 2000 万人，位列该地区城市人数的第一位。而苏州、杭州和宁波 2018 年的人口净流入也都已经超过了 200 万人次。

从城市规模来看，杭州、南京、宁波、合肥、南通、盐城、无锡、台州几市的 2018 年常住人口均已经超过了 600 万人，处于全国特大城市行列（500 万以上、1000 万以下）（见表 6 - 1），未来这几大人口集中城市将向超大人口集中城市行列进军。

从总体上看，长三角城市群的人口数量庞大，但是人口、常住人口分布不均，区域间分布差距大，这是经济发展水平不同、产业类型差异化等因素导致的。从城市规模来看，如上海、杭州等经济发达的城市人口多、人口密度大、人口净流入，但是一些小城市就呈现出人口少、人口密度小、人口净流出的特征。但是随着区域一体化进程的推进，个别发展水平较低的小城市人口也将开始增加，地区仍然具有相当大的发展潜力。

全国老龄办 2023 年发布的 2022 年度国家老龄事业发展公报显示，截至2022 年末，全国 65 周岁及以上老年人口约为 20978 万人，占全国总人口比重的 21.8%，扩大范围，60 周岁及以上的老年人口约为 28004 万人，占比19.8%，接近全国人口的 1/5，由此可见，中国的人口老龄化程度可见一斑。一个区域的发展离不开大体量的人口基数，但是对于区域未来的经济发展，更为重要的是青壮年人口，这一数值能在很大程度上显示出一个区域的发展和投资潜力。从青壮年人口这个指标来看，与珠江三角洲城市群相比较，长三角城市群虽然人口众多，但是老龄化相当严重。苏浙沪地区总体已进入人口老龄化阶段，浙江的某些地区甚至已进入人口深度老龄化阶段。长三角城市群的老龄化呈现出老龄化时间早、程度严重、区域不平衡、增长速度较低的特点。这是城市发展必经的阶段，一方面，高度的老龄化不利于城市群的可持续发展；另一方面，这也从侧面反映出长三角城市群的城市化发展程度高、发展速度快。

作为经济发达、人口流入高的区域，长三角老龄化如此严重的主要原因可以从政策和社会发展的角度来寻找解释。首先是政策因素方面，计划生育政策在长三角地区得到了严格的贯彻落实，造成长三角地区现在的青壮年人口基数少，同时，长三角地区的医疗水平高，死亡率低，相对来说老年人口所占人口比重较其他地区更高。因此，有限的青壮年人口基数叠加之更高的老龄人口存活率，加剧了长三角地区的老龄化程度。其次是社会因素方面，随着产业升级，劳动密集型行业大量外迁，行业所能提供的就业岗位有限，长三角地区人口流入的增长量大幅下降，青壮年人口净流入增量随之减缓，导致老龄化程度相对加剧。为抑制老龄化愈演愈烈的趋势，中国已落实三孩生育政策，未来老龄化趋势可能会有所缓解。但短期内还需要通过增加就业岗位来吸引人口的流入，增加青壮年在总人口中的比例，从而改善长三角地区的人口结构。另外，随着人类社会发展，婚姻观念随着时代逐渐改变，生活经济压力的增大和抚养后代的成本提高，年轻人的结婚欲望在逐年下降，离婚率反而有所增高，越来越多的夫妻不愿意通过降低生活质量，降低抚育要求来生育后代，致使新增人口减少。需要强调的是，抚养后代的成本与生活成本息息相关，相互捆绑，想要提高人口出生率来改善人口结构，则需要改善经济生活的方方面面。比如，人们对子女教育意识的提高与教育资源分布不均衡相互作用下，导致学区房备受追捧，而过热的市场需求致使学区房的价格逐年攀升，至此教育成本与住房成本捆绑，此外随着教育意识的提高，家长开始追求孩子的德智体美劳的全面发展，而孩子的兴趣爱好培养支出则增加养育子女成本，压缩了家庭的其他开支，降低了生活品质，增加了家长的经济压力。

高等教育发展是中国经济社会发展的重要动力，为开展区域性的创新创业活动提供了强有力的国家智力和社会人力资源支撑。伴随着长三角地区创新产业的发展和产业转型升级的需要，长三角一方面需要吸引更多的人口来增加人口红利，另一方面更要吸引创新型人才，尤其是企业和科研所急需的高精尖技术人才来提高人口质量。因此，长三角城市群可以通过两个方面来推动高等教育水平、创新创业人才的聚集，一是人才的培养，二是政策福利的吸引。高等素质教育的发展是国家经济社会发展的重要基础，决定着人才培养的增长广度与发展深度。人才的培养主要是通过提高教育水平、增加建设高等院校等手段，为地区培养更多优秀人才的同时留住人才。未来，国家很可能从政策层面来降低教育成本、增加生育子女福利保障来提高生育率，从而降低老龄化程度。

2. 长三角三大城市群的经济可持续发展支撑能力

如表6-2所示，长三角城市群2023年的GDP为254195.4亿元人民币，同时城市群内部各城市发展不平衡和差距也在逐年缩小。作为长三角城市群的中心城市，上海市2023年GDP突破4.7万亿元，苏州、杭州两市突破2万亿元，南京、宁波、无锡、合肥、南通、常州几市均突破万亿元，而其余城市的经济总量未到万亿元。虽然其余各城市个体的经济总量较小，但是经济的增量非常可观，除台州、苏州和南京三市，长三角城市群其余23市的 GDP 同比增长均达到5%及以上。距离上海较近的城市发展较为迅速，而一部分处于长三角城市群外圈且划入城市群时间较短的城市，由于还没有找到自身在长三角区域一体化中的定位，再加之距离问题受到上海的经济辐射程度低，经济发展还未实现快速增长。但随着苏州、杭州、南京等城市的发展并发挥其辐射作用，区域一体化的程度不断加强，加之上海作为核心城市引领长三角地区经济持续、健康且快速发展，长三角地区的其他中小城市未来的发展前景仍是非常可观的。

表 6 – 2　　　　　　　　2023 年长三角城市群 26 市 GDP 数据

城市	GDP	
	一～四季度（亿元）	同比 ± %
上海市	47218.7	5
苏州市	24653.4	4.6
杭州市	20059	5.6
南京市	17421.4	4.6
宁波市	16452.8	5.5
无锡市	15456.2	6
合肥市	12673.8	5.8
南通市	11813.3	5.8
常州市	10116.4	6.8
绍兴市	7791.1	7.8
扬州市	7423.3	6
盐城市	7403.9	5.9
嘉兴市	7062.5	6.3
泰州市	6731.7	6.8
台州市	6240.7	4.5

续表

城市	GDP	
	一～四季度（亿元）	同比 ±%
金华市	6011.3	6.8
镇江市	5264.1	6.3
芜湖市	4741.1	5.7
湖州市	4015.1	5.8
滁州市	3782	6.4
安庆市	2878.3	5.7
马鞍山市	2590.6	5.7
舟山市	2100.8	8.2
宣城市	1951.9	5.9
铜陵市	1229.8	5.6
池州市	1112.2	6.5
GDP 总量	254195.4	

资料来源：宁波市统计局年度数据，http：//tjj. ningbo. gov. cn/art/2024/2/19/art_1229042823_58919705. html。

　　房产投资要看中长期的总趋势，房产的根本价值依托该地区经济、环境的良性可持续发展。一个地区房产的可持续发展能力，不仅体现了该地区房产的未来价值，还是衡量该区域房产是否值得投资的重要指标。可持续发展的测量可以从两个角度入手：短期内不可被人力改变的因素和短期内可被人力改变的因素。短期内不可被人力改变的因素包括该地区的地域面积、地形地势、环境可承受的人口数量、人口合理容量、水资源、腹地面积等。短期内可被人力改变的因素包括该地区产业的可持续发展和基础设施建设，如产业发展对环境的影响、产业对自然资源的依赖程度、交通的通达程度、医疗的完善程度，高校等科研机构的数量、产业结构构成等。一个地区的可持续发展要兼顾发展和可持续性，不仅需要保护自然资源，减少城市建设对生态环境的破坏，也要通过加强基础设施建设、加快科技的发展来提高资源的利用率，通过自然资源和人类活动相互协调，相互补充，使整个社会资源能够在最大限度内为经济发展提供更长久、更广泛、更环境友好以及更可持续的供给。

不论从哪个方面来看，长三角城市群的可持续发展能力都是非常强劲的。从生态环境和地理区位方面来看，长三角各大城市群拥有优越的自然地理位置和环境优势，有着适宜人居住的自然环境。长三角城市群绝大部分处于亚热带季风气候区，常年温差小，降水量较为丰沛且雨热同期，适宜人类居住。此外，长三角地区还是中国河网湖泊密度最高的地区之一，且河道宽、含沙量较小、流量大，有利于航运。长三角城市群位于中国东部沿海地区的中心，影响范围从浙江省、安徽省、江苏省以及上海市，向北延伸到山东半岛城市群，向西囊括了长江中游工业城市群，深入长江经济腹地，向南辐射到海西旅游城市群，向东则通过太平洋承接来自世界各国的资源并进行全球范围的海上贸易。此外，长三角地区是中国发展绿色金融产业的排头兵，长三角城市群的各市政府积极贯彻落实国家可持续发展战略，不断调整产业结构，提高第三产业的比重，加大科技创新的力度，使科学技术能够更好地应用在区域内的可持续发展上。

（三）长三角城市群产业的发展与演变

改革开放后，在长三角中部城市群之间存在较大差异的背景下，其各中心城市的新兴产业结构也在不断发生演变。长三角中部城市群部分农业地区的低附加值产业的占比越来越低，新兴高技术产业的发展明显加快且占比逐年提高，成为推动地区经济发展的新动力。长三角城市群的经济产业结构变化大致分为三个阶段：第一个阶段是从 1978 年改革开放到 1985 年，长三角地区主要以第二产业稳步发展为主，第一产业稳步发展为辅，而第三产业的发展才刚刚开始起步；第二个阶段是从 1985 年到 2010 年，第三产业迅速发展并逐渐与第二产业并驾齐驱，第一产业逐渐萎缩；第三个阶段是从 2010 年至今，第三产业成长为整个长三角城市群经济的支柱产业，尤其是金融业成为经济发展的主导产业，以上海市为例，上海市 2023 年第三产业占比为 75.2%，而第一产业占比仅为 0.22%。长三角城市群的产业结构现状基本保持了"三、二、一"的产业梯次队列，唯有嘉兴市第二产业比例为 53.5%，呈现出"二、三、一"的格局。① 现如今长三角城市群的发展不仅仅追求第三产业的发展，更加注重高新技术产业的发展并进一步强化长三角城市群作为中国金融中心的地位，从而推动全国加快产业结构的优化升级，加强产业与经济的现代化发展。

长三角地区的企业科技创新与经济的融合度较高，地方政府对科技创新的支持力度大，对经济发展的资金投入大，因此科创企业整体的活跃度非常高，企业在新材料加工品等高新技术产品的研发产投入较多，所实现的效益也较多，整体来看，长三角区域企业的高新技术产业创新程度与应用前景较好。其中最突出的是上海市和江苏省。上海市一直以来是长三角地区综合实力最强的城市，是中国乃至全世界人才、资金的汇集地之一。而江苏省也非常重视科技发展，投入力度较大，且省内名校众多、教育资源丰富，使江苏省的科技产出水平能与上海市比肩。从教育产出来看，2018 年江苏省发表了企业科技创新相关论文共 131706 篇，上海市为 89017 篇，浙江省为 55370 篇，安徽省为 38611 篇。从企业数量来看，2015 年的数据显示，长三角地区的国家工程研究中心和国家工程重点实验室等科技创新服务平台所服务的企业接近 300 余家，人才资源丰富，有效应用的发明专利件数占全国总量的约 30%。从教育投入来看，2014 年长三角东部区域教育与科学信息技术创新领域的财政开支总量累计为 1768.6 亿元，其中上海市为 432 亿元、江苏省为 717.1 亿元、浙江省为 619.5 亿元。从专利申请来看，长三角地区 2014 年全年专利申请文件办理总量为 34.5 万件，其中上海市 5.3 万件、江苏省为 17.4 万件、浙江省为 10.9 万件。全年专利申请

---

① 长三角与长江经济带研究中心：长三角的产业发展情况（2023）［R/OL］. 2021 - 03 - 30.

文件的授权量累计为 20.2 万件，其中上海市为 3.5 万件、江苏省为 8.7 万件、浙江省为 8 万件。

（四）长三角城市群的都市圈

中心圈大城市和周边都市圈已经成为中国城市化的两个基本的构成形态。在相对发达的城市，都市圈是城市化的主要构成形态。而在相对欠发达的城市，中心圈大城市是城市化的主要构成形态，它们都是中国城市化历史演化发展进程的重要折射点。它们之间的一个重要基本区别在于：都市圈内部的要素和产业的关系主要以辐射、溢出和分工为主，而中心城市和周边地区要素和产业的关系，则以集聚、吸纳和转移为主。城市群经济是新型区域城镇化活动主要的空间形态，是支撑中国推动国民经济快速增长、促进中国区域协调稳定发展、参与国际竞争与合作的重要活动平台。此外，城市圈提供相对均等化的公共设施，对于进一步推动区域内的经济协调发展，实现区域内部经济联动，促进区域共同富裕具有重大意义。

综合来看，长三角特大城市群的整体格局以上海为中心城市，南京、苏州、杭州、宁波四个特大城市群作为副中心城市。[①] 20 世纪 70 年代末至 80 年代末，长三角特大城市群主要是以上海为单核心的经济发展格局；20 世纪 90 年代，南京、苏州、杭州、宁波这四个大型区域性中心城市已经进入了经济快速发展阶段，与上海的差距逐渐缩小，形成了多个核心、多个发展极的城市经济发展格局。21 世纪以来，长三角城市群不断发展，有更多的区域发展成为特大城市，成为长三角城市群西部地区经济发展的一股新动力。回望过去，2000 ~ 2010 年，长三角城市群发展了 16 个核心城市，而 2010 年至今更是发展到 26 个核心城市，长三角超大城市群未来的发展趋势也将从单城市孤立发展转变为多城市融合发展，由中心点发展转化为线轴融

---

① 旭峰观世界：长三角四大副中心：杭州南京优势确立，苏州领先宁波 [N/OL]. 腾讯网，2021 - 03 - 14.

合发展再到城市网络融合发展，由许多个大城市发展到大都市中心经济圈。现如今南京都市圈、杭州都市圈、合肥都市圈、苏锡常州大都市圈、宁波都市圈充分发挥其独特的经济产业区位优势和地理区位优势，与中心城市形成经济网络，促进长三角城市区域融合发展。

长三角城市群实现区域经济一体化的城市空间结构有五个层次：第一个层次是"三省一市"，即江苏省、安徽省和浙江省的全部区域以及上海；第二个层次是安徽省8市、浙江省9市、江苏省9市以及上海共27个城市中心区；第三个层次是沪苏杭城市群、宁合城市群以及杭甬城市群；第四个层次是杭州都市圈、合肥都市圈、宁波都市圈、南京都市圈、苏锡常都市圈和以"一小时通勤圈"为空间范围、以虹桥枢纽为中心包括上海及江浙的近沪地区的上海都市圈；第五个层次是都市圈内的以行政区划规定的城市。在这五个空间层次中，都市圈处于经济区的核心地位，是实现科创融合、产业融合集聚、政策协同和经济社会综合治理的基本载体。随着中国城市化发展水平的不断提高，长三角的各个城市群和各个都市圈都将在不断演化中逐渐形成新的区域组合，城市群和各个都市圈的整体数量都将会不断增加。作为核心功能区的都市圈，通常是跨行政规划区域的，甚至还可能跨城市，其空间边界结构是弹性的，各个都市圈彼此之间相互联系、相互影响是一种常态。

南京大都市圈主要城市有南京、镇江、扬州，圈内以南京为中心城市，南京充分发挥其辐射和聚集作用，使南京都市圈成为创新创业和金融服务高度聚集区。合肥都市圈包括合肥、芜湖和马鞍山三市，临近南京都市圈，两个都市圈相互联合，共同发展。除此之外，合肥都市圈处于长江经济带与长三角城市群中间的位置，起到往上承接长三角城市群的产业转移、向下连接长江经济带，促进长江经济带与长三角城市群的联系与发展的重大作用。杭州都市圈范围包括杭州、嘉兴、湖州、绍兴四个城市，该都市圈致力于发展国家创新技术产业与信息技术经济，建设环境友好型城市。其主要的发展目标是建设杭州国家对外开放创新创业示范区和中国跨境贸易电子商务犯罪综合治理试验区、建设湖州国家绿色生态综合文明先行区和示范区、建设中国经济转型升级和改革创新的先行区。

苏锡常大都市圈主要包括苏州、无锡和常州三个城市，建设苏锡常都市圈旨在全面深化与上海的整体功能区域对接与合作互动，着力推进沪苏通、锡常泰通等跨省长江交通融合联动发展。其发展的主要目标是加快建设苏州工业园国家改革开放创新综合试验区，发展先进装备制造业和新型现代文化服务业综合集聚试验区，推进经济开发区的新型城市功能的综合改造，加快开展生态城市空间风貌的修复和新型城镇整体空间风貌的重塑，提升整个区域的生态品质和城市形象。

宁波都市圈包括宁波、舟山、台州三个城市，该都市圈旨在高质量建设浙江舟山群岛新区、三峡江海国际联运金融服务中心、宁波港口经济圈和台州有关小微企业的金融服务改革创新试验区。合理高效地整合、利用三峡基地和江海港交通的平台和资源优势，打造一批全球一流的现代化国际航运综合交通枢纽港、国际航运金融服务研发基地和国际贸易物流中心，形成长江经济带战略产业的核心基地和"一带一路"发展的支点。

上海市"十四五"规划纲要明确提出"新城发力"的指示，要求加快形成中心辐射、两翼齐飞、新城发力和南北转型的新空间格局，由此五个新城建设引发了社会的广泛关注。"新城发力"指的是打造嘉定、松江、青浦、奉贤和南汇等五个新城，将其建设成为长三角城市群中具有辐射带动作用的独立综合性节点城市。上海交通大学安泰经济与管理学院的陈宪教授从城市化演化逻辑的视角出发，展示了五个新城的建设意义不仅在于新城本身，还在于它的出现将坐实上海都市圈空间结构，更在于它将助力长三角城市群进一步整合上海都市圈空间结构。

长三角的都市圈是推动区域一体化的重要举措，各个小都市圈之间相互独立又相互合作，推动整个长三角城市群的发展。各个都市圈的中心城市起到节点的作用，是区域之间合作发展的纽带，以各个城市为节点，辐射至更大范围，实现先富带后富的伟大目标，拉动区域城镇化水平、人民生活水平的进一步提高，从而带动更大区域范围的整体进步和经济发展。

二、长三角城市群的房地产投资机会

（一）长三角城市群的人才引进政策与落户政策

1. 人才引进战略

近年来，上海作为中国长三角的中心区域和重要经济枢纽，常住人口增量超过 500 万，而作为第二梯队的合肥、杭州、苏州，吸纳人口的年均增量超过百万。通过数据分析发现，近年来在长三角的核心地区，第三产业发展迅速，成为吸引国内创新型人才的"蓄水池"。相关行业数据分析，上海、杭州、合肥第三产业各类金融机构从业人员的平均年营收增量超过百万元，这与近年来中国大力推动互联网金融行业和互联网服务业快速发展密切相关。此外，长三角地区的政府机构也将战略重点放在推动互联网建设方面，对创新型企业、金融企业和互联网企业给予了大量的政策支持和资金优待。

不论是经济转型、改造升级还是创新驱动发展等，都离不开优秀人才的有力支撑，而为了吸引人才、培育人才，长三角城市群的政府出台了一系列的举措来促进人才相互之间的交流和集聚。2020 年 4 月 1 日，长三角新区 G60 科创人才走廊项目搭建了一个可供高端人才招聘的云平台，其科创云项目则推出了九城纳贤专栏，汇聚了 90 个城市 3800 余家中小企业，发布了 45000 余个中小型高端人才聘用岗位需求，有针对性地面向高校应届毕业生推出了 8000 多个就业岗位，通过搭建云端人才招聘平台，实现人才无缝对接，化解了中小企业下岗员工就业难和高校应届毕业生就业难的两大难题。2020 年 4 月 18 日上海市正式发布《关于促进上海湾区人才集聚、产业创新的若干政策》，新人才政策重点围绕发展生命健康、人工智能等市区战略性重大新兴产业，着重解决市区高端技术人才项目的引进、科研走廊总部项目的落实、科创走廊企业信息平台项目的孵化等热点问题，企业在充分享受市区两级人才政策便利的同时，还将直接与上海湾区通力合作，从而将上海湾区发展成为人才汇聚、科创要素完备、科创企业集聚、具有国际影响力的创业基地。总体来看，长三角地区出台的相关人才政策主要方向是吸引更多具有高级科研能力的人才和大量接受过高等教育的年轻人，主要以促进城市年轻化、专业化的高质量发展，促进区域现代化发展和产业转型升级为目的。

在人才自主培养方面，长三角城市群拥有极佳的高校资源和科研院所资源，顶尖名校众多，最具代表性的有"华东五校"，即复旦大学、浙江大学、南京大学、上海交通大学、中国科技大学，此外还有上海财经大学、同济大学、东南大学世界一流名校等。如此众多的名校汇聚长三角，每年都会为长三角地区输送大量的高素质人才。长三角城市群的政府深刻意识到，仅仅吸引人才还不够，还需要培养自己的人才，留住人才。以杭州市政府为例，2020 年，杭州市政府出台了八大政策以期吸引人才。首先，在购房租赁方面，继续发放应届在校大学生就业租房补贴，实施高层次人才就业优先优惠购房举措，提升"战役引才"优先购房优惠补贴额度标准。其次，在人才扶持政策方面，加大人才专项土地租赁保障房项目建设、实施培养高层次人才专项资金奖励、加强农业领域人才就业招引培训服务等，进一步巩固和扩大杭州的人才资源生态发展优势。此外，政府还推动举办人才招聘专项会，为人才提供了更多可供选择的岗位，并制作了宣传片进行全球播放，搭建了人才平台等。

长三角地区人才战略的另一重点是吸引城市发展急需的人才。以苏州市为例，苏州市人力资源、社会保障局、各人才计划执行部门、苏州市科学技术局等相继出台了相关计划来引进创新创业人才。2024 年姑苏创新创业领军人才计划实施办法规定，对重大创新团队最高给予 3000 万元项目支持经费，团队领军人物和核心成员分别可享受 200 万元和 100 万元的购房补贴；对创业领军人才实行分档资助，由高到低分别提供 500 万元、300 万元、200 万元和 100 万元的项目经费，同时对获得 500 万元项目资助的人才给予 200 万元购房补贴，其余则给予 100 万元购房补贴；对创业领军人物分别给予 200 万元、100 万元项目经费并给予 100 万元购房补贴。①

2. 长三角城市群的落户政策

长三角城市群面临着人口众多，人口密度极大的状况，因此当今不仅应重点关注持续的人口流入，更要在大力寻求更加有利的人口结构，追求更高质量的人才流入。2020 年恒大研究院和智联人才招聘联合推出了《中国城市人才吸引力报告：2020》，报告显示，上海市从 2017 年至 2019 年连续 3 年成为最具有专业人才市场吸引力的城市。② 此外，在 2022 年度"魅力中国——外籍人才眼中最具吸引力的中国城市"评选活动中，上海、杭州、苏州、南京、常州等长三角东部地区重点城市成功入选二十强城市。③ 有如此结果，很大程度上是因为长三角地区有着重要区域战略经济发展规划部署，如极具全球经济活力的产业资源配置控制中心、具有强大全球战略影响力的科技创新产业高地、世界级的现代电子服务业和先进装备制造业发展中心，以及对亚太地区非常重要的国际经济门户等。综上可得出，长三角地区城市群对专业人才具有非常强的吸引力。

虽然长三角地区的发达城市（如上海、杭州、苏州）对国内外专业人才具有很强的吸引力，但随着粤港澳大湾区建设的不断完善，深圳等新兴一线城市不断探索出台人才引进的诸多相关政策，从长期来看，长三角地区正面临着潜在的人才竞争风险。以上海市为例，为保证人才吸引力的优势，上海市政府出台了一系列专项人才激励扶持政策，主要内容包括简化落户程序、加快落户速度、明确落户标准，对于急需重点的人才放宽落户标准，允许其配偶、未成年子女随迁等，另有高层次人才（博士、高级职称、省部奖励等）、重点机构紧缺急需人才（硕士、本科、二级技师）、高技能人才

---

① 苏州人才发布：一图读懂姑苏创新创业领军人才计划实施办法［EB/OL］. 苏州市人民政府，2024 – 07 – 12.

② 恒大研究院，熊柴，周哲，任泽平：中国城市人才吸引力报告：2020［N/OL］. 上海：澎湃政务，2020 – 08 – 17.

③ 人力资源和社会保障部国外人才研究中心：2022 年度"魅力中国——外籍人才眼中最具吸引力的中国城市"主题活动成果发布［N/OL］. 2023 – 11 – 13.

（获奖、高级技师、二级技师并获奖）、市场化创新创业人才、专门人才和其他特殊人才可以直接落户上海的扶持政策。截至 2021 年，上海市人才引进落户已经全面实现一网通办，通过系统优化改造和数据充分共享，基本实现了材料更加简化、流程更加优化、过程更加透明的落户流程。通过一网通办促进人才引进工作流程再造、效率提升，以人才领域"放管服"改革促进人才营商环境的优化，上海力图最大限度增强对人力资源政策的掌握感和对人力资源公共服务的享受度。

此外，长三角城市群为了促进区域一体化出台了长三角区域内跨省户口网上迁移便民措施，上海市公安局表示，按照前期试点、扩大范围、全面推出的分步推进原则。自 2021 年 3 月 12 日起，长三角区域内跨省户口网上迁移便民措施将扩展至安徽全省，从而实现跨省户口迁移全覆盖，上海、浙江、江苏、安徽的户籍居民，在长三角区域内办理跨省迁移户口时，符合相关政策规定要求的居民只需在迁入地申请办理即可。同时，适用群众由仅限公安"投靠类"落户人员扩大到经上海市人社部门审批入沪的"人才类"落户人员。① 公安部门将进一步深化体制机制合作，加强经验总结，以更好地对接长三角一体化政务服务体系，持续推进长三角区域一体化发展，为下一步全国范围内的跨省户口网上互迁打下坚实基础。

2019 年 2 月 21 日，国家发改委正式发布了《关于培育发展现代化都市圈的指导意见》，提出都市圈率先实现城镇户籍准入年限同城化累积互认。② 2020 年国务院正式发布的《中共中央　国务院关于构建更加完善的要素市场化配置体制机制的意见》进一步提出，在长三角城市群除了个别超大城市外，其他城市要放开户籍落户年龄限制，鼓励有条件的超大、特大城市取消郊区、新区落户限制。其中，南通将全面放宽落户条件、取消重点群体落户限制。宁波再次放开户籍落户准入条件，调整实施力度非常大，其中农村

---

① 上海市公安局：跨省户口网上迁，无需奔波即可办，长三角区域三省一市公安机关共同推出跨省户口，网上迁移便民措施 ［N/OL］. 2021 - 02 - 19.

② 国家发展改革委：关于培育发展现代化都市圈的指导意见（发改规划〔2019〕328 号）［EB/OL］. 2019 - 02 - 19.

户口户籍迁移准入政策再次调整，主要内容涉及再度放宽居住就业落户、投资创业落户、人才落户准入条件和更加有利于长三角地区人员落户等。长三角等城市群的城镇户籍人口准入年限同城统一化并可累积互相确认，有利于长三角地区的人口流入。①

（二） 长三角城市群的房地产政策

长三角城市群其他城市与上海的经济实力和发展水平存在巨大的差距，其房产政策也有所不同。

2020 年 1 月，上海新建大型高层商品住宅市场成交均价约为 55994 元/平方米，同比全年均价涨幅仅为 2.5%；而拥有多所九年一贯制学校的"大三林"板块新建商品住宅成交均价为 99359 元/平方米，同比均价涨幅大约为 17.7%。由于学区房价格居高不下，为有效解决这一问题，从 2022 年起，上海市实施新中考政策：市重点高中的名额分配比例占 65%，区重点高中的名额分配比例占 50% ~65%，比例显著上升，也就是说更多普通初中的孩子可能考进重点高中。郊区的房子应声快速上涨，发展潜力进一步被释放。而学区房，尤其是基础设施比较差的老旧学区房小区，房子价格随之下跌。从政策角度来看，上海房地产值得投资的区域除了繁华的市中心，未来非学区房和郊区房产也有一定的价值，对于资金实力相对薄弱的消费者来说，为改善居住条件，可以在居住环境友好且房价相对便宜的郊区购买房产。

至 2024 年，各城市相继调整限购及限贷政策，较其他城市，上海市对购房资格和购房数量的要求及限制仍相对严格，对于沪籍与非沪籍，单身与非单身的限制数量和资格认定存在着不一致的情况，投资者购买房产时，需要视具体情况而定。以 2024 年 5 月 28 日实施的新标准为例，无房贷家庭在

---

① 中共中央，国务院：关于构建更加完善的要素市场化配置体制机制的意见 [EB/OL]. 2010 - 03 - 30.

沪购房，首付比例均不低于20%；有房或有房贷家庭购房，首付比例不得低于35%；而部分地区实行差异化政策，首付比例不得低于30%。

长三角其他地区的购房政策相对于上海则更加宽松。例如，截至2024年9月，杭州市和南京市均全面取消限购。杭州市居民无房、无房贷家庭，公积金贷款购房，首付比例不得低于20%；二套房首付比例不得低于30%。商业贷款购房，首付比例不低于15%；二套房首付比例不得低于25%；超过2套（含）住房，则不得办理公积金贷款。南京市居民公积金贷款购房，首付比例不低于20%，若有一套人均低于40平方米的住房，二套房首付比例不得低于20%；超过2套（含）住房，则不得办理公积金贷款。个人商业贷款购房，首付比例不得低于15%，二套商业住房首付比例不得低于25%。

（三）长三角城市群的房地产市场需求

《长江经济带城市群发展报告（2019－2020）》指出，长三角城市群在约占全国2.3%的可利用土地空间上，聚集全国11.8%的常住人口，产出了约20.6%的国内生产总值，人口密度高。[①]从人口来源（常住人口与外来人口）、人口构成（人口老龄化程度）、人口的收入水平（人口的购买力）三个维度进行分析可以发现，长三角城市群的房地产需求是比较稳定的。

由于长三角城市群的大部分地区属于经济发达地区，产业结构完善且科技创新能力高，所以长三角地区人口收入高，对房产的支付能力也更强。根据各市2019年统计局公布数据，上海市城镇居民全年收入均值达73615元；浙江9市城镇居民全年收入均值达61999元，除湖州、金华外其他7市全年城镇居民收入均值超6万元；江苏9市中苏州、南京、无锡等均值超6万元，其他6市除盐城外，均值在4万~6万元之间。

---

① 薛艳杰：长江经济带城市群发展报告（2019－2020）［R/OL］. 长江经济网：2021－01－22.

从 2019 年上半年新建商品住宅（其中不含新建保障房）的成交均价的走势分析，长三角各个热点城市的新房成交均价走势总体趋向平稳，并未显现较大幅度的价格波动。由于上海新增住宅数量有限，所以上海二手房市场挂牌销售的房源量最高。2019 年，58 同城、安居客发布的《四大维度解析长三角引力——2019 年长三角城市群楼市报告》（以下简称《报告》）显示，2019 年上半年新房楼市呈"先升后降"趋势，3～4 月份长三角各个城市新房找房热度最高。58 同城、安居客等平台的找房大数据显示表明，长三角城市群购房人群除本城市居民在本城市购房外，苏州、无锡、南通等各地的购房者也有在上海购房的需求意向。同样的，从南京、杭州、合肥这三个城市的购房人群结构可以看出，上海购房者在以上城市中购房占比较大。

《报告》将长三角地区概括为一个拥有较好一体化基础、庞大经济总量规模、巨大人口容量和均衡发展的区域。从 2019 年上半年新房商品住宅（不含保障房）成交均价走势来看，长三角热点城市的新房均价总体平稳，未出现较大幅度的波动，虽然上海月均价超 5 万元/平方米，总体呈现出平缓的下调趋势，房价以稳为主。热点城市的新房均价平稳，二手房需求上涨 9.7%，从二手房城市分布来看，《报告》显示，上海的二手房挂牌房源量占整个城市群房源量的 23.4%，苏州超越其他省会城市位居第二名。①

常住人口对房产的需求主要体现在改善和投资方面，这类购房者或是要改善居住环境，或是把房产当成资产保值或增值的工具。他们需要的房产类型大多以高质量、高保值、高附加值的优质房产为主，这类房产购买者大多拥有较为充足的资金。外来人口的房屋购买需求占总房屋需求相当大的一部分，而外来人口又可细分为外来投资人口和外来工作人口。外来投资人口拥有大量的资金，他们更看重房产的保值效能、收益率和增值能力，倾向于购买价格高且优质的房产。外来务工人员主要来自周围省份，如长三角的中心城市上海，外来务工人员来自安徽、浙江等中部地区。除此之外，由于超大

① 孙阳：《长三角城市群楼市报告》：沪杭就业形势乐观租房需求同比上涨 41.9%［N/OL］. 人民网－产经频道：2019－08－16.

城市、大城市极高的人口吸引能力，还有一部分外来务工人员来自全国各地甚至世界各地。大部分的外来务工人员由于资金量有限等原因，对于房屋的质量要求较低，半数以上的人员进行房屋租赁，其余倾向于购买面积较小、价格较低的二手房产和郊区房产。

（四）长三角城市群的房地产供给与土地供给

《2020年12月国民安居指数》的数据显示，2020年12月全国重点城市中，67个城市新房整体在线挂牌销售均价为16521元/平方米，上涨0.61%，其中有37城新房的均价较上年有所上涨；二手房在线整体销售均价15787元/平方米，上涨了0.26%，全国67城中有36个城市二手房的均价较上年有所上涨。虽然2020年炒房的热度下跌了3.6%，但重点一线城市的找房热度逆势上涨1.3%；二手房市场经纪人职业信心评价指数为112.5，上涨了11.2%。2020年全国新增挂牌二手房源数量大幅增长9.1%，一线城市中北京、上海、广州、深圳的二手房源分别增长了11.1%、0.6%、19.5%、30.0%，二手房房价分别为57563、52533、33401、56791元/平方米。

2020年5月8日，上海市正式印发的新版《上海市土地交易市场管理办法》，明确了上海土地交易经营活动管理目的其中一条为实现土地高质量利用，并将出让集体经营性建设用地的使用权纳入诚信交易管理范围。安徽省自然资源厅等七部门则联合制定了《关于完善建设用地使用权转让、出租、抵押二级市场的实施意见》，将共同搭建城乡统一的土地市场交易平台。江苏省自然资源厅提出，2020年要完善建设用地市场制度，加强一级、二级市场联动，建立健全产权明晰、市场定价、信息集聚、交易安全、监管有效的二级土地市场。以上出台的政策均意在加强土地的利用率和供给率，推动新型城镇化建设。

2020年11月25日，国务院副总理刘鹤在接受人民日报网上媒体采访时发表讲话，他指出"房地产业影响投资和消费，事关民生和发展。要坚持房子是用来住的、不是用来炒的定位，坚持租购并举、因城施策，完善长租房政策，促进房地产市场平稳健康发展"①

1. 长三角城市群的发展优势

虽然中美贸易摩擦持续加剧，但长三角城市群经济的发展步伐并没有停滞或者退步，简单来说，其主要原因有以下几点：长三角地区企业的规模巨大；支柱产业体系优化升级；地方政府积极构建以新兴产业为核心的新型支柱产业体系；庞大的人口基数而产生的巨大的内需市场；逐渐降低的对外经济依存度。此外，企业发展的助力也不容小觑，长三角城市群聚集的多家企业布局全球，涉及各个领域，这些企业在国际关系友好时在海外迅速发展壮大，如今已形成了一定的规模及经济体量，在我国经济重心转向内需驱动时，可以充分有效地利用国内资源及市场，为长三角城市群的发展提供助力。除以上几点原因外，长三角城市群因其地理区位、发展历史、经济背景及人文特色，孕育出了得天独厚的发展优势。

（1）长三角城市群是中国对外贸易交流的窗口。

长三角城市群占据了优越的地理位置，向东朝向太平洋，与北美洲隔太平洋相望，向北可以与俄日韩交流，向南可连接大洋洲。2018 年，长三角沿海地区国际进出口贸易总额累计为 11.06 万亿元，同比增长 8.92%，外贸贸易总量累计占当年全国境内外贸贸易总量的 36.2%，其中，上海市外贸进出口总额为 34009.93 亿元，同比增长 5.5%；浙江省外贸进出口总额为 28519.2 亿元，同比增长 11.4%；江苏省外贸进出口总额为 43802.4 亿元，同比增长 9.5%；安徽省外贸进出口总额为 4219 亿元，同比增长 16.6%。2022 年 1 月 21 日上海市统计局发布的 2021 年上海市国民经济运行情况显示，2021 年上海市 GDP 总量为 43214.8 亿元，较上年增长 8.1%，②在疫情严重及对外贸易增长受阻的国际经济大环境下，上海经济仍然实现了

---

① 刘鹤：加快构建以国内大循环为主体、国内国际双循环相互促进的新发展格局［R/OL］.人民日报：2020 - 11 - 25.

② 上海市统计局：2021 年上海市国民经济运行情况［R/OL］. 2022 - 01 - 21.

高速正增长，且是全球六大国际中心城市中唯一一个经济正增长的新型国际大都市。2020 年上海口岸货物进出口总额为 87463.10 亿元，保持了全球城市首位，货物进出口总额逆势突破 3.48 万亿元，较上年增长 2.3%，集装箱吞吐量连续十一年保持世界第一，奠定了其在中国新兴经济体的地位。此外，2020 年苏州外贸突破 2.2 万亿元，超过广州 1 万多亿元，保持全国前四的地位。江苏省的去年对外贸易规模逆势突破 4.45 万亿元，占全国对外贸易规模的 13.8%。

（2）长三角城市群地理位置优越。

地域辽阔，连接长江沿岸、东部沿海丘陵地区和中部华北平原丘陵地区，为经济快速发展孕育了巨大的市场潜力。区域发展很大一部分依赖于自然地理优势，众多城市群（如珠三角城市群）的发展受到自然、地理环境等多方面的限制，而依靠人力来改善天然劣势，则需要付出巨大的资源代价。长三角城市群位于长江出海口，通过长江连接着范围巨大的经济腹地，最终通过长江延伸到川渝地区，最大限度地连接了东西部地区，因此可以通过长江便利且便宜的水路交通网络，在很大程度上充分利用国内东西部地区的资源。除了地形和地理位置上的优势外，长三角城市群处于亚热带季风气候区，气候适宜人类生存居住，大大降低了对农业和工业的发展限制，更有利于人口的流入汇聚。

（3）长三角城市群拥有上海市这座核心城市。

上海市是一座集综合性与功能性于一体的国际化大都市，是中国四大省级直辖市之一，是中国最大的大型工业生产基地和对外贸易的重要港口，对中国乃至世界经济的发展都有着重要的影响。对于中国来说，上海市有着强大的经济实力和商业号召力，其现代工业和第三产业的发展在全国处于领先地位，因此，上海市在很大程度上带动了长三角地区的经济发展和产业结构升级。

（4）长三角城市群聚集了众多影响力大、创新力强的企业。

有数据显示，2018 年长三角百强企业的全年营业收入总额高达143628.0 亿元，较 2017 年增加 18770.9 亿元，增长率为 15.3%；服务企业的全年营业收入总额为 1526.6 亿元。2019 年，长三角百强服务企业中有 19 家服务企业跻身于 2019 年世界五百强，整体行业排名比上年同期有所提高；其中有 133 家服务企业继续占据中国服务企业 500 强位置，174 家制造型企业继续保持了中国企业制造型企业 500 强位置，154 家服务企业继续占据中国企业服务型企业 500 强位置。根据第一财经的报道，2023 年城市上市公司排名中，前十席长三角占据 6 席，上海排第二。而在 2024 年长三角与长江经济带研究中心公布的《长三角的产业发展情况（2023）》中，长三角三省一市的上市公司共有 2021 家，新三板企业 2028 家。同时，全国"专精特新"企业共 102926 家，长三角地区有 27845 家，占全国 27%，全国国家级的"专精特新"企业共 12744 家，长三角地区有 4302 家，占全国 33.7%。①上述数据表明，长三角地区的企业综合实力强劲，不仅企业数量、经济总量表现亮眼，在企业质量、产业方向、企业发展方向等方面也非常强劲。

（5）长三角城市群拥有优秀的传统文化优势，也是一个内外兼修的文化城市群。

在思想文化方面，由于地处沿海地区，自古水路便利，与外界交流频繁，因此吸收了来自世界各地文化，可以说，从上海的老洋房、苏杭的传统园林艺景，到江南水乡的古典风雅，无一不体现出长三角城市群包罗万象的文化魅力。2020 年 11 月 20 日，第三届长三角国际文化产业博览会在上海戏剧学院新国际空间文化剧场隆重开幕，本次主题为《长三角城市文化发展论坛》，为推动建设长三角文化产业共同体，会上发布了《中国城市文化发展报告（长三角卷）2018－2019》。截至 2010 年，中国的三大文化产业带（长江三角洲、珠江三角洲、环渤海地区）中，文化产业资产拥有量超过 1000 亿元的省份有 6 个，长三角的上海、江苏、浙江均在其中。长三角群蕴含有多种地域文化、产业资源，主要包括海派文化、金陵文化、吴越文化、淮扬文化、徽文化、皖江文化，这些文化的聚集形成了长三角多元一体独具特色的区域文化。这不但有利于促进长三角地区文化的快速融合发展、

---

① 长三角与长江经济带研究中心：长三角的产业发展情况（2023）［R/OL］. 2024－06－03.

增强文化的对外传播力度和对外影响力，还有利于增强长三角地区对外来人口的吸引力。

（6）长三角地区第三产业尤其是金融业的发展较为突出。

近年来长三角城市群的电子信息等高新技术产业迅速发展并逐步替代了传统产业。最具代表性的是以阿里巴巴为代表的一众互联网企业，它们站在时代的潮头引领了物联网、人工智能和新经济的发展。此外，上海更是中国的国家大型金融服务管理中心。根据 2024 年 3 月 21 日由国家高端智库综合开发研究院与英国智库 Z/Yen 集团联合的第 35 期《全球金融中心指数报告（GFCI35）》显示，全球前十大国家大型金融服务管理中心排名依次为纽约、伦敦、新加坡、香港、旧金山、上海、日内瓦、洛杉矶、芝加哥、首尔，上海位居第六。而 2024 年 9 月 3 日最新发布的《2024 全球资产管理中心评价指数报告》显示，上海排名第七，中国仅上海（第七位）与香港（第九位）进入前十席列。通过以上排名可以看出，长三角城市群的产业优势明显，一方面高新技术产业基础坚实，另一方面金融行业，尤其是电子金融及相关服务产业发达，不同产业间相互融合，协同发展，从而城市群内的产业结构得以不断优化，拉动长三角城市群经济发展，这是长三角城市群高房价得以支撑的坚实基础。

（7）商业银行对长三角地区发展的金融支持。

长三角区域内的商业银行对地区的经济发展提供了详细的金融融资规划。2020 年，工商银行率先主动应对国家发展战略，作出了相应的融资规划，计划在未来五年内为长三角地区新增 2 万亿元的融资，为长三角区域一体化高质量发展提供全方位支撑。而其他各商业银行也逐渐加强与长三角城市群内企业联系，加大合作力度，以浦发银行为例，浦发银行成立了长三角一体化建设的专项领导小组，集中建立跨分行协调机制，推出长三角区域客户实现一体化的综合金融服务，同时放宽了对长三角地区重点领域、重点项目和优质产业、企业的信贷政策，提高了地方债投资额度，推出股、债、贷一体化、境内外双向联动的金融服务，为转换产业新旧动能提供金融面的解决方案，在上海设立总行级金融科技服务中心，为各阶段科创型企业提供股、债、贷一体化的综合金融服务的同城化服务机制，致力于实现一体化综合金融服务。由此可见，商业银行的金融支持为长三角的发展提供了坚实的经济基础，不仅有助于长三角城市群吸引更多的企业入驻，更有利于长三角城市各类基础设施的建设与完善。

2. 长三角城市群投资的方向

长三角城市群的投资可分为两大部分。第一部分是在大城市的市中心进行房产投资，这种投资方式更加保险，但对资产要求严苛。房产的价格受该地区居民收入、经济运行状况、政府政策调控所影响，而其中居民收入对房价影响程度最大，因为对房屋有需求的人群收入高，即人们支付能力和消费性需求大，将直接导致该地区房屋的市场价格走高。

根据上海市规划与自然资源局的资料显示，近年来预申请的地块绝大部分是用作商业用地，十六个预申请地块，除了一个是完全关于住宅用地，两个商住办的申请，其余的都是以商业用地为主，住宅用途为辅的申请。除此之外，已经获批的用地主要以科技、科研、金融领域使用为主，为了经济和科技实现高速发展，国家在政策上对此类土地的应用的申请提供更多的支持和优待。由此看来，上海市住宅用地的增长有所减缓，但是由于长期的经济增长和人口增加，上海市的住房需求仍然保持增长，导致供需关系进一步紧张，因此房产价格很难下降。综上所述，虽然国家出台了一系列的房价调控政策，但短期内上海的真实房价不会出现大幅下跌，总体上趋于平稳。此外，同为一线城市的北京和深圳的平均房价在一定程度上均高于上海的平均房价，所以在经济稳定发展、疫情有所缓和、国家政策宽松的情况下，上海的房价还存在一定的上涨空间。

第二部分是有发展潜力二、三线城市的房产投资，这类的房产投资风险较大，但是相对的对流动资金的需求更少。一方面，区域一体化发展给此类型的房地产投资市场提供了机会。长三角城市群与美国东北城市群都具备多核心的特点，因此核心城市间的协同合作将是区域一体化的工作重心，国家通过出台一系列的政策，推动长三角区域间协调发展，比如，通过区域一体化发展建设，上海、南京、杭州和苏州四座国际核心商圈城市间已经初步形成了 1 小时轨道交通圈，未来各城跨杭州湾的轨道交通将日趋完善，宁波也将被逐步纳入 1 小时交通圈之中。因此，区域间的发展差距被逐步缩小，二、三线城市房产投资潜力得到进一步释放。另一方面，大型城市自身的发展，将进一步推动区域间的行业分工，带动周边小城市协同发展，从而提高这些地区的房产投资价值。如上海、杭州等超高房价的大城市，在极力推行发展高新技术产业、金融业的同时，挤占了其他产业的发展空间和社会资源，导致其他行业的发展机会逐渐减小，从而驱使大量的产业向周边地区转移，最终使得这些房价相对低廉的地区或城市房产投资潜力得到提升，房产投资机会增加。然而，这需要投资者好好把握区域发展的趋势，规避某些起步晚、距离中心城市节点较远、近两年发展缓慢的中小型城市，并根据政府出台的相应政策结合城市的整体发展规划进行投资，从而减小投资风险。

3. 总结

首先，房产的投资要把握好国家出台的相关政策，了解相关地区的经济发展状况、人口状况、综合地对房产的未来价值进行预判。房产的根本价值才是进行房产长期投资最基本的衡量尺度。短期内主要看城镇土地的出让政策，中期内主要看城镇的国有土地供应量、中长期则看城镇常住人口的变化，这些是进行房产投资应该关注的投资视角。一些政策的出台会对房价产生快速的影响，例如上海市对中小学的升学制度的改革，可以使得一个仅有五十平方米的学区房价格在极短的时间内大幅波动。所以房产投资不应该只关注短期的波动，更不应该在有较大波动的时期进行不理智的投资行为。长期看人口，这里的人口指的是人口的规模和人口的密度，也包括人口的收入趋势。近些年来由于中国人口老龄化现象越来越严重，人口的增长红利在逐渐消失，政府开始积极调整相应的生育政策，放宽了对生育的管控。但由于人们思想观念的改变、养育子女的成本提升、结婚率的下降和离婚率的攀升等多方面原因，有很大一部分人仍不愿意生育子女，导致生育率下降的趋势在短期内不会产生较大的改善。如果未来总人口特别是青壮年人口长期呈下降的趋势，那么居民对于住房需求将会迅速达到其临界值并开始衰减，相应地，长期的房产价格也很难呈现出大幅上涨的趋势。

其次，区域一体化发展有利于整体区域房价的上升，即便部分人口流出率较高的区域，房价也会出现或高或低的上升态势。因为存在一种情况，流出地的人口在流入地获得了一定量的资产报酬，其中有部分人群会在流出地（通常是父辈的住所地）购入房产来达到房地产投资、居住或赡养父母的目的，同时，由于此类投资者具有较强的经济能力，所以对优质的高品质房产的需求更大，这直接推动了某些经济欠发达地区或人口流出区的房价上涨。值得注意的是，这些地区房价的上涨具有局限性，通常很难达到一线城市平均房价的水平，但有时在短期内会超越一些中西部省会地区和部分二线城市地区的房价。这类地区房价上涨的局限性，体现在优质教育资源欠缺、基础设施（例如交通、医疗）不完善、就业机会有限等方面。

随着当前中国经济区域经济一体化发展的不断深入，区域内交通通达度和便利度不断提升，一线城市的房价逐渐达到饱和状态，消费者的投资重点可以逐渐放在具有政策优势、临近超大城市的新兴二、三线城市，这类城市的经济发展具有一定的可预测性，从地理位置上来看，有着整体向南推进的趋势。长三角各区域的经济一体化建设还处在一个漫长的发展阶段，现如今区域发展仍然面临着不平衡的问题，从各项数据来看，江苏省的发展势头强劲、浙江省发展较为平稳，安徽省的发展存在着问题，有待提高。根据2024 年1 月23 日上海易居地产研究院的统计数据显示，2023 年的全国百城新建商品住宅存销比最低的前十城市中，长三角城市群占3 位（上海、杭州和合肥），去周期化均在13 个月以下；而北京、广州的新房去周期化在16 个月以上，深圳的去周期化存在显著差异性，2024 年数据显示，除罗湖区、福田区、宝安区还有盐田区以外，其他各区的去库存周期均在18 个月以上。从平均新建商品住宅去周期化的角度来看，杭州、合肥等地的平均去库存增长周期远远小于一线城市（上海除外），这在一定的程度上反映出长三角城市群的新兴城市和二城市地区的房屋需求正在稳步上升。

综上所述，长三角地区的房产投资更应该重视投资者实际情况，要根据投资者的资金状况结合抗风险能力进行理性投资。

　　一方面，对于普通投资者来说，新兴城市如苏州、杭州、南京、无锡等，这些地区人口趋于年轻化，从发展的角度来说，更具有长期的发展潜能，同时这些地区正大力发展第三产业，因此也会吸引相当大一部分相关产业人才，人口素质和收入水平也会相应的得到提高。综合来看，这些地区的房价相对于上海来说比较低廉，地区经济的发展前景好，房价相对合适，相应的，这些地区的房产会更加有增值潜力。另一方面，对于资金非常充裕且以增值保值为目的的投资者来说，上海的中心城区比如黄埔区、徐汇区、长宁区的房产将是一个更好的投资选择。虽然这些城区房价可能不会出现比较大的上涨幅度，但未来大概率也不会呈现出较大的下跌趋势，这些城区的房价基本与通货膨胀率保持平衡，是资产保值比较优质的选择。从人口角度来看，虽然上海老龄化严重且人口增速已经不如 2000～2010 年那样迅速，但是现阶段并没有真实地影响到上海地区的经济发展，上海的经济地位在中长期内不会因为人口结构发生剧烈的变化。从战略地位来看，上海仍旧是中国对外开放的重要窗口，是中国的金融中心，是中国的高新产业聚集地。从扩张条件来看，上海市中心城区的区域扩张是有限度的，中心城区房屋的供给会逐渐减少的（不论是政策因素还是本身环境的制约），而短期内居民对中心城区的住房需求是不会改变甚至在不断增长的，所以上海中心城区的房产仍然具有以增值保值为目的的投资价值。

第七章

京津冀城市群的房地产投资机会

一、京津冀城市群的提出与发展

京津冀城市群濒临渤海，背靠太岳，东面是平原，北面和西面是山地和高原，境内分布有太行山地、燕山山地和张北高原，整体地势自西北向东南逐渐倾斜。按照《京津冀协同发展规划纲要》的划分，京津冀城市群包括北京市、天津市和河北省的石家庄市、廊坊市、邯郸市、唐山市、张家口市、承德市、秦皇岛市、沧州市、保定市、衡水市、邢台市，共计 13 个城市，是我国重要的政治和文化中心。在长期的历史发展中，京津冀始终是地理相连、文化同脉、人缘相亲的整体，在北京和天津成为直辖市后，三地逐渐出现"各自为战"的状况。这种"同属一亩田却由三家分耕"的现象导致了京津冀区域面临严峻的发展难题，如生态环境恶化、区域发展差距悬殊、城镇体系发展失衡、"大城市病"等，对城市健康发展和居民的高质量生活构成挑战。在此背景下，建设以首都为核心、生态环境良好、经济文化发达、社会和谐稳定的世界级城市群成为《京津冀协同发展规划纲要》（以下简称《规划纲要》）提出的重大战略任务，旨在推动三省市从"一亩三分地"的思维定式走向"三地一盘棋"统筹规划发展。

（一）京津冀城市群的总体设想与发展路径

以城市群为基本载体的发展战略是京津冀三地解决发展中面临的突出问题和矛盾、实现自我突围的必然选择，也是优化国家区域布局、打造经济增长极、构建新发展方式的内在要求。从城市本身来看，河北省各城市由单个独立发展的城市变成京津冀城市群这一宏观规划区域的某个功能节点，极大地激活了河北省中小城市的经济潜力。从"环渤海"经济圈到京津冀城市群，京津冀协同发展经历了如表 7 - 1 所示漫长的发展历程。本节将分别从总体设想和发展路径两个角度介绍京津冀城市群的基本概况。

表 7 - 1 京津冀地区规划的发展历程

时间	发展历程
1994 年	提出环渤海经济圈概念，覆盖环绕渤海全部和黄海部分沿岸地区
1997 年	《1996 - 2010 年北京市经济发展战略研究报告》提出首都经济圈概念，涉及以京津为核心的"2 + 7"个城市，面积共 16.8 万平方公里
2004 年	《京津冀都市圈区域规划》提出京津冀都市圈的概念，涉及京津两个直辖市和河北省的 8 个地市
2011 年	"首都经济圈"成为国家发展战略被纳入"十二五"规划，"京津冀一体化"得到国家层面的强力推动
2014 年	习近平主持召开京津冀协同发展座谈会，强调京津冀协同发展是打造新的首都经济圈、推进区域发展体制机制创新的重大国家战略
2015 年	中共中央政治局审议通过了《京津冀协同发展规划纲要》，明确了京津冀协同发展的总体设想和功能定位并指出了实现路径，京津冀协同发展涉及北京、天津以及河北的 11 个城市
2016 年	《"十三五"时期京津冀国民经济和社会发展规划》实施，该规划以《京津冀协同发展规划纲要》为基本遵循，将国家"十三五"规划与京津冀三省市的实际需求紧密衔接
2017 年	中共中央、国务院决定设立河北雄安新区，涉及保定市下辖的雄县、容城、安新 3 县及周边部分区域

续表

时间	发展历程
2018 年	中共中央、国务院在《关于建立更加有效的区域协调发展新机制的意见（2018 年 11 月 18 日）》中明确要求以北京、天津为中心引领京津冀城市群发展，带动环渤海地区协同发展
2019 年	习近平总书记主持召开京津冀协同发展座谈会，指出"当前和今后一个时期进入到滚石上山，爬坡过坎，攻坚克难的关键阶段，需要下更大气力推进工作"，积极稳妥有序疏解北京非首都功能
2021 年	《国家综合立体交通网规划纲要》提出要加快推进京津冀地区交通一体化，建设世界一流交通体系，高标准、高质量建设雄安新区综合交通运输体系
2021 年	《河北雄安新区条例》颁布

资料来源：笔者通过整理政府文件所得。

1. 总体设想

（1）功能定位。

结合京津冀三地不同的历史特点、区域位置和资源优势，《规划纲要》以政策性文件的方式明确了京津冀城市群的整体定位和区域性定位。京津冀城市群的整体功能定位偏重于首都功能的疏散，其目的在于通过京津冀协同发展破解区域发展瓶颈，实现"一加二大于三"的发展效果，并着力建设具有国际竞争力的世界级城市群。

《规划纲要》在整体功能定位的基础上继续明确了三地各自的功能定位（如图 7 - 1 所示）。北京的定位是全国政治中心、文化中心、国际交流中心、科技创新中心，目标是淡化经济中心功能，疏解首都非核心功能，从而缓解严峻的"城市病"和治理难题。天津的定位是全国先进制造研发基地、北方国际航运核心区、金融创新运营示范区、改革开放先行区，承担着"承接"和"疏散"的双重职责，既要积极承接北京疏散的产业和功能，又要向河北省疏解部分产业，在优化自身产业结构的同时带动河北经济发展。河北省的定位是全国现代商贸物流重要基地、产业转型升级试验区、新型城镇化与城乡统筹示范区、京津冀生态环境支撑区。作为京津的经济腹地，河北省需要依托京津辐射带动作用和自身发展优势，不断提高自身经济发展水平，减小区域发展落差。

整体功能		以首都为核心的世界级城市群、区域整体协同发展改革引领区、全国创新驱动经济增长新引擎、生态修复环境改善示范区
区域功能	北京	全国政治中心、文化中心、国际交往中心、科技创新中心
	天津	全国先进制造研发基地、北方国际航运核心区、金融创新运营示范区、改革开放先行区
	河北	全国现代商贸物流重要基地、产业转型升级试验区、新型城镇化与城乡统筹示范区、京津冀生态环境支撑区

图7-1 京津冀城市群的整体和区域功能定位

资料来源：《京津冀协同规划纲要》。

（2）发展目标。

京津冀协同发展旨在实现京津冀产业优势互补，带动区域协调发展与产业转型，平衡区域经济发展差距。为推进京津冀协同发展，习近平总书记从顶层设计、产业协作、城市布局与空间结构、现代化交通网络系统、环境与生态和市场一体化等方面提出7点要求，指明了京津冀城市群的发展方向。如图7-2所示，在符合国家整体战略规划的前提下，《规划纲要》以各个城市自身功能定位为基础，从城市格局、产业发展和社会民生等方面提出了京津冀地区短期、中期、长期三个阶段的发展目标。

2. 发展路径

城市的发展方式和产业布局由城市的总体定位和发展目标决定，因此京津冀城市群的发展路径必须与自身战略定位相适应、相协调。京津冀世界级城市群建设要求将国家职能和经济发展相结合，注重市场在资源配置中的决定性作用和政府的宏观调控作用，有效发挥核心城市的辐射带动作用，优化城市群城镇体系建设，强化政府对河北转型的政策支持。2018年11月，国

近期到2017年	中期到2020年	远期到2030年
有序疏解北京非首都的功能取得明显进展，在符合协同发展目标且现实急需、具备条件、取得共识的交通一体化、生态环境保护、产业升级转移等重点领域率先取得突破，深化改革、创新驱动、试点示范有序推进，协同发展取得显著成效	北京市常住人口控制在2300万人以内，北京"大城市病"等突出问题得到缓解；区域一体化交通网络基本形成，生态环境质量得到有效改善，产业联动发展取得重大进展；公共服务共建共享取得积极成效，协同发展机制有效运转，区域内发展差距趋于缩小，初步形成京津冀协同发展、互利共赢的新局面	首都核心功能更加优化，京津冀区域一体化格局基本形成，区域经济结构更加合理，生态环境质量总体良好，公共服务水平趋于均衡，成为具有较强国际竞争力和影响力的重要区域，在引领和支持全国经济社会发展中发挥更大作用

图 7 – 2　京津冀城市群近期、中期和远期发展目标

资料来源：《京津冀协同发展规划纲要》。

务院针对京津冀区域建立更有效的区域协调发展机制提出有关意见，内容涉及北京非首都功能疏解、区域空间结构和经济结构调整、雄安新区和北京城市副中心建设、"城市病"治理等方面。未来，京津冀城市群将朝着以下几个方向发展：

（1）加快疏解北京非首都功能。

推动北京非首都功能向周边地区分散对促进资源合理配置、优化产业布局、改善北京人居环境具有积极影响。首都可持续发展将不符合首都战略定位的产业向外疏解，《规划纲要》指出了四类重点疏解产业，包括高消耗产业、区域性物流基地、区域性专业市场等一般性产业，部分教育、医疗、培训机构，以及部分行政性、事业性服务机构和企业总部。

（2）优化京津冀协同发展空间布局。

《规划纲要》提出京津冀协同发展要按照"功能互补、区域联动、轴向集聚、节点支撑"的发展思路，以"一核、双城、三轴、四区、多节点"为骨架，有序向外疏解北京非首都功能，构建以中心城市为点、以交通干线和生态廊道为线、以战略性功能平台为载体的网络型空间格局。"一核"指的是北京，将北京作为京津冀协同发展的核心。"双城"是指北京和天津，加强双城联动，形成京津冀协同发展引擎，共同发挥经济引领和辐射带动作用。"三轴"是指京津、京唐秦和京宝石三条产业发展带，构建协同发展的主体框架。"四区"是指中部、东部、南部和西北部四个划分区域，每个功能区都有各自明确的发展范围和重点。

（3）三大重点领域率先突破。

交通、生态和产业发展三大领域是京津冀城市群建设的重点，推动京津冀协同发展需要集中力量推动互联互通、环境保护和产业升级。交通一体化是京津冀协同发展的骨骼系统，着眼于京津冀城市群整体布局，为适应北京功能疏解和产业转移升级的需要，构建多节点、网络化、全覆盖的交通网络格局有效整合城市群内部各城市资源要素，通过建设轨道交通、公路交通网络，构建现代化港口群和国际一流航空枢纽，提升海陆空一体化运输服务水平。在生态环境保护方面，要按照"统一规划、严格标准、联合管理、改革创新、协同互助"的原则构建一体化的环境保护机制，加强污染治理。在产业转移升级方面，将市场和政府相结合，按照三省市不同的产业发展定位，推动产业转移对接，打造立足区域、服务全国、辐射全球的优势产业聚集区。

（4）提升科技创新水平。

积极贯彻创新驱动发展战略是推动京津冀协同发展的根本动力。京津冀区域是我国重要的高等院校集聚区，集聚了大量优质的科技和人才资源。在京津冀协同发展的背景下充分发挥区域人才资源，从强化协同创新支撑、完善区域创新体系、整合区域创新资源三个方面出发，围绕自主创新和产业转型升级建立健全区域创新体系，构建京津冀协同创新共同体，打造引领全国、辐射周边的创新发展战略高地。

（二）京津冀城市群的经济状况及人口状况

京津冀城市群总共有 33 个县级及以上城市、103 个县城和 1331 个建制镇，总面积 218000 平方公里，约占我国国土面积的 2.3%，是国家经济发展的重要引擎和参与国际竞争的先导区域，也是我国经济活力、开放程度最高，创新能力最强和吸纳外来人口最多的地区之一。如表7-2所示，2020年京津冀三省市总人口约为1.1亿，北京市、天津市和河北省分别为2189.3万人、1386.6万人和7461.0万人，占全国总人口的7.8%。相比于京津，河北省的城镇化水平相对较低，但由于面积广阔、人口总量大，河北人口数量较京津的总和还多出3885.1万人。在经济指标中，北京在GDP总量、人均GDP、GDP增速和人均可支配收入四个方面处于绝对领先地位。房地产市场发展与城市经济发展水平和人口状况息息相关，城市经济发展水平越高、城市人口数量越多意味着对住房的需求也越多。本节将分别从经济和人口两个角度来介绍京津冀城市群的基本情况。

表7-2　　　　　　　　2020年京津冀三省市经济社会发展状况

	北京	天津	河北
常住人口数量（万人）	2189.3	1386.6	7461.0
城镇人口（万人）	1916.6	1174.4	4481.6
城镇化率（%）	87.5	84.7	60.1
GDP（亿元）	36102.6	14083.7	36206.9
GDP增速（%）	1.2	1.5	3.9
人均GDP（元）	164904	101614	48528
房地产开发投资增幅（%）	2.6	-4.4	5.8
人均可支配收入	69434	43854	27136

资料来源：北京市、天津市和河北省国民经济与社会发展统计公报。

1. 经济情况

京津冀、长三角和粤港澳大湾区三大城市群以5%的土地面积和23%的人口创造了全国超过40%的GDP总量，经济总量和人均产值均排在所有城市群的前列，是我国经济要素最为集中、经济最为活跃的区域。2019年12月发布的《中国城市营销发展报告（2019）》将京津冀城市群评为年度城市群品牌前五强第三位，位于长三角城市群和粤港澳大湾区城市群之后。京津冀城市群幅员辽阔、经济实力雄厚，但行政区域和经济区域划分复杂、产业同质化严重，经过多年规划京津冀城市群的一体化进程依旧缓慢，其经济发展主要存在以下三点不足：

一是京津冀城市群整体经济水平有待提高。如表7-3所示，2020年京津冀城市群的GDP总值和人均GDP分别为8.6万亿元和7.8万元，处于三大城市群最末位，人均产值仅为粤港澳大湾区城市群的约1/2，长三角城市群和粤港澳大湾区城市群分别成为GDP总值和人均GDP最高的城市群。对比另外两大城市群，京津冀城市群的经济外向度、市场化改革、城市化率、区域经济一体化水平均有所欠缺，综合实力相对较弱。近年来，"一带一路"倡议、京津冀协同发展和长江经济带建设被纳入重大发展规划，京津冀城市群一体化协调发展受到了极大的重视。随着京津冀城市群相关政策规划落地实施，未来京津冀城市群将与长三角城市群形成联动效应，进一步激发京津冀区域经济发展活力并缩小其与另外两大城市群的差距。

表7-3　　　　　　　2020年我国三大城市群的经济和人口规模

		京津冀	长三角	粤港澳大湾区
城市	数量（个）	13	41	11
	占比（%）	—	—	—
面积	数值（万平方公里）	21.5	35.8	5.6
	占比（%）	2	4	1
GDP	数值（万亿元）	8.6	24	11.5
	占比（%）	8	23	11
人均GDP	数值（万元）	7.8	10.2	13.4
	与全国平均值相比	1.08	1.41	1.84
常住人口	数值（万人）	11037	23526	8614
	占比（%）	7	17	6

资料来源：根据国家和各省市统计局及统计年鉴整理。

　　二是区域经济发展水平差异较大。从时间来看，2020年京津冀三地居民的人均可支配收入分别为69434元、43854元和27136元，三地居民人均可支配收入分别名义增长2.5%、3.4%和5.7%，同时三地的GDP总额分别为36102.6亿元、14083.7亿元和36206.9亿元，较上年同比增长1.2%、1.5%和3.9%，可以看出近年来京津冀三个地区的人均收入水平和区域经济几乎同步发展，呈现出稳步增加的态势。但从空间分布来看，京津冀城市群内部仍然存在巨大的发展差异。北京和天津在经济总量、产业结构、人口规模、对外贸易、城镇化水平和城乡发展的各个方面均处于全国领先位置，与河北次中心城市之间存在显著的经济差距。由图7-3可知，2020年京津冀三地的人均GDP分别为164929元、101543元和48564元，河北省的人均GDP不到京津两市的一半，在河北11市中只有唐山市的人均GDP达到9.3万元，其他城市皆低于7.3万元的全国平均水平。京津冀三地悬殊的经济发展水平不利于构建城市间经济发展的传输通道，由此导致经济联动作用较弱。

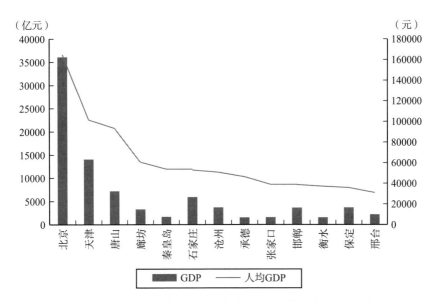

图7-3　2020年京津冀城市群各省市GDP总量及人均GDP水平

资料来源：2020年《河北经济年鉴》。

三是核心城市对区域经济发展的带动作用不明显。北京市、天津市与河北省之间存在巨大的经济落差，京津两地对河北强大的"虹吸效应"使河北省的资源和产业均向京津两地流动，从而使得三省市经济非均衡化的态势进一步发展。除经济发展水平差异外，教科文卫等公共服务资源在京津冀地区的分布也不均衡。京津两地凭借优质的教育、医疗和科创资源吸引了全国各地的经济要素并发展成为经济核心区，核心区通过要素集聚形成规模效益，在循环累积效应的作用下京津两地的极化效应得到加强。

京津冀城市群经济发展不平衡的现象由来已久，北京有"大城市病"，津冀面临产业升级的瓶颈，三省市各自面临着不同的发展问题。北京是中国的首都，其自身的巨大优势使本地资源产生固性，区域经济发展无法依靠经济增长的扩散效应自发走向均衡，需要利用市场与政府双重力量的引导。部分学者通过测算《规划纲要》出台前后京津冀地区的泰尔指数，发现《规划纲要》出台之后随着政策互动、资源共享和市场开放水平的提高，省级层面上的经济发展差距有所缩小，京津冀经济发展不均衡的现象有所缓解，体现了京津冀协同发展的科学性和有效性。

2. 人口状况

2020 年末京津冀城市群的常住人口总共 11036.9 万人，其中北京市的常住人口为 2189.3 万人，是京津冀城市群中人口最多的城市。从人口规模变动情况来看，京津冀城市群的常住人口呈加速增长的态势。据《京津冀人口发展态势报告》，1990～2000 年、2000～2010 年、2010～2015 年三段时间内京津冀三地分别增长了 88.5 万人、141.6 万人和 136.5 万人。分省市来看，近年来"京强、津中、冀弱"的局面有所改变，北京市人口总量持续增加但整体增速放缓，河北省长期以来人口增长能力较弱，但 2015 年来常住人口年增量已逐步超过北京和天津，年增速超过北京。2015 年出现分界线在很大程度上归功于《规划纲要》的出台，《规划纲要》通过"严控增量、疏解存量、疏堵结合"的方法疏散人口，有效促进了京津冀区域内人口合理分布。

（1）人口结构。

从人口结构的角度来看，一方面，京津冀城市群的年龄结构较年轻，正处于输入型人口红利优势阶段，年龄处在 15～60 岁之间的劳动人口比例高达 66.8%，大量的人口流入给京津冀城市群带来了丰富的劳动力资源。分省市来看，京津的人口红利明显，少年抚养比和老年抚养低于河北省。另一方面，京津冀城市群作为人才集聚地，人口素质高，集聚型人才红利突出。京津冀地区具有优质、雄厚的教育资源，《中国科技统计年鉴 2016》显示，京津冀地区拥有包括清华大学、北京大学、中国政法大学、北京科技大学在内的高等院校 264 所，占全国高等学校总数的 10.3%，但主要集中在北京市。京津冀地区的科技人才相对集中，2015 年每万人中就有研发人员约 62 人，研发人员中拥有本科及以上学历的人才占比约为 59%，远高于国家的平均水平。分省市来看，由于公共资源分布不均，人才资源在京津冀三地存在明显差异。北京市以大学专科及以上人才为主，2015 年本科及以上人口占比高达 28.84%，天津和河北省则主要以初中文化程度为主，人口文化素质远不及北京市。

（2）人口分布。

从人口分布的角度来看，北京和天津的人口密度最高，分别为每平方公里 1357.2 人和 1228.5 人，集聚效应比较显著。用常住人口计算，人口数量在 1000 万以上属于超大城市，500 万以上 1000 万以下为特大城市。2020 年，京津冀城市群的超大城市只有北京和天津，说明京津冀城市群依旧以双核为主要的分布模式，城镇规模等级两极分化。由表 7-4 可以看出北京市和天津市庞大的积聚人口。21 世纪以来，城市经济发展促使人口快速向城镇集聚，2005～2015 年京津冀地区城镇人口净增加 2315 万人，增幅近 50%，城镇化水平明显提高。分城市来看各省市城镇化水平差异明显，形成金字塔型的城镇等级结构。2020 年河北省的城镇化水平为 60.1%，低于 63.9% 的全国平均水平，北京市和天津市城镇化水平较高，两者都超过了 80%。这种结构进一步扩大了京津冀三地的经济发展差异，弱化了京津对河北省的经济辐射作用，并加速了周边人口向中心城市集聚的步伐。人口在北京市高度集聚使得北京中心区土地资源紧缺，促进了以"城中村"为代表的城乡二元结合体的形成。然而即便"城中村"在一定程度上解决了外来人口的居住需求，却仍然难以掩盖城市化过程中所带来的房价高企、住房紧张和居住环境恶化等社会问题。

表 7－4　　　　　　2020 年京津冀城市群各省市人口相关情况

	全国	合计	北京	天津	河北
土地面积（万平方公里）	960	21.7	1.6	1.2	18.9
占京津冀的比重（%）	—	100	7.4	5.5	87.1
年末常住人口（万人）	144349.7	11036.9	2189.3	1386.6	7461.0
占京津冀的比重（%）	—	100	19.8	12.6	67.6
0～14 岁人口占比	18.0	17.7	11.9	13.5	20.2
15～59 岁人口占比	63.4	62.3	68.5	64.9	60.0
60 岁及以上人口占比	18.7	20.0	19.6	21.7	19.9
65 岁及以上人口占比	13.5	13.9	13.3	14.8	13.9
常住人口密度（人/平方公里）	148.1	514.8	1357.2	1228.5	398.2
城镇化水平（%）	63.9	68.6	87.5	84.7	60.1

资料来源：各地经济年鉴。

（三）京津冀城市群的产业发展与演变

推动产业协同发展是京津冀协同发展的重要突破口。产业协同发展意味着三省市在立足于自身产业升级需要的同时，要兼顾京津冀城市群的整体发展目标，实现主导产业的优势互补。北京领先的产业构成、天津坚实的制造能力和河北巨大的发展空间之间的互补性使京津冀地区在协同发展方面具有较强优势，但由于存在经济落差大、产业结构差异大等问题，京津冀城市群产业协同发展仍然面临较大阻碍。

1. 产业发展状况

（1）产业结构。

从三次产业结构来看，京津冀城市群的产业结构基本上实现了由"二三一"向"三二一"的转变，第三产业比重稳步提高，但仍存在区域产业发展不平衡的问题。如表 7 – 5 所示，2020 年北京市 GDP 达到 36102.6 亿元，三次产业增加值的比例为 0.30∶15.83∶83.87，已步入后工业化时代，第三产业增加值占比分别较天津和河北高 19.47 和 32.14 个百分点。北京市的主导产业为第三产业，包括金融业、信息技术产业、科学研究和技术服务业、批发与零售业等，已经进入由服务经济主导的新阶段。

表 7 – 5　　　　　　　2020 年京津冀城市群三次产业产值　　　　　　单位：亿元

	第一产业（亿元）	第二产业（亿元）	第三产业（亿元）	占比构成
北京	107.6	5716.4	30278.6	0.30∶15.83∶83.87
天津	210.2	4804.1	9069.5	1.49∶34.11∶64.40
河北	3880.1	13597.2	18729.6	10.72∶37.55∶51.73
京津冀城市群	4197.9	24117.7	58077.7	4.86∶27.92∶67.22
全国	77754	384255	553977	7.65∶37.82∶54.53

资料来源：各地区国民与社会发展统计公报。

天津是重工业城市，长期以来第二产业占比高，但近年来第三产业发展势头迅猛。2015～2018 年期间，天津市第三产业占比不断上升，第一产业占比下降，产业结构持续优化。2020 年，天津市三次产业增加值的比例为 1.49∶34.11∶64.40，第三产业占比超过 54.5% 的全国平均水平，但与北京市还存在一定差距。天津市的传统优势产业包括石油石化、电子信息、轻工纺织等，近年来航天航空、新能源新材料等战略性新兴产业也得到发展。

河北省是我国的农业大省，第一产业增加值占比高达 10%。2015～2018 年期间，河北省的第一产业和第二产业分别下降了 2.2% 和 3.8%，第三产业比重增加 6%。2020 年，河北省全年地区生产总值达到 36206.9 亿，三次产业增加值的比例为 10.72：37.55：51.73，第三产业占比首次超过第二产业，正式步入后工业化时代。河北省的制造业以重化工业和原材料产业为主，高新技术产业和知识密集型产业占比较低。

整体来看，2020 年京津冀城市群地区生产总值高达 86393 亿元，占全国经济总量的 8.5%，三次产业的结构优于全国平均水平。

（2）产业实力。

除了产业结构发展不平衡外，京津冀三省市各自三次产业的质量也有待提高。北京市经济发展迅速，产业结构和布局持续优化，但北京的首都功能与旧金山、伦敦等国际大都市相比仍存在一定差距。第一产业中，农业的区域特殊性不明显，科技农业等现代产业发展水平不高，难以满足超大城市对农业现代化和都市型农业的需求。第二产业中，北京的工业增长结构较为单一，在资源消耗和土地利用效率方面与部分国际大都市存在较大差距。

天津与北京、上海同属我国的直辖市，但天津的三次产业结构存在较大的提升空间，第三产业存在规模小、增速慢和结构不合理的问题。在服务业中，天津市餐饮、邮电等传统服务业占比较高，金融、保险等新兴服务业占比较低，发展较上海和北京落后。近年来，天津市的支柱产业和高新技术产业得到发展，但仍然存在企业竞争力不强、传统产业占比高、高新技术研发能力较弱、技术装备水平偏低等问题。

河北是我国的农业大省却不是农业强省，农业发展存在资源匮乏、技术落后和结构不合理等问题，农业标准化程度和经济效益都与农业发达国家存在一定差距。河北省的第二产业以钢铁、煤炭等高污染的传统产业为主，资源依赖程度高、自主创新能力不足，并且第三产业发展缓慢，存在产业规模小、经济效益不高、竞争力不强等问题。

整体来看，京津冀城市群正处于产业结构转型升级的关键时期，第三产业显露优势但尚未形成支柱产业，第二产业在产业结构中的占比依旧较高，综合发展水平明显落后于长三角城市群和粤港澳大湾区城市群，区域空间一体化趋势有待加强。

2. 产业转移与协作

京津冀三地的产业结构差异明显但互补性较强，合理引导产业从高梯度向低梯度转移，有利于强化区域分工，提高中心城市对周边城市的辐射带动作用和区域整体产业水平。《规划纲要》出台以来，京津冀产业协同步伐不断加快，在政府的积极引导下，京津冀三地产业分工已基本形成。

北京的产业发展路径是提升自身服务业发展水平，大力发展高端制造业和现代服务业。未来，北京将利用在政治、文化、教育以及科研方面的优势，将产业发展的重点集中到高新技术产业、金融业、文化创意产业等高端产业，并向外转移传统制造业和传统服务业。

天津市制造业基础雄厚，技术先进，又有天津港这一优良港口，在发展现代制造业和现代物流业方面具有独特优势。天津的高端制造业不仅能与北京的科技服务业相结合，还能与河北省的制造业形成阶梯差，推动河北省制造业加快传统产业结构优化的步伐。未来，天津市将重点发展汽车制造、电子信息、航空航天、仓储物流等高端制造业。

河北省的第一产业比重较高，是京津冀整体水平的两倍左右，第二产业以重化工产业为主，其七大主导产业基本局限在传统产业。未来河北省将集中发展钢铁制造、装备制造、石油化工等重化工产业，并针对各地区的发展优势和特色积极承接非首都功能疏解的区域性物流基地、区域性专业市场等第三产业。

至此，京津冀的产业分工已基本成型，但具体到产业来看，三省市在钢铁产业、石油产业和汽车制造业等传统领域均有着不俗的成绩，且各地政府纷纷将热门行业纳入自身发展蓝图，导致京津冀城市群存在产业同构和资源竞争的问题。

在《规划纲要》的基础上，按照政府与市场机制相结合、集中疏解与分散疏解相结合、严控增量与疏解存量相结合、统筹规划与分类施策相结合的原则，北京非首都功能疏散、天津产业转移和河北省产业承接三大主要工作的步伐均有所加快。现阶段，北京的钢铁、机械和医药制造等产业正陆续向河北省转移，跨行政区的产业链条逐渐形成。产业共建与合作发展重点项目稳步推进，构建起滨海—中关村科技园、雄安新区中关村科技园、北京（曹妃甸）现代产业发展试验区等产业对接平台，技术、产业和服务等方面的合作为实现京津冀三地的产业协作创造了条件。

（四）京津冀城市群的都市圈

具有一定数量人口的核心城市与邻近城镇组成的区域最早被称为"大都市区"，后来发展为都市圈。都市圈更加强调多个城市地域之间密切的社会经济活动，被认为是由经济联系紧密、交通互联互通、产业互补性强的多个城市组成的协调发展区域。都市圈与城市群关系密切，城市群是由若干个都市圈构成的广义城镇化形态，都市圈是由单一城市城镇化到城市群协同发展的中间阶段，属于城市群的前身，也是重要组成部分。

《国家发展改革委关于培育发展现代化都市圈的指导意见》指出，都市圈是城市群内部以特大城市或辐射带动功能强的大城市为中心，以1小时通勤圈为基本范围，通勤高效、一体发展的城镇化空间形态。从北京、天津和石家庄三个中心城市出发，京津冀城市群划分了首都都市圈、天津都市圈和石家庄都市圈。都市圈的划分有利于提升石家庄等中心城市的人口和经济规模，改善北京超大城市与河北省中心城市间的等级断层问题。

首都都市圈以北京为核心，周边城市有保定市、廊坊市、张家口市和承德市，形成了"1+4"的都市圈格局，其范围明显超过"1小时通勤圈"。按照如表7-6所示的都市圈划分标准，首都都市圈属于崛起型都市圈，北京依靠自身行政力量集聚了雄厚的金融、科技、教育和医疗资源，经济发展水平高，但外溢效应差，对周边城市的发展带动作用不足。首都都市圈的发展方向是加快推动北京部分医疗、教育、劳动密集型等产业向圈内疏解，减轻首都人口和交通压力，提高就业区与通勤圈之间、新城与中心城区之间的快捷通勤能力，增强北京对周边城市的发展带动作用。

表7-6　　　　　　　　　　　　　　都市圈的划分

	要求	发展方向
发达型都市圈	1. GDP均在2万亿元以上。A+H股上市公司数均在100家以上，年发明专利授权量均在1万件以上。 2. 中心城市尚处于虹吸阶段，中心城市与几乎所有周边城市的人均GDP差距都在扩大	发达型都市圈应优化功能布局，重视中心城市过度集中的人口与产业的疏解，继续提升基础设施、公共服务同城化水平，在治疗"大城市病"的同时建设各功能组团有序分工、紧密协调的大都市圈
崛起型都市圈	1. GDP多在1万亿元以上。 2. 都市圈内部分周边城市与中心城市差距相对较小，且近年呈持续缩小态势	崛起型都市圈应重点加强圈内一体化建设，加快形成城市间交通一体化网络，打破阻碍同城化发展的行攻壁垒，增强中心城市对周边城市的发展带动作用，同时避免中心城市的功能过度集中
起步型都市圈	1. GDP均在1万亿元以下。 2. 产业创新指标在大都市圈中排名相对靠后	起步型都市圈应重点增强整体经济实力，尤其是中心城市的经济实力，同时补齐基础设施建设等领域的短板。当区域经济实力和中心城市对周边的辐射能力提升后，起步型都市圈有望转变成崛起型都市圈

资料来源：作者整理。

　　天津都市圈以天津为核心，辐射河北唐山、沧州、廊坊三个城市，属于崛起型都市圈。与发达型经济圈相比，天津都市圈的核心城市在经济水平、创新能力等方面存在一定差距，对周边城市的辐射带动作用不足。天津都市圈西北方向与首都都市圈对接，东南方向延伸至渤海湾，具有发展港口经济的天然地理优势。天津都市圈致力于形成渤海西岸天津港、黄骅港等港口的专业化分工，并更好地发挥媒介的作用，提高渤海商贸经由天津、沧州等地到达首都城市圈、石家庄城市圈的物流通道效率。

　　石家庄都市圈以石家庄为核心，囊括邢台、邯郸、衡水、定州四座城市。该都市圈位于京津冀地区的南部，人口众多，面积广袤，具有劳动人口和空间容量的优势。由于石家庄都市圈中的城市距离北京较远，北京的经济辐射难以企及，因此围绕省会城市打造石家庄都市圈具有重要意义。石家庄经济圈的经济水平较首都经济圈和天津都市圈差距较大，中心城市石家庄

2019 年的 GDP 总值为 5393 亿元，落后于首都经济圈的唐山市，位居河北省第二位。

二、京津冀城市群的房地产投资机会

城市化与全球化和现代化相伴而生，是 21 世纪经济和区域扩张的主要方式。高度集聚的资源要素和多元的社会文化使城市在科技创新、文化交流和工业发展方面独具优势，高效的产出会进一步吸引资源和要素向城市集聚。改革开放以来，我国工业化迅速发展，工业化对劳动力等资源的需求使人口迅速向城市集聚，城市的规模和数量呈现出持续增长的趋势，城市化发展取得了巨大成就，出现了北京、天津等常住人口数量超过 1000 万的超大城市。作为继长三角、珠三角城市群之后的又一国家级城市群，京津冀城市群拥有着人口、金融等多方面的优势，具有巨大的发展潜力。在京津冀协同发展背景下，京津冀城市群的房地产投资将面临新的机遇。

（一）京津冀城市群的落户政策与人才引进政策

"长期看人口，中期看土地，短期看金融"是房地产业著名的分析框架，长期来看，人口是城市经济增长的基础性因素之一。人口在城市生活和居住的刚性需求是房地产行业发展的重要支撑，人口在城市的储蓄和投资更是房地产价值增长的必然需要。就京津冀城市群而言，流入京津冀地区的人口大多是 15～64 岁之间的适龄劳动人口，理论上对当地住宅市场具有正向的拉动作用，但户籍制度的存在使得京津冀城市群存在较明显的二元特点，流入人口无法享受与户籍人口同样的服务与待遇，所以现实中流入人口对住宅市场需求的正向拉动作用较小。近年来，全国各大城市纷纷通过户籍开放、人才奖励等方式抢夺人才资源，力求在抢人大战中抢占先机。京津冀城市群为应对全国范围内其他城市群的挑战，在搭乘"人口红利"末班车的同时也在积极制定符合自身发展目标的落户和人才引进政策，不断探索由"人口红利"向"人才红利"转换的途径。

1. 落户政策

15～64岁处于劳动年龄阶段的人群相较于其他阶段具有更高的收入能力和抗风险能力，当城市中处于劳动年龄阶段的人口较多时，整个城市的社会负担较轻，经济发展速度相对较快，人们购买住宅的意愿和能力也相对较高。相关研究表明，15～64岁的劳动人口占比与住宅需求存在显著的正向关系，年龄结构对河北省住宅需求的正向拉动作用尤为明显。当前我国社会正面临着严重的老龄化问题，国家统计局的数据显示，2019年中国60岁以上老年人口占总人口的比重为18.1%，较2018年增长了5.6%。北京市60岁以上户籍老年人占户籍总人口的25.4%，天津为23.96%。尽管京津冀地区的年龄结构较为年轻，但老龄化问题依旧不可忽视。通过改革户籍政策让符合条件的外来人口获得本地居民身份，有利于吸引高素质人才流入，为京津冀可持续发展增添动力。

（1）北京。

北京是全国的政治、文化和科创中心，获得北京户口意味着能够享受教育、养老、医疗、低保等优质的社会资源，还能在升学、就业、买房等方面占得"先机"。为解决严重的"城市病"问题，向外疏解过剩人口成为北京市的一项重点任务。2017年9月底，北京对外公布《北京城市总体规划（2016年–2035年）》（下称"《规划》"）。《规划》以"资源环境承载能力"为界限正式确定了2300万人口上限：到2020年，北京常住人口控制在2300万以内，2020年以后长期稳定在这一水平。《北京统计年鉴2020》的数据显示，2019年末北京全市常住人口为2153.6万人，较上年减少了0.6万人，人口增速下降了0.03%，基本实现了2300万人的人口控制目标。随着北京人口数量的不断上涨，北京的落户政策也日趋严格，各项政策性落户指标数量在不断减少。针对不同的人群，落户北京有积分落户、非京籍应届毕业生落户、投靠落户、人才引进、工作落户、留学生落户、公共户落户、随军落户 8 种不同的方式。

①积分落户政策。

2020 年 7 月 16 日《北京市积分落户操作管理细则》发布。北京市积分落户所列的 9 项指标包括合法稳定就业、合法稳定住所、教育背景、职住区域、创新创业、纳税、年龄、荣誉表彰、守法记录，主要强调守法、学历、贡献和素质等方面。2023 年，积分落户申请者共 106772 人，实际公示名单共 6003 人，最低积分为 109.92 分。

②非京籍应届毕业生落户政策。

毕业生落户主要针对非北京生源的应届毕业生，以拥有研究生学历的毕业生为主。应届毕业生希望通过毕业生的途径落户北京必须要满足以下几方面的条件：第一，毕业生需要入职具有北京落户指标的用人单位，主要集中在一些企事业单位，包括央企、国企以及高新技术单位。第二，毕业生的专业学历必须符合接收单位落户指标的要求。第三，毕业生落户针对的对象不仅要是应届毕业生，还必须符合落户年龄方面的要求，比如本科毕业生一般不超过 24 周岁，硕士研究生不超过 27 周岁，博士毕业生不超过 35 周岁。近年来，北京以疏解非首都功能为要务，不断缩减高校应届毕业生的进京指标。2017 年，北京在"总量控制"原则的基础上提出了更为严格的"总量封顶"原则，在引进非北京生源毕业生时对人才进行更有针对性的严格筛选，刺激中等水平人才离开北京，对留京人才群体产生了结构性影响。

③留学生落户政策。

留学生落户的要求包括以下几点：首先，留学生出国留学的时间要在一年以上，其中不包含中途回国的时间。其次，需要获得中国教育部承认的国外高校硕士或硕士以上学历。最后，要与在京用人单位签订劳动人事关系，劳务合同期限必须 1 年以上，并且需缴纳社保 3 个月以上，原则上要求落户单位是归国之后在京入职的第一家单位。

④其他落户政策。

投靠落户主要包括夫妻投靠、子女投靠和老人投靠，不同方式的落户条件也不同。夫妻投靠涉及外省市农业户口或无业人员、残疾人员、离休和退休干部三种不同类型，有结婚时间、年龄等办理条件限制。子女投靠要求投靠人为不满 18 周岁的未成年人，父母一方户口在京且有住房。老人投靠分为无业老人投靠和离退休老人投靠两种不同的类型，除年龄外还要求申请人在外省市无子女，且在京有合法住处。工作落户是落户北京机会较大的一种方式，分为以下三类情况：一是考公务员、事业单位、进入大型央企的重要岗位；二是应聘有进京指标的国企、高科技单位、高校等单位的部分岗位；三是部分大学生村官和大学生社工岗位。劳模落户目前已纳入积分落户，具体细则对应"荣誉表彰及指标及分值"，申请对象获得省部级以上劳动模范、全国道德模范或北京市道德模范、全国见义勇为英雄模范或北京市见义勇为好市民等荣誉表彰，即可加 20 积分。公共户落户主要适用于部分状况下，申请人原户口必须迁出，但由于本人、配偶或其他直系亲属在北京市无合法产权住房，从而无法迁出户口的情况。随军落户的条件即嫁（娶）驻京现役军人。

（2）天津。

截至 2024 年，天津的入户方式包括积分入户、随迁入户、"海河英才"、滨海落户计划四种方式。《2019 年新型城镇化建设重点任务》要求特大城市调整完善积分落户政策，增加落户规模，在此政策背景下天津市对"海河英才"计划、积分入户等落户要求有所放松。2020 年 3 月 12 日，天津市调整了技能型人才引进的落户条件，将中等职业院校毕业生落户的工作时间从 3 年改为 1 年。2021 年 12 月 30 日，《天津市居住证管理办法》公布，积分落户申报指导分值为 110 分。积分要求从 140 分调整为 110 分，这意味着只要在天津工作 3 年，正常缴纳"五险一金"基本上就可以落户，落户条件大幅度放宽。天津市的人才引入条件虽然有所放松，但人才引进的审核过程也更加严谨，可以看出天津宽松的落户政策更多是针对符合条件的人群，对不符合条件的人群审核越来越严格。

（3）河北。

河北省的落户方法包括人才引进、亲属投靠、务工社保、经商、干部调动、毕业生、买房等多种方式。2017 年河北省政府发布《关于推动非户籍人口在城市落户的实施意见》，提出"十三五"期间加速破除城乡间户籍迁移壁垒，进一步健全配套政策体系，全省户籍人口城镇化率年均提高1.8 个百分点左右，努力实现 1000 万左右农业转移人口和其他常住人口在城镇落户的目标。在落户政策方面，河北省全面放开对高校毕业生、技术工人、职业院校毕业生、留学归国人员的落户限制，进一步简化办理程序和手续，要求大中城市不得以买房、纳税等方式设置落户限制，最大限度方便非户籍人口在城镇落户。2020 年河北省多地采取了更加宽松的落户政策，张家口、廊坊、保定等城市实施了户籍制度改革。张家口市发布的《关于进一步深化户籍制度改革的意见》全面取消了城镇户口落户限制，简化了落户程序，凡有意愿落户的公民持本人居民身份证、户口簿均可办理落户。廊坊市于 2020 年推行户籍制度改革，实行区域差别化户口迁移政策，居住在首都周边城镇的申报人员须具备合法稳定住所与合法稳定职业，并正常缴纳社保。而居住在非首都周边城镇的申报人则须具备合法稳定住所。保定市印发的《关于进一步深化户籍制度改革的意见》通过采取"三放宽，两实行"的政策，即放宽城镇基本落户条件、放宽市区落户条件、放宽城区及小城镇落户条件、实行市区和部分县单位的户籍一体化管理制度、实行人才居住证制度，给予人才优先落户方便，拓宽了落户渠道、简化落户方式，不断地放宽落户条件，推进以人为核心的新型城镇化进程。

2. 人才引进政策

随着南京、武汉、成都、杭州等二线城市为争夺人才展开激烈"角逐"，北上广深四个一线城市也加入了这场"人才争夺战"。北京作为国家的首都集聚了全国最优秀的人才，但新的定位决定了北京需要塑造全新的城市格局，向外疏解一般制造业并引进"高精尖"人才。2018 年 2 月 28 日，北京发布了《北京市引进人才管理办法（试行）》（下称《管理办法》），为引入优秀人才建立了绿色通道。《管理办法》最常见的申报条件包括人才工程类、投融资类、知识产权成果类、收入类、学历职称类、专业技术类共 6

大类，主要引进群体也是围绕北京"四个中心"战略划分的，包括优秀创新创业团队内的领衔人、科技创新人才、文化创意人才、体育人才、国际交往中心建设人才、金融人才、高技能人才，以及教育、科学研究和医疗卫生健康等专业的人才。《管理办法》放宽了人才年龄限制，引进时年龄原则上不超过45周岁，在中关村科学城、怀柔科学城、未来科学城、北京经济技术开发区这"三城一区"引入的人才，引入年龄可放宽至50周岁。此外，个人能力、业绩和贡献特别突出的人才可进一步放宽年龄限制。2018年，北京发布了《关于优化住房支持政策服务保障人才发展的意见》（以下简称《意见》），提出"三城一区"及其他国家或本市重点功能区可通过住房政策来服务和保障在京就业创业的人才，指出经市级人才主管部门备案引进的非京籍优秀人才及境外个人（含港澳台居民），家庭成员在本市均无住房，可以购买用于自住的商品房，也可以申请一套共有产权房，即无论是否拥有北京户口，只要符合相应的人才标准就可以享受政策支持。北京的引才新政与严控人口规模并不矛盾，根据四大中心的城市定位，北京需要从注重人才数量转变为注重人才质量，引入与城市产业、经济、社会发展要求最适应的人才，不断优化首都人口和产业结构。

天津市为深入实施人才强市战略，加快引进各类优秀人才，出台了"海河英才"行动计划，该计划在高层次创新人才、急需紧缺专业人才等8个方面提出了一系列人才创新举措，通过放宽人才落户条件、简化落户程序等方式吸引各方面高端人才落户天津，在优化人才发展环境、改善居住条件的同时妥善安排随迁家属并给予强有力的经费支持。天津市人力资源和社会保障局局长杨光在十三届全国人大三次会议上表示，天津"海河英才"行动计划截至2020年4月底共引进26.9万人，平均年龄32岁，本科以上学历的超过74%，人才引进工作取得积极成效。2021年天津"海河英才"计划升级，不断完善相关政策和配套设施，以持续吸引高层次人才流入。

河北省高层次人才引进政策包括引进海外高层次人才政策、引进高层次创新创业人才的"巨人计划"政策、河北省省管优秀专家政策、河北省政府特殊津贴专家政策、河北省"三三三人才工程"政策、河北省青年拔尖人才支持计划等。

（二）京津冀城市群的房地产政策

1. 土地政策

2016 年，国土资源部、国家发展改革委联合印发《京津冀协同发展土地利用总体规划（2015~2020 年）》（简称《规划》），统筹考虑了京津冀地区的土地利用状况特征、存在问题、未来需求和发展条件，要求在严格保护优质耕地和生态环境的前提下，以空间格局优化合理安排规划期内土地利用目标和任务，着重推动北京非首都功能疏解。《规划》将北京顺义东部等 13 片集中分布的优质耕地优先划入永久基本农田实行严格保护，推进构建"一带十三区"区域永久基本农田保护格局，约束城市向外蔓延。《规划》的出台有利于推进京津冀地区土地、人口和产业的合理有效配置，对缓解资源环境承载压力、促进区域人地和谐具有重要意义。

（1）北京。

《北京市 2021 年度建设用地供应计划》公布了 2021 年度北京市的供地计划，强调将坚守 150 万亩永久基本农田和 166 万亩耕地保有量底线，严格落实城乡建设用地减量，明确全年减量任务为 10 平方公里左右。以上要求与《规划》和新型城镇化"以人为本、生态文明"的建设要求相适应。在坚持"房住不炒"和租购并举的背景下，2021 年计划安排建设用地供应总量 3710 公顷，与 2020 年持平，住宅用地 1060 公顷，较 2020 年计划安排量增加 60 公顷。同时土地供应向租赁住宅倾斜，将租赁住宅占住宅用地比重由 2020 年的 13% 提高到 30%。为稳定房价预期，北京市针对 2021 年第一批次通过挂牌方式出让的 29 个项目首次公布土地合理上限价格，通过精准调控压缩土地的溢价空间，同时首次引入了房屋销售价格引导机制，以实现"稳地价、稳房价、稳预期"目标。

（2）天津。

《天津市土地利用总体规划（2006－2020年）》指出，将合理控制建设用地总量，至2020年，建设用地总规模控制在403400公顷以内，其中城乡建设用地控制在250000公顷以内，交通水利及其他建设用地控制在153400公顷以内。在住宅供应方面，依据《天津市2021年度国有建设用地供应计划》，2021年计划供应国有建设用地总量为4000公顷，计划供应住房用地950公顷，占总供应量的24%，其中商品住房用地770公顷，占住房用地的81%，租赁住房95公顷，保障性住房用地85公顷。在地价方面，根据天津市规划和自然资源局的数据，2021年第一季度天津市综合地价水平为13483元/平方米，环比增长率为0.64%，住宅地价水平值为9546元/平方米，环比增长率为0.87%。

2. 税收制度

税收调控的作用在于：一方面可以对城市的土地进行优化配置；另一方面能够有效调整不同购房者的税负。

（1）北京。

如表7-7所示，北京市的房地产税收制度针对继承、赠与和买卖三种不同的情形，征收土地增值税、增值税、个人所得税、契税和印花税等税，其中土地增值税、增值税、个人所得税就起到对房地产投资收益进行调节的作用。购房需交纳的第一组税费是契税、印花税、交易手续费、权属登记费。契税金额是房价的1.5%，一般情况下是在交易签证时交50%，入住后拿房产证时交50%。印花税金额为房价的0.05%，在交易签证时交纳。交易手续费一般是每平方米2.5元，也在交易签证时交纳。权属登记费100元到200元之间。房产税的征收依据包括计税余值和房产租金收入两种：计税余值指房产原值一次减除10%至30%的自然损耗等因素后的余额，房产税的计税方式采用比例税率，从价计征即按照抵扣损耗后的房产原值计算应纳税额，税率为1.2%，从租计征即以房产租金收入计算应纳税额，税率为12%。

表7-7　北京商品房税费相关规定

转让方式	缴税方	增值税 被继承人／继承人 出让人	土地流转税 被继承人／继承人 出让人	个人所得税 被继承人／继承人 出让人	契税 被继承人／继承人 出让人	印花税 双方
继承	继承	免征	不征	以老房本时间计算，不"满五唯一"差额2%，"满五唯一"免征	不征（法定继承人）3%（非法定继承人）	0.05%免征
	再转让	以老房本时间计算，不足2年5%，满2年免征	免征	以老房本时间计算，不"满五唯一"差额2%，"满五唯一"免征	首套：90平方米以下1%，90平方米以上1.5%。二套：3%	免征
赠与（直系亲属）	赠与	免征	不征	免征	3%	0.05%免征
	再转让	以老房本时间计算，不足2年5%，满2年免征	免征	以老房本时间计算，不"满五唯一"差额2%，"满五唯一"免征	首套：90平方米以下1%，90平方米以上1.5%。二套：3%	免征
买卖（个人—个人）	买卖	以老房本时间计算，不足2年5%，满2年免征	免征	不"满五唯一"差额2%，"满五唯一"免征	首套：90平方米以下1%，90平方米以上1.5%。二套：3%	免征
	再转让	以老房本时间计算，不足2年5%，满2年免征	免征	不"满五唯一"差额2%，"满五唯一"免征	首套：90平方米以下1%，90平方米以上1.5%。二套：3%	免征

（2）天津。

2013年4月，天津市出台了《关于进一步做好我市房地产市场的调控工作的实施意见》，要求税务和房管部门严密配合，对自有房屋的出售征收相关个人所得税，对原值可核实的按转让所得的20%计征，对原值无法核实的按照核定方式计征，对部分情况免征个人所得税。此外，2021年7月13日，天津市对外公布了《关于天津市契税适用税率和减征免征办法的决定》，规定契税保持不变，购房者购新房时，需要缴纳契税和公共维修基金，家庭唯一住房的契税为1%和1.5%，以建筑面积90平方米为分界，二套房契税为1%和2%，以建筑面积90平方米为分界，三套房和非住宅的契税皆为3%，公共维修金均为1%。天津市通过出台具体的举措，进一步增加税收对房地产市场的调节与控制作用。

（3）河北省。

2021年7月29日，河北省发布了《关于河北省契税适用税率等有关事项的决定》，于同年9月1日执行，规定了河北省个人购买普通住宅的契税使用率为3%，其中，首套住宅90平方米以下契税为1%，90平方米以上为1.5%，二套住宅90平方米以下契税为1%，90平方米以上契税为2%，可以看出，契税标准与天津市一致，皆参照了《中华人民共和国契税法》。

多年来，河北省的楼市和房价始终处于库存不断增加、成交量不断下降的阶段，随着京津冀协同发展政策的出台，在"看得见的手"的调控作用下，京津房地产市场的繁荣将带动河北省房地产业迅速发展。

3. 房屋政策

习近平总书记在党的十九大报告中明确指出："坚持房子是用来住的、不是用来炒的定位，加快建立多主体供给、多渠道保障、租购并举的住房制度，让全体人民住有所居。"2022年二十大报告中，在增进福祉，提高生活品质的大框架下，再次重申"房住不炒"，提出兼顾住房制度改革和保民生的双重目标。疫情后房地产短期遇冷，2024年国家对房地产政策作出调整，主要有赋予各地政府的调控自主权，支持因城施策，放宽各地限购政策、住宅标准和购房者的首付比例，同时调整贷款利率、贷款额度，加大各类保障房的建设力度。在坚持"房住不炒"的基础上，稳定有序的降低房价，让价格由政策调控尽快到由向市场调控的健康轨道上来，既要保障居民的住房需求，又要有效释放房地产市场风险。

（1）北京。

2011 年，北京市提出了房屋限购政策，通过差别化的利率政策、购房数量限制和调整购房条件等方式，对北京人去天津买房投资、天津人进京置业投资炒房的现象进行打压。2017 年 3 月 17 日，北京市率先出台了最严房地产限购政策，主要地区涉及为北京市各城区和通州城区。在限购令的背景下，在北京购房对京籍家庭和非京籍家庭有不同的要求。京籍已婚无房家庭可购买两套住房，已有一套住房可再购买一套。单身京籍家庭在京无房可购买一套住房。非京籍家庭限购一套住房，且要求在京缴纳社保或个税连续五年。此外，通州制定了自己的限购政策，通州户籍在通州限购两套，北京户籍可在通州购买一套，外地户籍需在通州连续纳税 60 个月，限购一套。港澳台家庭和外籍家庭符合相关条件后可购买一套。近年来，北京也连续出台了保障性住房政策以缓解人们的购房压力。北京市的保障性住房由廉租房、经济适用房、政策性租赁住房和定向安置房构成。2019 年 8 月《北京住房与城乡建设发展白皮书（2019）》发布并指出，截至 2019 年 6 月北京市累计共有产权住房项目 64 个，提供房源约 6.55 万套，2018 年全市各类保障性住房完成投资 1227.2 亿元，同比增长 44.1%。北京保障性住房的申请条件限制每一住房困难家庭或单身居民只能购买或租赁一套保障性住房，困难家庭也可以选择申请货币补贴。2024 年 4 月 30 日，北京市发布了《关于优化调整本市住房限购政策的通知》，限购政策首次迎来调整，通知规定，为适应构建新的城市发展格局需要，鼓励新城发展，同时也为满足家庭改善性的住房需求，对已达到限购套数的家庭，允许其在五环外购置一套新房，此项举措一方面适应了供需新形势，另一方面也提高了住房供给质量。

（2）天津。

天津市在房屋政策上主要采取限购和保护经济适用房建设的政策。2009

年天津市开始控制商品房的价格，2011 年开始加强对经济适用房的保护，要求必须经过审批才能建设商品房。2012 年后进一步加强对保障性住房的保护，并放宽保障性住房的准入条件。2017 年，天津市出台了"住房限购"新规，拥有两套及以上住房的天津户籍居民家庭、拥有一套及以上住房的非天津户籍居民家庭、拥有一套及以上住房的成年单身人士，不得在天津市再次购买新建商品住房，实行不限购政策的滨海新区除外。2020 年以来，天津市政府在限购令的基础上，立足于京津冀协同发展要求，优化执行操作手续，以满足北京转移来津项目职工的居住需求，更好地承接北京非首都功能疏解。在经济适用房方面，天津市对经济适用房的申请者具有户籍、年收入、房屋估价、建筑面积等方面的要求，购买经济适用房须由职工所在单位出具住房、收入情况调查和审查证明，由经济适用房项目建设单位进行审核，符合条件后即可购买。经济适用房的增加会导致对普通商品房的购买减少，对抑制房价、维护社会稳定具有积极作用，但也在一定程度上抑制了房地产业的发展。

（3）河北。

河北省由于人口向京津流动、公共资源相对不足、产业发展不充分等原因，房地产业内需不足，部分城市出现了"鬼城"的现象。在北京出台一系列限购措施后，尽管河北省的房地产市场远不如京津火热，但在国家"房住不炒"和强化住房居住属性的要求下，环京周边的限购政策相继落地。河北省的石家庄、保定、张家口、廊坊、沧州、承德、衡水、秦皇岛纷纷跳入限购的红海，邢台和邯郸暂未出台相应限购政策，而廊坊和唐山市则在 2024 年全面取消了限购。

（三）京津冀城市群的房地产市场需求

房产是一种重要的耐用消费品，其供求关系也符合经济学的一般规律。房地产需求指在一定价格条件下，消费者愿意且能够购买的房产数量。不考虑其他条件时，房地产需求曲线向右下方倾斜，需求数量随房屋价格的上升而下降。个人消费者购买房屋主要出于居住和投资两种目的，京津冀城市群一体化发展战略的实施必然对住宅需求产生重大影响。

1. 房地产市场需求的影响因素

在新型城镇化持续推进的背景下，人口加速向城市群集聚，中心城市人口总数的增加使住房需求不断上升，为房地产市场带来了巨大的发展红利。除人口因素外，房屋价格、收入水平和政府政策等多重因素都会对房地产市场产生影响。

（1）年龄结构。

城市的人口规模、结构、城镇化水平和教育等人口因素是影响房地产需求的重要因素，其中年龄结构是人口结构的重要组成部分。京津冀城市群中20～50岁的人群是购买房屋的主力军，并且不同年龄段的人群购买房屋的主要目的也不同。相关研究在调查了1000名人员后发现，以刚性居住需求为主要购房目的的人群中20～39岁的年轻人占需求总数的87.54%，以改善居住环境为需求的购房者中30～39岁的人群占据63.51%。相比于二手房，京津冀地区的购房者偏向购买新房，同时刚需型购房者倾向于购买多楼层房，而改善型购房者偏好花园洋房。可以初步总结，随着年龄的增长，人们的购房需求逐渐由刚需型向改善型转变，而京津冀地区老龄人口的增长使居住人群对空气清新、环境优美、生活便利的宜居性住房的需求进一步提高。老龄化趋势将对京津冀地区未来的房地产市场带来不小的冲击，例如北京的一些居民会选择在河北的县市或天津郊区等环境优美的地方购房养老，相应地，这些县市的房价也会因需求市场的拉动效应而上涨。

（2）房屋价格。

住宅作为一种特殊的产品，同时具有消费性和投资性。一件商品往往价格越高需求越少，但住宅的投资属性使价格越高，投资需求越旺盛，这两个特点使得房地产需求市场不同于一般商品需求市场，价格走势难以预测。如图7-4所示，2010～2016年商品房的平均价格与需求量的趋势大致相同，存在正向相关关系，反映出房地产需求与价格之间的复杂关系。

图 7-4 2010~2020 年北京、天津、河北商品房销售面积与平均售价的关系

注：纵坐标轴（左）为平均销售面积（万平方米），纵坐标轴（右）为平均销售价格（元/平方米）。

资料来源：Wind 数据库。

（3）收入水平。

居民可支配收入是决定家庭一切需求的重要因素，收入水平的高低决定了购房需求的层次。2023 年，在京津冀城市群中，河北居民的人均可支配收入只有 32903 元，北京的人均可支配收入为 81752 元，天津为 51271 元。北京的人均可支配收入为天津的 1.6 倍、河北的 2.5 倍，天津是河北的 1.6 倍。随着收入的增加，居民选择的购房面积也呈现增加的趋势，并且逐渐从刚性购房需求向改善性购房需求转变。

（4）政府政策。

房地产作为关乎国计民生的重要行业，政府的宏观调控对维持房地产市场供需平衡、维护社会稳定具有重要意义。政府政策包括货币政策和行政政策两种。货币政策会对市场产生直接的影响，贷款利率上调导致房地产市场需求量减少，贷款利率下调带来的市场资金充足会促进房地产市场需求的增加。在货币政策方面，近年来京津等地的政府通过提高购房利率和增加购房首付等方式，对火爆的房地产市场进行调控。在行政政策方面，在北京率先实行严格的限购政策后，天津和河北各市也出台了相关限购政策限制购房者的资格和购房数量，以行政命令的方式直接阻碍购房行为，抑制投资性住房需求。

2. 房地产市场需求状况

对京津冀城市群房地产市场需求情况的分析主要基于商品房销售额和商

品房销售面积两个指标。销售面积代表居民购买商品房的面积，面积越大说明居民对商品房的需求量越大。随着城镇化的发展，越来越多的农村人口流入城市，对城市房屋的需求量增加，在一定程度上推动了京津冀地区整体房价上涨。从表7-8中可以看出，2008~2018年，京津冀地区商品房的销售价格不断上升，除北京市外其他城市的销售面积也处于上升状态。在人口规模、经济水平和严苛的限购政策的影响下，北京市的销售面积呈现出下降趋势，平均售价却呈上升趋势，表现出北京房地产的巨大需求市场。天津市商品房销售价格的增长率高达10%，销售面积却几乎不变。河北省11市的商品房销售面积与销售额都处于不断上升的状态，其中销售均价从2779元/平方米上涨到7683元/平方米；销售面积从2231.84万平方米增长到5251.93万平方米。

表7-8　　　　2008年与2018年河北省各市以及北京、天津商品房
销售平均价格及销售面积

地区	平均价格（元/平）		年均增长率（%）	销售面积（平方米）		年均增长率（%）
	2008年	2018年		2008年	2018年	
全省	2779	7682.82	10.70	22318400	52519300	8.93
石家庄	2610	10452	14.88	3388600	8446900	9.56
承德	2429	6631	10.56	1156118	2938170	9.78
张家口	1821	6673	13.87	2372684	2625518	1.02
秦皇岛	3952	8026	7.34	1326149	3021207	8.58
唐山	3074	6880	8.39	3134120	6479225	7.53
廊坊	3931	10571	10.40	4225733	8434121	7.16
保定	2205	7274	12.68	1632596	3820171	8.87
沧州	2149	5699	10.24	1790800	3591699	7.21
衡水	1821	5168	10.99	650160	4340641	20.91
邢台	1998	4774	9.10	1134936	3309693	11.30
邯郸	2432	6790	10.81	1506538	3695867	9.39

续表

地区	平均价格（元/平）		年均增长率（%）	销售面积（平方米）		年均增长率（%）
	2008 年	2018 年		2008 年	2018 年	
北京	12418	34143	10.64	13353700	6961900	-6.31
天津	6015	16055	10.32	12498700	12520400	0.02

资料来源：《河北统计年鉴》，国家统计局网站：http：//www.hetj.gov.cn/hetj/tjsj/jjnj/；https：//data.stats.gov.cn/easyquery.htm？cn＝C01。

　　尽管在城镇化的推动下，京津冀地区的房地产市场需求均有提升，但不同城市的市场需求存在较大差异。北京人才集聚，人口数量高、密度大，人口的流入推动房产需求进一步提升。从平均售价来看，2018 年北京市商品房的平均价格高达 34143 元/平方米，是河北省平均价格的 4 倍，是天津市的 3 倍。从销售面积来看，2018 年天津市的销售面积高达 12520400 平方米，是北京的 2 倍。天津正面临人口流失的问题，北京的"虹吸效应"和河北雄安新区的发展影响了天津经济发展水平，相较于其他一线城市大量的人口流入而言，天津市引才能力不强，人口净流入量不足以支撑天津住房的增量需求。部分居民在天津落户是为了利用天津毗邻北京的区位优势，在北京工作，在天津居住，每天穿梭于北京和天津两地。还有部分家长仅仅为了获得高考优势而落户天津，这些流入人口难以支撑天津房地产市场的长期发展。而对河北省而言，北京和天津两大直辖市的经济带动作用较弱，反而是通过"虹吸效应"导致了人口大量流出，进一步削弱了河北省房地产市场的需求。

　　京津冀三省市地域相连，房地产市场也互相影响。北京房价上涨，河北、天津价格也会上涨；北京房价降低，河北、天津房价也会随之降低。在京津冀协同发展的背景下，北京的副中心建设和产业功能疏解也直接影响到北京周边县市的房地产市场，推动住房需求向天津和环京地区外溢。北京周边县市房地产的发展也缓解了北京住房市场房价上涨的压力，为在北京工作的人群提供了解决住房问题的方法。大兴国际机场的建设和大兴区产业的迅猛发展会进一步拉动固安和霸州的楼市。部分北京居民选择在河北的县市和天津郊区购房养老,这将拉动这些县市的房价水平。邯郸、邢台、衡水、唐山、沧州、秦皇岛等距离北京相对较远的城市,受北京的影响相对较小,这些城市的房价水平基本与中西部三四线城市房价持平。

京津冀城市群房地产市场的住房市场需求因近几年的政策而受到压制,整体销量相较于过去的高位存在一定差距。尽管京津冀协同发展为京津冀地区带来利好,但整体而言外部流入人口规模相对较小,更多的是京津冀内部人口的重新分布。《中国房地产市场 2020 总结 &2021 展望》的数据显示,北京政策稳定,需求旺盛,供应充足,预计市场销量将继续增长;天津市场情绪相对冷淡,短期难有明显改善;环京地区,受益于区域交通一体化利好的兑现,加之调控的负面效应已逐步消解,需求有望低位回升。在政策稳定、供应充足的环境下,京津冀的住房需求将得到释放。

(四) 京津冀城市群的房地产供给的影响因素

京津冀地区房地产市场的供给受到多重因素的影响,在微观层面主要从房地产开发商的角度出发,在宏观层面主要考虑政策对房地产市场供给的影响。

1. 价格因素

根据经济学原理,商品的供给与价格呈同方向变动。当成本一定时,房地产单位价格越高,房地产行业的投资资金越多,房地产开发商获得的利润越多,也更愿意扩大施工面积赚取更多利润。从图 7 - 5 中可以看出,2010 ~ 2020 年房地产价格与房地产供给量的变化趋势基本上相适应。随着房地产价格的上涨,河北省房地产的供给规模随之增加,体现了房地产价格与供应量之间的正向相关关系。2015 年后,受土地政策限制,房屋供应量有所下降。

图 7 – 5　北京、天津、河北竣工面积与售价的关系

注：纵坐标轴（左）为房屋竣工面积（万平方米），纵坐标轴（右）为平均销售价格（元/平方米）。

资料来源：Wind 数据库。

2. 贷款利率

贷款利率对国民经济发展具有重要的调节作用。银行的信贷政策是调节房地产供给的重要工具，经济不景气时下调利率并采取宽松的信贷政策能够刺激企业与居民的消费与投资，同时能够降低利息成本，在销售价格不变的情况下增加房地产开发企业的利润。《河北经济年鉴》的数据显示，自 1995 年以来银行贷款利率大致呈下降趋势，而房地产新开工面积却在增加，体现出贷款利率对房地产供给的影响。

3. 土地供给

可供开发的土地资源是房地产供给量的重要影响因素。2020 年，北京市建设用地供应量为 3710 公顷，其中住宅用地供应量为 1000 公顷，较 2019 年建设用地供应量下降了 50 公顷，但住宅类用地供应量增加了 50 公顷。同年，北京市住房施工面积、住宅新开工面积、住宅竣工面积分别上升了 19.1%、71% 和 24.9%。在京津冀协同发展的背景下，为有序疏解北京非首都功能，政府要求对京津冀重点地区统一规划，强化土地供应管控，严格城镇开发边界，防止在北京周边地区盲目搞房地产、炒作房价。《京津冀协同发展土地利用总体规划（2015～2020 年)》将京津冀地区划定为减量优化区、存量挖潜区、增量控制区和适度发展区四个区位，要求在规划期间，原则上不再安排京津冀地区优化区的新增建设用地，鼓励将存量建设用地转化为生态用地。土地供应格局的变化给京津冀楼市格局造成重大影响，由于在北京四环以内的减量优化区将不再增加新的土地供应，房产开发商只能在存量挖潜区、增量控制区和适度发展区建设住宅，因此，在区位条件和供地政策的复合影响下，2019 年北京、天津市出现了新建商品房价格均低于二手房价格的状况。此外，在供地限制下，减量优化区的房屋变得更加稀缺，使购房者未来要么转向该地区的二手房市场寻求房产，要么转向其他区位。

第八章

成渝城市群的房地产投资机会

一、成渝城市群的提出与发展

（一）成渝城市群的总体设想与发展路径

2018 年 11 月，中共中央、国务院明确要求以重庆、成都为中心，引领成渝城市群发展，带动相关板块融合发展。2020 年 1 月中央财经委员会第六次会议明确提出要大力推动成渝经济圈的建设。成渝城市群有望成为一个世界级城市群，带动大西部的发展。2021 年 2 月中共中央、国务院印发了《国家综合立体交通网规划纲要》，明确了成渝双城经济圈的"第四极"地位，仅次于粤港澳、长三角和京津冀。

这一刻，拉开了新时代成都都市圈的发展序幕并确定了未来三年都市圈的主要规划。2020 年 7 月，成德眉资同城化发展领导小组办公室正式成立。随后，多个规划纲要明确推进成都都市圈。成德眉资同城化如同一个扩大版的四川省会，对促进成绵乐和联动川南、川东北经济圈发展起着强主干的作用。2020 年 5 月，重庆宣布主城扩容至 21 区县，重庆都市圈的版图正式确定。相比成都都市圈，重庆都市圈有着天然的行政一体优势。在行政一体的背景下，重庆都市圈发展能在内部快速推进，而成都都市圈是建立在跨市域跨行政的基础上，因此成都的工作量大于重庆。拓宽成都都市圈并深化发展，对于成渝城市群的发展至关重要。

2020年1月3日，中央财经委员会第六次会议提出推动成渝地区双城经济圈建设。做大做强成渝都市圈，突出成渝双城的带动性和主干关系，以成渝为核心，向外辐射，为整个成渝城市群提供内生发展动力。

1. 特殊的地理位置

成渝城市群具体范围包括四川省的成都、泸州、德阳、绵阳、宜宾、广安、达州、资阳、雅安等15个市，重庆市的渝中、江北、渝北、巴南、南川、潼南、永川等27个区（县），以及开州、云阳的部分地区。

多个距离相近的城市可构成城市群，以成都、重庆为中心构建一个椭圆，成渝城市群基本上可以把主要城市囊括在内。通过观察成渝城市的地理分布发现，成都、雅安、绵阳、德阳、广元等西部城市处于一条线，重庆、泸州、达州等东部城市处于另一条线。

成渝都市圈地理位置优渥，位于长江沿线，同时还囊括了成都以及重庆两个大型城市，发展潜力巨大，总体来说，成渝都市圈对平衡东西部发展、优化我国空间结构、促进可持续发展有着重要的意义。从地理位置结合城镇化的角度来看，成渝都市圈通过建设西南地区多个城市群，因地制宜协调发展，统筹城乡一体化，发展城镇经济，形成合理有序的城市发展体系。而城镇体系的发展则有助于协调区域经济发展，统筹城乡发展，可以帮助成渝城市群在推动西部大开发、发展长江经济带上游地区中提供强大的助力。从地理位置结合城市间合作的角度来看，成渝都市圈的建设，也可以为我国西南地区添加综合经济优势，通过城市群相互合作，提高生产力，建立分割行政区域的经济联系，共同推动成都、重庆和周边城市的开发建设。从地理的生态资源上来看，成渝城市群充分开发长江上游资源，保护生态环境，在经济发展的同时实现人与自然和谐共处。从辐射范围和重要性来看，成渝都市圈带领西部发展，辐射西南、西北，能源丰富、农业发达、工业实力强，是长江上游经济发展的核心。

总体看来，成渝都市圈是长江流域四大都市圈之一，其重要性不言而喻，它拥有丰富的自然资源，经济实力雄厚，工业优势突出，以大西南为腹地，发挥作为长江经济带"龙尾"作用，带动长江上游以及西南区域经济发展，推动长江经济带整体发展。

2. 独特的区位优势

成渝城市群区位优势明显：东邻湘鄂，南连云贵，西通青藏，北接陕甘；立足西南，辐射西北，面向欧亚；位于南北、东西的交会处，承接华南华中、沟通西南西北；沟通南亚、东南亚、中亚的交通走廊和重要交会点。东部经三峡，入湘鄂，直接连接长江三角洲；南临云贵高原，东南方与珠三角相连；接近南海，西南方通向东南亚、南亚；西接青藏高原，是西藏与内陆联系的纽带；北望陕甘宁与秦巴山地。

成渝城市群是我国重要的城镇化区域，具有支撑"一带一路"建设、促进长江经济带发展和带动西部大开发等国家战略的重要作用。成渝城市群以重庆、成都为中心，交通轴线依长江上游干流，宝成、成昆以及成渝、成遂、成南的铁路和高速公路展开。如果以成渝城市群为原点，那么"两横三纵"战略格局的沿长江通道是其中一条横轴，而包昆通道是一条纵轴。依托中心城市和长江黄金水道以及主要陆路交通线，形成沿江、沿线"双核五带"的空间格局，推动区域协调发展，加强区域间的联系。

成都、重庆作为核心城市有重要的辐射作用。两城沿长江黄金水道与武汉、上海等重要城市保持联系，加强了与上海、杭州、苏州为代表的长三角城市群的合作，深化了港口贸易。同时，利用以两城为起点的蓉欧、渝新欧中欧班列，通过多条通道联系西安等城市，与"丝绸之路经济带"对接起来，整合利用西北资源，深化西部大开发战略。

从区位重要性来看，成渝城市群处于我国内陆开放高地，以及"丝绸之路经济带"和"长江经济带"交会处，是中国西部地区少有的经济发达、人口众多、城镇密集、实力雄厚的地区，能够辐射带动西部地区发展，促进中西部协同发展，是面向西亚、中亚、东南亚的开放窗口，在经济发展、改革创新、建设新型城镇化、对外开放方面有特殊地位和重要作用。同时，成渝城市群能够进一步加深与陕西、甘肃、新疆等地的紧密合作，深化区域合作。

从与其他区域合作的情况来看，以成渝城市群为出发点，一路向南可以加强与云南、贵州、广东和广西等地区深度合作，从广西、珠三角出海，深化与泛珠区域与东盟其他国家的交流。此外，成渝城市群可以利用接近东南亚的区位优势，通过孟中印缅经济走廊到远达印度洋，从而打造新的经济走廊。

从北部看，依托中欧班列通道，可以促进与欧洲、中亚等地区的经济往来，深化长江中上游地区和俄罗斯的合作，构建中欧铁路网络。

3. 密切的合作联系

2015 年，四川和重庆签署《关于加强两省市合作共筑成渝城市群工作备忘录》，成渝高铁正式通车运营。2016 年，《成渝城市群发展规划》推出，要求到 2030 年，成渝城市群要实现由国家级城市群成为世界级城市群的历史性跨越。2018 年，川渝签订《深化川渝合作深入推动长江经济带发展行动计划（2018－2020 年)》，提出以重庆、成都为中心，引领成渝城市群发展，带动相关板块融合发展。2020 年，中央财经委员会提出推动成渝地区双城经济圈建设，使其成为西部重要增长极。2021 年 2 月中共中央、国务院印发了《国家综合立体交通网规划纲要》，规划明确成渝双城经济圈的"第四极"地位，说明其经济实力仅次于粤港澳、长三角和京津冀三大经济圈。

随着现阶段我国内外双循环的发展格局逐渐形成，成渝地区的发展正迈着更加坚定的步伐前行。回望过去，从成渝经济区成长为成渝城市群，其在全国区域发展中的战略地位不断攀升，在全国范围内所规划的 19 个城市群中也名列前茅，成渝地区的发展规划或将提升到国家的经济战略布局层面，因此，成渝地区的发展被赋予了特殊的使命意义。

每一次世界级城市群的崛起，往往伴随着工业革命和大国的崛起。现在，成渝城市群将是大国复兴路上最有力的见证者和参与者。自 1997 年重庆直辖、川渝分治之后，双方竞争不断加剧，时至今日，成都和重庆这两大城市在多个领域依旧是竞争大于合作的状态，成渝地区要清楚地认识到自身的机遇，寻求最大化合作。

（二）成渝城市群的经济状况与人口状况

1. 与日俱增的人口净流入

先看总体数据。2014 年成渝城市群常住人口 9094 万人，占全国人口的 6.65%；总面积 18.5 万平方公里，占全国的 1.92%；地区生产总值 3.76 万亿元，占全国的 5.49%。成渝城市群之所以成为我国经济发展的一个新增长极，其巨大的人口规模是重要原因之一。

从人口流动发展轨迹来看，自 2013 年起，我国人口增长开始出现转折，东部人口增长势头减弱，上海、北京等地增长也逐渐慢下来。这一系列变化的主要原因是城市化发展中后期，农村人口向东部转移趋势减弱，向本省转移逐渐增多。而四川省是人口大省，拥有 8000 多万人，以省内劳动力转移为主，2016 年实现省内转移量超省外。

再看人口流入趋势。如上所述，成都、重庆两市人口基数大，分布密集，仅南充市人口就超过香港。而随着经济发展，成都和重庆两市也成为新的人口集中流入地，如表 8-1 所示，2010~2020 年，成都、重庆双列人口增量最多的城市前十，其人流吸引力可见一斑，按照目前的趋势发展，成渝地区的双城经济圈未来可能成为我国人口流向主要的新目的地，成为人口聚集的新一极，而人口流入代表着城市未来的发展和机遇，可以预见成渝经济圈有着极大的发展潜力。

表8－1　　　　　　　　　　2010～2020年人口增量前十城市

序号	城市	2010年人口（万人）	2020年人口（万人）	增量（万人）	增长（％）
1	深圳	1035.8	1756.01	720.21	69.53
2	广州	1270.1	1867.66	597.56	47.05
3	成都	1511.9	2093.8	681.9	38.49
4	西安	846.8	1295.3	448.5	52.96
5	郑州	862.7	1260.06	397.36	46.06
6	武汉	978.5	1232.60	254.1	25.97
7	杭州	870.0	1193.6	323.6	37.20
8	重庆	2884.6	3205.42	320.82	11.12
9	长沙	704.4	1004.8	300.4	42.65
10	佛山	719.4	949.89	230.49	32.04

资料来源：国家统计局。

细分来看，根据国家统计局数据，2019年重庆常住人口3124.32万，成都常住人口1658.1万人，两地合计每年增加近50万人，人口新增规模领先。全国城市人口增量排名中，成都和重庆位列深圳、广州、西安和杭州之后，排在第五、第六名。如表8－2所示，从2022年常住人口数量来看，重庆超3000万人，成都超2000万人，且保持着人口净增长的状态，均为超大型城市。

表8－2　　　　　　　　　　2022年常住人口前十城市

排名	城市	2022年（万人）	增减（％）
1	重庆	3213.30	1.3
2	上海	2475.89	－13.5
3	北京	2184.30	－4.7
4	成都	2126.80	7.6
5	广州	1873.41	－7.6

续表

排名	城市	2022 年（万人）	增减（%）
6	深圳	1766.18	−2.0
7	武汉	1373.90	9.0
8	天津	1363.00	−10.0
9	西安	1299.59	12.6
10	苏州	1291.06	6.3

资料来源：国家统计局。

作为特大中心城市，成渝具有特殊的区位优势，对高端人才吸引力更大。近年来，"成漂""渝漂"现象越来越多。重庆、成都都推出了覆盖面广、含金量高的惠民政策，通过补贴、住房等政策吸引人才落户。2018 年，成都人才新政共吸引 25.4 万大学本科及以上学历毕业生落户。直观看来，政府机构和企事业单位的外地人比例日益提高，越来越多的大学生毕业考取公务员后选择到成都发展。

全球人口主要集聚于沿海地带，但泛欧亚内陆仍有超 15 亿人口的大市场，却还没有一个世界级内陆城市群。而成渝恰处泛欧亚大陆的中心，东南亚、中东和欧洲等地区都能够成为成渝城市群发展的目标市场。成渝地区人口资源丰富，成渝城市群直接辐射超 1 亿人口，间接辐射西部地区 3.4 亿人口，因此，随着"一带一路"的稳步推进，成渝地区有潜力成为泛欧亚大陆新的发展点，而周边大量的人口也会直接或间接受益于成渝城市群的发展。

总的来说，成渝城市群已是新一轮经济周期的主要发力点，但与长三角城市群、粤港澳大湾区和京津冀城市群的差距还很明显。即便成渝升级，在宏观层面上能够与其他三大城市群持平，但其背后的差距还是值得我们重点关注的。

2. 逐步攀升的经济实力

成渝城市群经济总量达 7 万多亿元，是我国西部经济基础最好、实力最强的区域之一。

四川省统计局发布的分析报告显示，2021 年，成渝双城经济圈实现地区生产总值 73919.2 亿元，比上年增长 8.5%，经济增速较上年提高 4.5 个百分点。其中，四川部分 48060.2 亿元、增长 8.5%，重庆部分 25859 亿元、增长 8.5%。2010~2020 年总体呈现稳中加固、稳中提质、稳中向好的发展态势。

重庆市统计局和四川省统计局联合发布的《2022 年成渝地区双城经济圈经济发展监测报告》显示，2022 年成渝地区双城经济圈实现地区生产总值 77587.99 亿元，比上年增长 3%，占全国比重为 6.4%，占西部地区比重为 30.2%，其中四川部分和重庆部分增速均高于四川省和重庆市平均水平，引领带动作用进一步增强。

2022 年，成渝地区双城经济圈第一产业增加值 6469.55 亿元，占全国的 7.3%，比上年增长 4.2%，高于全国平均水平 0.1 个百分点；第二产业增加值 29890.58 亿元，占全国的 6.2%，比上年增长 3.8%，与全国持平；第三产业增加值 41227.86 亿元，占全国的 6.5%，比上年增长 2.2%。三次产业结构为 8.3∶38.5∶53.2，第二产业占比较上年提高 0.3 个百分点，第三产业占比高于全国平均水平 0.4 个百分点。

2022 年，成渝地区双城经济圈金融机构人民币存款余额 14.57 万亿元，比上年增长 11.1%。金融机构人民币贷款余额 13.16 万亿元，比上年增长 12.3%。一般公共预算收入 4828.4 亿元，地方一般公共预算支出 10295.0 亿元。两地财政在基础设施、产业发展、公共服务、引才育才等方面均提供了有力的支持。

成渝城市群产业体系完备，经济发展基础较好，对科技人才有很强的吸引力。成渝双城经济圈的形成有利于打造优势互补、质量较高的经济体，有利于在长江上游筑起生态屏障，有利于推动东西交流、海陆联动的对外开放局面。川渝携手并进，双城记是未来发展的主旋律。

成渝将努力发展生产性服务外包产业、金融商务，构建旅游商务休闲产业体系；培育环保节能、新能源、高科技，壮大战略新兴产业集群；创新交通设备、工程机械、人工智能等，发展装备制造产业。

依托成渝北、南、中三条综合运输通道，长江黄金水道及沿江铁路、高速公路、客运专线，成渝城市群对促进节点城市发展、辐射带动中心城市有重要作用。推进天府新区和两江新区以及港口和岸线开发的建设，发展特色产业和物流业，引导服务业和制造业进一步发展，带动沿线城市经济。有了沿线产业发展基础，依托创新科技平台优势，大力发展装备制造、科技服务、电子信息等产业，打造特色创新产业集中地。在经济发展的同时，区域更加注重环境综合治理，构建绿色生态走廊，完善基础设施建设。

（三）成渝城市群的产业发展与演变

通常来说，世界级城市群是世界的资源、经济中枢，是跨国、本地和国内的大型企业的区域性总部所在地，通常有本土世界 500 强企业，科技创新能力位居世界前列，经济密度较高，城际轨道交通较完善，并在全球金融系统中占有一席之地。成渝城市群工业基础雄厚，产业体系比较完善，是我国西部重要的产业聚集地之一，其重要性不可忽视，其发展潜力不容小觑。

现阶段，成渝城市群地区生产总值逐年增长，正处于经济快速发展的时期。综合实力虽比东部稍弱，与珠三角和长三角相比也有一定的距离，但在西部地区处于领先地位，经济实力相当可观，对西部大开发战略有着重要的意义。

2019 年，在高质量发展理念的引导下，重庆工业产业以供给侧结构性改革为主，落实创新驱动发展战略，推进稳增长、调结构、促转型、提质效等工作，沉心静气、攻坚克难，工业进入稳定增长阶段，高质量的发展态势日益显著。2020 年重庆规模工业总产值 2.5 万亿元、增长率为 3.9%；八大支柱产业持续复苏，汽车、电子和材料等行业对工业增长有着较大的拉动作用，而高技术新兴产品则增长较快。

2010～2020 年四川省和重庆市 GDP 与人均 GDP 如图 8-1 所示。

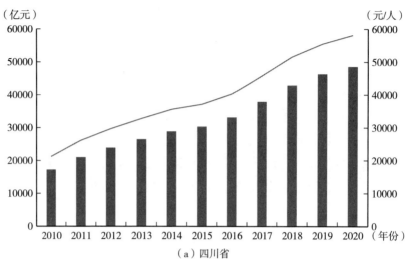

（a）四川省

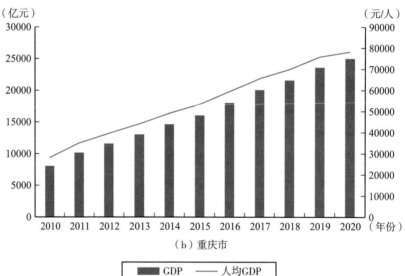

（b）重庆市

GDP ——人均GDP

图 8 - 1　2010 ～ 2020 年四川省和重庆市 GDP 与人均 GDP

资料来源：国家统计局：https：//data. stats. gov. cn/easyquery. htm？cn = C01。

　　成渝城市群拥有 39 个工业大类，工业产业种类多，科技实力较强，是我国重要的装备制造业、高新技术产业和国防科技工业基地。

　　重庆和成都主要产业也有所不同。重庆把汽车制造业、电子制造业和装备制造业等产业列为主要产业。成都则主要依托传统汽车、石化、新能源汽车、节能环保装备等高端成长型产业支撑未来发展。其中石化行业中的页岩气产业主要在成都新都区，经济开发区则以新能源汽车产业为主，航空与燃机产业是青羊区主要产业，而成都高新区主要发展信息安全产业。

成渝城市群是我国西部最富饶的农牧业区。成渝地区处于四川盆地，气候温和，有肥沃的土壤和充沛的雨量来支撑农作物的成长，确保一年四季充足的粮食产量。成渝的农业发展历史悠久，是我国主要的粮食产地之一，其水果、蔬菜、茶叶、药材、蚕茧、林木等特色农业在我国有着重要地位。

成渝地区交通便利、资源丰富、服务设施齐全，为旅游业的发展打下了坚实的基础。据统计，在国内众多旅游城市中，成渝地区多年在境内外出游目的地多样性排名中位列前10。据重庆市统计局发布的《2018年重庆市国民经济和社会发展统计公报》显示，截至2018年末，重庆市共有239个A级景区，5A级景区8个，4A级景区92个，五星级酒店28家，四星级酒店54家。而《成都市2018年国民经济和社会发展统计公报》显示，截至2018年末，成都市4A级以上的景区共46个，三星级以上饭店有81家，旅行社628家。随着成都重庆间交通网络的完善，每天从成都发往重庆的城际动车以及高铁超过70趟，两地来往最短时长只有1.5小时，非常便利。

近年来，选择成渝为出游地的人越来越多，旅游消费增长态势强劲，有效地刺激了消费，拉动经济增长，扩张消费领域。以重庆为例，中商产业研究院的一份研究显示，2018年全市接待游客总数高达59723万人次，同比增加10.13%，而旅游总收入高达4344.15亿元，同比增加31.32%，旅游总收入增速超过GDP增速的6%，且逐年递增。2015~2018年游客接待人数年均增长14.47%，旅游总收入年均增长24.50%。[1]

---

[1]　中商产业研究院.2018年重庆市旅游业数据统计：实现旅游总收入4344亿元［N/OL］.2019－02－15.

从产业结构来看，成渝的中心城区服务业发展迅速，核心城市成都、重庆的服务功能有所提升，总体来看具有以下特征：一是第一产业比重逐渐下降，第二、第三产业的比重上升，服务业规模不断扩大，三次产业结构不断优化。二是有效地解决了就业问题，但态势依然不稳健。三是传统服务业占据主体地位，新兴服务业发展程度有所欠缺。成渝城市群服务业中占比较高的 5 个行业依次是批发和零售业、居民服务和其他服务业、住宿和餐饮业、交通运输仓储及邮政业、教育业。其中，增加值最高的两个行业是交通运输仓储及邮政业、批发和零售业。

意识到了以上问题，成渝地区正不断优化升级城市群内服务业产业结构，逐渐转向旅游、房地产以及金融等新兴服务业，近年来成效显著。

总体来看，成都周边城市生产要素价格较低廉，制造业相对完善，现代服务业功能不断提升。重庆服务业发展迅速，旅游、商贸等生活性服务业呈现持续增长态势，跨境结算、服务外包等新兴服务业有所进步，服务贸易额逐年增长。

（四）成渝城市群的都市圈

成渝地区总体的经济基础薄弱，各城市经济实力参差不齐。而成渝双城的实力较为突出，其余城市如绵阳、宜宾、德阳和南充等地市处于同一发展水平线上，地区内第一、第二层级城市的经济实力断层跨度较大。因此，中央财经委员会第六次会议赋予了其新名称——成渝地区双城经济圈，突出成渝双城的地位和对经济的带动性。自此，以成渝为核心而形成的都市圈，成为带动成渝城市群整体经济发展的重中之重。

成渝都市圈以重庆、成都为核心，结合周围中小城市，呈现出极核式聚集发展的区域空间结构。经历几十年的发展，成渝地区逐步形成了三个城市带（成德绵乐城市带、成内渝城市带、长江上游城市带）、两大都市圈（成都都市圈、重庆都市圈）、两个城市密集区（川南城市密集区、川东北城市密集区）的城市空间布局。

总的来说，成渝都市圈的发展具有以下优势：

一是政策优势。成渝都市圈是西部地区人口最多、经济实力最强的都市圈，拥有两个超大型中心城市。

二是独特的区位优势。成渝城市群地处全国区域战略布局的重要枢纽位置，西接青藏高原和云贵高原，处于西陇海兰新线经济带和南贵昆特色经济区的接合部；东连江汉平原，与长江三角洲相望，是长江经济带的腹地。成渝城市群立足西部，面向东南，服务西南地区，发展势头强劲。虽然与东部地区依然存在差距，但总体上成渝地区拥有促进发展的良好条件，处于经济高速增长的初期。成渝都市圈是长江经济带上游重要的经济核心区，与中游的大武汉都市圈、下游的长三角都市圈构成了长江流域三大经济中心，具有接受东部经济转移的潜在优势。三大都市圈的经济和空间跨度大，它们协同发力，可以带领长江经济带进一步发展，发挥协调、稳定整体国民经济的作用，此外，对全国经济发展的战略布局也具有重要的促进作用。

三是资源优势。成渝都市圈是长江上游可持续发展的生态都市圈，生态环境优美，水利资源丰富，同时也是天然气的主要产地。其被联合国教科文组织列入"世界遗产"名录的风景名胜区便有4处，此外还拥有众多的国家级、省级风景名胜区和文化名城。

四是通道优势。从成渝出发，向东沿长江经上海到达太平洋，向西经成昆铁路在云南澜沧江出境渡过湄公河到达印度洋。成渝地区的空中运输具有独特优势。成都双流机场是我国第四大机场，客流量全国第六，在我国西部国际航空运输领域具有重要的战略地位。

五是人才优势。大量高等院校及研究所每年为成渝地区输送大批高端人才，为成渝都市圈的发展提供了充足的人才储备。成渝都市圈的综合竞争力名列我国九大都市圈的第七位，不仅是我国西南重要的科技、经济和商贸中心，还是我国高科技产业发展地区，有着良好的经济基础和科研能力。成渝都市圈人杰地灵，名校林立，根据教育部在2017年6月和2022年6月发布的《全国普通高等学校名单》，5年中，全国共新增128所高校，其中西部地区 12 个省份共新增 65 所学校，占比超过 50%。如表 8 – 3 所示，四川成为西部地区高校增加最多的省份，重庆的高校数量也有一定的增加。

表 8 – 3　　　　　　2017～2022 年西部地区高校增加情况　　　　　　单位：所

省份	2017 年高校数量	2022 年高校数量	高校增加
内蒙古	53	54	1
广西	74	85	11
重庆	65	70	5
四川	109	134	25
贵州	70	75	5
云南	77	82	5
西藏	7	7	0
陕西	93	97	4
甘肃	49	49	0
青海	12	12	0
宁夏	19	20	1
新疆	47	55	8

资料来源：教育部网站。

六是经济优势。四川省资源丰富、人口众多，在旅游开发、航空航天和电子信息等领域优势突出。而作为我国西部唯一的直辖市，重庆在机械制造业和商贸流通等领域占据优势地位。因此从行业发展来看，成渝都市圈经济优势突出，具备成为西部最大、最完善都市圈的潜力和基础条件。

成渝都市圈是我国西部城市最密集的地区，也是西部地区工农业生产最为发达的区域，拥有良好的区位条件、丰富的资源、良好的经济基础，是西部最具发展前景的核心地区，是西部大开发的重要支撑点。

二、成渝城市群的房地产投资机会

（一）成渝城市群的落户政策与分析

1. 重庆落户政策

（1）务工经商落户。

遵循"放开放宽"原则，按照构建"一区两群"协调发展格局，差别落户。

首先，放宽在主城都市区的主城区务工经商类落户条件，将务工及社保年限由最高 5 年放宽到 3 年，投资创业年限由 2 年放宽到 1 年；

其次，取消渝东北三峡库区城镇群、渝东南武陵山区城镇群投资创业落户 1 年以上的年限限制，不再作年限要求；

最后，取消"一区两群"各区域内跨区务工经商落户年限限制，实现户口通迁。

（2）直系亲属投靠落户。

包括夫妻投靠、子女与父母相互投靠。其中，夫妻投靠与子女投靠按照自愿原则申请，子女可选择投靠父亲或者目前的登记常住户口。退休人员和本地投靠城镇地区的老年人，则不受年龄限制。

（3）人才落户。

拓宽范围，在原引进的专家、学者、留学回国人员以及在本市就业的专科或初级专业技术职称以上人员基础上，将在重庆市就业的具有高级工以上职业资格或相应职业技能等级人员纳入人才落户范围，本人及其共同居住生活的配偶、未成年子女、父母均可申请落户。

（4）学生落户。

取消学生在本市普通高等院校、中等职业学校的就读时间限制，保障农村升学生到城镇落户应落尽落，将原申请落户只能在入学当学期办理，宽延至在校就学期间均可申请办理。截至 2024 年 7 月，重庆市推行《百万高校毕业生等青年留渝来渝就业创业行动计划（2024－2027 年）》，所有在重庆就业的高校毕业生皆可落户。

（5）其他落户政策。

购房落户。购买商品住宅且实际居住的，本人、配偶、子女和父母均可登记常住户口。

单位落户。事业单位在编工作人员、国有企业职工落户本人和配偶、未成年子女及父母均可登记常住户口。

军人家庭落户。军人配偶、未成年子女可登记常住户口。

2. 成都落户政策

成都实行积分入户与条件入户双轨制。

（1）积分入户。

根据《成都市居住证积分入户管理办法（试行）》规定，在成都合法稳定居住和合法稳定就业，并办理成都居住证的境内人员可按照规定申请积分，并根据积分申请办理入户或按积分享有相应的公共服务。2024 年 1 月 5 日，成都市公布了《成都市户籍迁入登记管理办法》《成都市居住证积分管理办法》，于同年 2 月 20 日执行，新的政策对积分落户做出了如下调整："8＋1"县（市）取消了积分落户（成都市仅囊括了东部新区），"8＋1"县（市）以外的区域仍保持原有的入户积分政策。同时，积分入户真实社保缴纳年限由 5 年降至 3 年。此外，见义勇为模范表彰纳入积分入户加分项。

（2）条件入户。

根据《成都市户籍迁入登记管理办法（试行）》规定满足下列条件可申请入户：一是执行国家层面规定 23 项政策：调动、安置、招录，军队安置、家属随军，直系亲属投靠，国外来蓉定居，海内外高层次人才，博士后，刑满释放回原籍等可以申请入户。二是符合成都市人才优先发展战略 4 项政策：35 周岁以下的全日制普通高校专科及 45 周岁以下的全日制普通大学本科学历毕业生、全日制高校研究生学历毕业生（无年龄限制）；在国外取得本科及以上学历的人员，经教育部留学服务中心认证，年龄在 45 周岁及以下的；在本市同一用人单位工作两年及以上的技能人才，经单位推荐，人力资源和社会保障部门认定的；取得"蓉城人才绿卡"的人员。

3. 其他城市落户政策

成渝城市群城市众多，基本上全面放开了落户限制，取消了社保缴纳年限和居住年限的要求，以下主要选取了 2023 年 GDP 排名靠前的几个城市进行解读。绵阳市落户方式主要有人才引进、购房入户、学历入户、投靠入户及收养入户。南充市则在绵阳市的基础上，增加了工作落户。德阳市与绵阳市入户条件相似，但无投靠入户，且允许投资入户。与绵阳市相比，泸州市则没有人才引进落户，但允许大中专学生升学入户。宜宾市落户方式比较简单，除稳定就业人员和稳定居所人员直接落户以外，允许投靠落户和农村居民转城镇户口。

4. 成都、重庆落户政策对比与落户政策分析

从成都、重庆两大核心城市的落户政策来看，成渝城市群正在不断放宽落户的限制，"落户难"的问题已经得到很大程度的解决。

成都和重庆人才引进战略性政策比较如下：

在政策原则上，成都市坚持服务发展，人才引进，以用为本，创新机制，高端引领，整体开发；而重庆坚持党管人才，人才优先，服务发展，以用为本，统筹兼顾。

就政策目标来看，成都预期建设中西部地区人才高地、全国一流人才强市；重庆基本建成内陆开放型人才高地，接近东部沿海发达省市平均水平。

对于重要人才，成都提出高技能人才培养引进计划、高科技人才培养引进计划等；重庆建设高层次人才队伍工程、人才创新创业基地工程等。

再看人才的发展环境，成都优化成长成才、创新创业、公共服务、宜居

宜业环境；重庆营造服务、创新创业、社会环境。重庆以党委、组织部门为主导力量，积极发挥社会团体以及各民主党派和工商联的桥梁纽带作用，建立全市统一的人才信息资源数据库，扩大人才引进资金规模，团结人才，服务人才。

通过以上对比，本书分析得出，落户政策的重要性对城市发展不言而喻，一城可以通过户籍管理制度对城市人口的质量、城市人口的数量以及人口的发展方向从而从城市的产业发展方向来影响城市的发展潜力，进而影响城市未来的发展走势和经济形式。综上，政府要引进优秀人才，提升综合实力，人才是促进发展的重要动力。近年来，成渝地区将人才引进作为工作中的重中之重。人才强省的战略成为川渝地区发展的强大推动力量。为了促进人才培养、引进以及使用力度，川渝地区尝试了形式多样的招聘活动，希望能够聚天下英才而用之，为带动川渝经济圈的建设贡献力量。在人才引进的过程中，区域内先后与各个不同领域内的多所知名高校进行了沟通交流，通过多种不同渠道建立起了强有力的战略合作关系，为持续实施高层次人才引进计划奠定了基础。

（二） 成渝城市群的房地产政策

1. 重庆房地产政策

作为国内热点二线城市，2020 年重庆颁布多项房地产调控新政，继续保持与 2019 年调控政策的连续性，以"房住不炒"为原则，积极开展多渠道住房供应工作，为建立房产调控长效机制而努力。

重庆暂未实施限购政策，工作社保和户口不在重庆也可以买房，根据《重庆市个人住房房产税征收管理实施细则》，归属个人所有的独栋商品住宅、高档住房以及"三无人员（在重庆市同时无户籍、无企业、无工作的个人）"新购的第二套（含第二套）以上的普通住房，皆需征收个人住房房产税。

关于非首套购房，在购房首付比例、银行贷款利率方面会相应上浮。住房公积金方面，2017 年 5 月出台的《关于优先保障职工家庭首套住房公积金贷款需求的通知》规定："暂停受理主城区范围内非首套住房公积金贷款申请"，因此在主城区购买二套房不能使用公积金贷款。

（1）大力发展住房租赁市场。

2017 年中央经济工作会议重点议题之一就是住房制度改革。中央要求各地要深化住房制度改革，加快建立多主体供应、多渠道保障、租购并举的住房制度。[①] 2018 年的全国住房城乡建设会议指出要大力发展住房租赁市场，特别是长期租赁，当前我国很多大型城市人口净流入量比较大，在这些地区应加快发展住房租赁市场，建设国有租赁企业，充分地引领、激活、调控及规范市场。

（2）新房精装修后再交付。

2019 年重庆出台了关于推进装配式建筑发展的实施意见，其中明确装配式建筑要占新建建筑的 15% 以上，30% 以上的新建商品住宅须精装修后再交付，到 2020 年装配建筑要占新建建筑的 30% 以上，一半以上的新建商品住宅做到精装修后再交付。

（3）公积金提取流程简化。

改革要求：简政放权、放管结合、优化服务，自 2022 年开始，重庆住房公积金管理中心将推出网上提取公积金等多项措施，为广大职工提供更为便利的公积金提取流程。

为了确保公积金缴存职工的合法权益，国家四部门于 2017 年 12 月联合印发《关于维护住房公积金缴存职工购房贷款权益的通知》，要求房产开发商要履行承诺，不得以提高销售价格、减少价格折扣等方式来阻挠购房人使用公积金贷款。

（4）降低购房门槛。

2024 年 5 月 24 日，重庆市调整了住房信贷政策。对于购买首套房的家

---

① 新华社：中央定调明年楼市：加快建立多主体供应、多渠道保障、租购并举的住房制度 [N/OL]. 2017 - 12 - 20.

庭，使用公积金贷款最低首付比例从 2022 年的 20% 降低至 15%，使用商业贷款最低首付比例从 2023 年的 20% 降低至 15%；对于二套房，公积金贷款最低首付比例从 2022 年的 40% 下调至 25%，商业贷款最低首付比例从 2023 年的 30% 下调至 25%。首付比例的大幅下降，大幅降低了重庆市居民购房的资金压力。

重庆市是全国限购政策最宽松的新一线城市之一，以 2024 年的限购政策为例，所有拥有重庆市户籍的居民均有购房资格，而外地"无户籍、无工作、无企业"的"三无"人员，也享有购房资格，且首套房无须缴纳房产税，但存在限贷要求，或者全款买房。

（5）提供保障性住房。

2020 年重庆以下四类人员可优先配售限价房：60 周岁以上的孤寡老人；有二级以上残疾、患有医疗行业标准范围内的重大疾病、重点优抚对象的家庭成员；低保无房户；获得市级以上见义勇为表彰、特殊贡献奖励、劳动模范称号或在服兵役期间荣立二等功或三等功以上的家庭。2023 年，《关于加快发展保障性租赁住房的实施意见》则重点发力在解决青年人住房问题，凡年满 18 周岁且具有完全民事行为能力的居民均可申请保障性租赁住房。房子面积以 70 平方米以内的小户型为主。

2. 成都房地产政策

成都市贯彻落实党中央、国务院决策部署，从 2023 年起至 2024 年 5 月以来，持续调整房地产政策，维护市场主体稳定、防范系统性风险，适应"我国房地产市场供求关系发生重大变化的新形势，适时调整优化房地产政策"的要求。

（1）全面取消限购。

从 2024 年 4 月 29 日起，成都市全面取消限购，不再审核购房资格，对购房家庭的购房套数不再限制，同步取消公证摇号选房。2024 年 8 月 13 日，成都市住建局进一步优化了购房政策，购房申请人在本市（区）县内若无住房的，则认定为首套房。降低了家庭的购房门槛。

（2）调低贷款利率，降低首付比例。

成都市 2022 年 6 月 2 日发布《成都住房公积金管理中心关于调整公积金贷款相关规定的通知》，通知规定，公积金贷款买房的家庭，首套房最低首付比例从 30% 下调至 20%。二套房及以上最低首付比例从 40% 下调至 30%，若存在逾期还款的情况，则根据期限内逾期次数，相应的增加最低首付比例；商业贷款买房的家庭，首套房的最低首付比例为 30%，二套房及以上最低首付比例为 40%，2024 年 8 月 13 日对此作出补充，若购房贷款已结清，则支持金融机构和贷款申请人自行确定首付比例和利率，政府不再做硬性要求。购买非住宅房的，最低首付比例为 50%。

（3）积极推动保障性租赁住房。

为完善住房供应体系，建立"人、房、地、钱"联动新机制，提供更多的保障性住房，降低居民居住成本，充分利用闲置库存房，成都市鼓励非居住存量房改建成保障性租赁住房。申请改建的市场主体可获得政策支持，包括不必变更土地使用性质、无须补缴土地价款、获得项目税收优惠、免收城市基础设施配套费、获取长期低息贷款、支持申请企业发行基金获得融资、民水民电收费、获得专项资金支持等。

（4）支持住宅车位同步销售。

为提高住宅舒适度和体验感，提供绿色、低密度、高品质住宅供给，成都市进一步优化了住宅公共服务空间设置，提高住宅半敞开比例，同时支持车位住宅同步销售，满足居民的住房和车位管理需求。

（三）成渝城市群的房地产需求

1. 成渝城市群中四川区域所属城市房地产需求市场分析

2015 年以来，成渝城市群中四川区域所属的城市在销售面积方面占四川全省的 94% 以上，成渝城市群房地产的发展基本上代表了四川全省的房地产发展。成都所占份额一直保持在 50% 左右，各城市所占份额平缓递减，这表明城市群的发展基础扎实。处于第二位的泸州近几年一直保持在4.5%～5%的水平，而泸州正与重庆毗邻，这也为城市群的发展奠定了良好的基础。

2. 成渝城市群中重庆、成都区域所属城市房地产需求市场分析

2018年成渝城市群中重庆区域所属的城市在商品房销售方面的份额占重庆全市的91%以上，基本上代表了重庆全市的房地产发展。主城区所占份额68%左右，高于成都所占的50%份额，重庆商品房销售市场集中度高，其他城市所占份额较低，各城市所占份额差距较大，表明城市群的发展基础不厚实。江津（排第二位，占3.39%）和永川（排第六位，占2.0%）与四川的泸州（排第二位，占4.86%）接壤，合川（排第四位，占2.54%）和广安（占3.140%）接壤。以上几个城、区地理位置上毗邻，这为成渝城市群内房地产市场的互动提供了优良的基础。

根据汇聚数据网提供的数据来看，2018年重庆主城区的商品房销售单价为10985元/平方米，而商品住宅的销售单价是11320元/平方米，同时期的成都住宅商品房销售单价为9784元/平方米，重庆主城区的住宅单价较成都高出1536元/平方米左右。而重庆区域内的其他城市价格偏低，基本上在5000元/平方米左右，使重庆市的整体销售单价有所拉低。

从商品房销售面积来看，在2008～2018年间，成都市从2010～2016年间持续增长，到2016年达到近10年的最高（2016～2024年），为3928.77万平方米，同比涨幅31.07%，然后出现负增长，2017年为－0.07%，2018年为－6.2%。重庆市商品房销售面积体量更大，但由于市场容量更大，涨幅的变化更平缓一些，重庆市从2009～2017年间持续增长，2017年达到近10年最高，为6711.00万平方米。拉长时间观察涨幅变化情况，2008～2018年，两市的涨幅正负极点均出现在2008年和2010年，重庆市2008年涨幅－19.16%，2009年涨幅39.37%，而成都市2008年为－34.42%，2009年涨幅高达95.6%。因此，通过销售面积总量和涨幅变化幅度可以看出，重庆市商品房销售应对市场冲击和变化时反应更平稳。

从商品住宅的销售单价变化来看，成都住宅商品房销售单价在经历

2014 年的负增长后，从 2015 年开始持续上涨，2015 年平均销售同比涨幅 0.73%，2016 年 12.04%，2017 年 16.51%，2018 年 13.84%，单价为 9784.61 元/平方米。而重庆从在经历了两年的负增长后，从 2016 年开始上涨，2016 年为 17.43%，2017 年 36.65%，2018 年 23.36%。2017 年同比涨幅 23.83%，2018 年 18.77%，单价为 4442.87 元/平方米。成都市商品住宅房的单价较重庆高出约 5342 元/平方米左右。可以看出，两市的商品住宅销售单价与商品房销售面积呈现相反的结果，即重庆市的商品住宅销售价格更低，而变化幅度更大。

3. 成都房地产市场消费者需求情况分析

（1）年龄构成。

35 岁以下有稳定收入的青年人群依然是购房的主力军，受老龄化问题的影响，45 岁以上的消费群体也有购房倾向。

（2）职业构成。

企业白领以及公务员有稳定的收入、受过良好的教育，对生活条件改善有要求，他们是购房的主力。

（3）个人收入构成。

受国家利率调整以及《个人住房贷款风险管理》等政策的影响，中等收入人群将成为中档商品房的主要消费者。

（4）购房动机。

以年轻一族首次置业和以改善居住环境为目的的二次置业为主，以投资增值为目的的置业比例有所提高，但是存在部分不理性的投资行为。

（5）期望住房的面积与户型。

受物价上涨以及利率上调等因素的影响，购买面积普遍缩小，需求面积集中在 80～130 平方米之间。从期望购买的户型来看，3 房 2 厅 2 卫的户型需求最大，其次是 2 房 2 厅，可见，消费群体减少了对面积的要求，但并没有降低居住质量的要求，反而对居住空间、功能、环境等方面的要求更高。

（6）置业的区位。

西边与南边是购房的主要选择。由于城东开发力度的加强以及环境改善，居住性成为城东房地产的主要发展方向，而且城南和城西的房价较高，一部分消费者更倾向于在城东购房。

（7）期望购买价格。

消费者期望购买价格处于一般水平，在售楼盘价格普遍高过消费者的期望价格。

（8）普通住宅需求为主流，高档住宅需求较大。

普通住宅占多数，高档公寓的需求也很旺盛，高端市场有较大的容量。

4. 重庆房地产市场消费者需求情况分析

（1）购房者面积偏好。

根据 2020 年 4 月 9 日安居客所发布的《2020 成渝经济圈购房轨迹报告》可以得到购房者用户画像，成渝经济圈的购房者在置业偏好上普遍喜好 70～120 平方米的住宅，而重庆购房者最青睐面积在 90～120 平方米的房源，比重接近 27%，其次是 70～90 平方米，约 25% 左右，而 50～70 平方米和 120～144 平方米的偏好分别为 14% 和 13%，由此看出，重庆购房者普遍把中小面积区间作为置业的首选，许多首次置业客户会选择以 31～70 平方米的小户型作为过渡，而为了改善住房条件的购房者，则会选择 71～120 平方米的中等面积区间的户型作为置业首选。

（2）购房者总价偏好。

根据乐居新媒体 2022 年发布的《2022 年重庆购房意愿调查报告》显示，接近 80% 的受调查者偏好于 100 万元以内的住房，其中 50 万元以内的占 54.7%，50 万～100 万之间的占 25%，而接受 100 万元以上的人群为 20.83%。从中看出，购房者比较偏好的是总价在 50 万元以内，这主要是受重庆购房者的置业需求和对房屋面积偏好的影响。购房者首次置业和改善住房要求，在购房选择上多偏向于中小户型、低总价的房源，而二次以上置业的消费者希望增大住宅的使用面积，改善住居的条件。

（3）购房者户型偏好。

《2020成渝经济圈购房轨迹报告》显示，重庆购房者在户型方面较为偏好三房和两房，分别占了42%和29%，主要因为这两种户型能满足购房者的置业需求，而其总价也是多数购房者比较偏好的范围。另外，重庆购房者对四房户型的偏好高于一房，分别为15%和9%，可见经济能力范围内，重庆购房者更倾向于大户型。

（4）购房者物业类型偏好。

在购买力和置业需求的影响下，重庆购房者对于别墅产品的偏好程度较低，仅占10%。而对于高层、小高层和多层则较为喜爱，尤其是高层产品，客户尤为青睐，占39.9%。由于重庆购房者多为首次置业和改善住宅需求，在购买力有限的情况下，客户多选择总价稍低的高层产品，而同时小高层产品和多层产品在总价上低于低密度物业（如别墅类产品），但在品质上高于高层产品，故而小高层和多层产品也是比较受客户青睐的产品之一，各占购房者偏好物业类型的20.7%。

2021年全国楼市逐渐恢复，受疫情影响延迟购房的潜在购房者、扎根在成渝的外地人以及来成渝投资的外地人，购房需求将在未来得到释放。

（四）成渝城市群的房地产供给与土地供给

1. 关于成都和重庆土地供应分析

（1）成都和重庆开发企业土地购置面积分析。

从2014年至2018年成都和重庆开发企业土地购置面积可以看出，成都开发企业的土地购置波动较大，2017年降幅近70%，而2018年增幅达90%。重庆开发企业经过2014~2016年的低迷期后，2017年和2018年缓慢回升。

（2）成都和重庆土地出让宗数分析。

分析成都2018~2019年土地出让的宗数情况可以发现，2019年土地出让宗数超过 2018 年，8 月和 12 月尤其明显。在整体上，2019 年的出让成交共计 903 宗，超过了 2018 年的 760 宗。表明在土地供应充分，尤其是 2020 年 1 月和 2 月大量出让成交，更为后续房地产供应市场提供了充分的土地保障。

分析重庆市 2018～2019 年土地出让的宗数情况可以发现，2019 年土地出让宗数超过 2018 年，5 月、6 月、10 月和 12 月尤其明显。在整体上，2019 年的出让成交共计 1772 宗，超过了 2018 年的 1365 宗，表明土地供应充分，为后续房地产供应市场提供了充分的土地保障。

2. 房地产供给

（1）成都市土地供应计划。

2021 年《成都市各区 2021 年度国有建设用地供应计划》显示，2021 年成都市国有建设用地的供应总量为 4875 公顷。其中商品住宅用地供给总量为 1100 公顷，较 2020 年增长 21%，占经营性用地比例为 68%，租赁住房用地 70 公顷，占商品住宅类 10%，同时单列保障性住房用地计划，共计 350 公顷，落实保障性住房用地"应保尽保"。此外，商服用地为 380 公顷。

（2）重庆市土地供应计划。

《重庆市 2021 年国有建设用地供应计划》显示，全年全市供应国有建设用地 14457 公顷，较上年度增长 17%。其中，商服用地供给 408 公顷，切实保障商服用地需求，完善生活配套设施。住宅用地供给 2678 公顷，商品住宅为 2292 公顷，保障性住房 149 公顷，而租赁住房为 237 公顷，在此类用地的安排上，坚持"稳地价、稳房价、稳预期"。

3. 成都和重庆房地产投资分析

（1）成都市投资分析。

2020 年上半年成都住宅用地市场热度不减，二季度土地交易市场迅速回暖；商业、办公用地市场稳定；工业用地市场热度持续攀升，土地出让金、规划建筑面积再度增长。

成都楼市存在着分化现象，从 2020 年 6 月到 12 月底，成都楼市 6 个主城区里，一个主城区二手房挂牌价上涨，一个主城区二手房挂牌价下跌，四个主城区二手房挂牌价维持不变。从表面上看，二手房挂牌价并未有重大变化，但实际上优质房源普遍涨价，普通房源和老破小房源有所降价，总体来说，有涨有跌，所以在均价方面维持了稳定。此外，二手房价没有大幅上升，也从侧面说明了成都新房源供应充足。

2020年成都房价的平均涨跌幅小于3%，楼市总体比较平稳，房价有望维持稳定。从数据来看，成都或许是西部地区楼市调控最好的城市。成都楼市调控的目标是使得外来人口负担得起房价，而不是让本地居民不断购买改善型住房。具体表现为，成都首次置业的刚需房价格不涨反跌，但是对于住房条件更好的优质房源及大户型房源，整体价格有所上涨。

具备新建住宅产品更新，二手住宅价格分流的特征。2020年，成都市全市新建住宅成交均价为13468元/平方米，主城区均价为16812元/平方米，三圈层均价为8217元/平方米；二手住宅成交均价为12628元/平方米，主城区均价为14972元/平方米，三圈层均价为8321元/平方米。核心区域地块竞争激烈，房企拿地成本高，新房市场供应以三房和四房为主，以改善型产品为主流，价格有所上涨；区位较好、楼龄较新、功能齐全的二手次新房价稳步上升，而质量较差、楼龄较大、内部设施不足的非学区老破小房价有小幅下滑趋势。

疫情释放改善需求，新房趋于大户型。2020年，成都市全市新建住宅套均价为163.9万元，主城区均价为211.9万元，三圈层均价为92.8万元。全市二手住宅套均价为122.4万元，主城区均价为141.9万元，三圈层均价为85.4万元。从整体趋势看，新房市场进入大面积改善户型的时代，产品更迭更快，置业门槛有所提高。此外，经历了疫情期间的封闭生活，购房者更向往宽敞的空间，在新置二手住宅时更倾向于舒适型两室一厅和功能型三室一厅。受疫情的影响逐渐减弱，成都楼市走向正轨，未来我们有理由相信房地产会有更进一步的发展。

（2）重庆市投资分析。

受疫情影响，全国房地产进入下行通道。2021年，全国经济持续复苏，货币政策稳健灵活，重庆的经济复苏超出预期。房地产市场表现不一。

①开发投资增速方面有所放缓。

2021全年重庆房地产开发投资总额为4354.96亿元，同比增长0.1%。其中住宅完成投资3288.11亿元，同比增长3.11%；办公楼完成投资为80.88亿元，同比下降9.7%；商业营业用房完成投资413.07亿元，同比下降7.4%。

②新开工面积缩减，增速放缓。

2021年全年房地产新开工面积4873.36万平方米，同比下降18.06%，其中，商品住宅类新开工面积3231.19万平方米，同比下降21.32%，办公楼新开工面积为738.76万平方米，同比下降5.57%；商业营业房新开工面积为470.78万平方米，同比增长3.84%。

③商品房销售市场总体稳定。

2021年重庆市房地产销售市场紧跟全国走势，呈现出低开高走再下降的趋势，根据克尔瑞重庆机构数据显示，重庆市主城区商品房成交均价约为13500元/平方米，同比上涨了6.587%，2021年度的成交数量为21.41万套，同比下降了4.24%，而成交面积却同比上升了3%，供应面积下降了19.5%。成交峰值在2021年5月份，总成交面积为318.08万平方米，创下近42个月新高，随后下降，下半年拐点在8月份，下跌量高达31%，此后至12月，月成交面积均值仅为132.59万平方米。整体来看，全年成交量与2020年基本持平，依旧保持总成交量2000万平方米以上。

④购房者信心指数开始上升。

2020年，新房市场经历了两年的缩量滞涨，改善的需求在缓慢释放。中上规模土地供应增加，但整体以小规模土地为主导，引导商品房改善产品结构、售卖户型和售卖面积。2020年购房需求及新开工面积受疫情影响，住宅供销下降。而2021年得益于国家政策调整，成交量与2020年基本持平，但成交总面积和成交价格反超2020年水准。

2023年重庆市二手房交易市场量增价缩，交易量增加，相对新房占比明显提升，但挂牌市场竞争激烈，价格下降，与新房的差价增大。全年的成交房约 10.7 万套，同比增长 7.9%，成交均价约 13917 元/平方米，二手房的交易占商品住宅类市场约 63%，总体水平已恢复至 2020 年水准。

2023 年重庆市租赁市场的平均租金下降，其中，核心区表现最为明显，而外围地区则相对稳定，租金差额逐渐缩小，租售比趋稳回升，由于北区租金高于西区，吸引租客向西转移，出租户型有明显分化的趋势，简单说来，呈现出刚需、改善需求两头高的特征。整体上，一居室刚需是主流，二居室需求下滑，80、90 后是主力租客，90 后的占比有所提升。

总体来说，刚需、改善型住房需求市场或将迎来增长，经济转型带来了租客群体的转变，从而成交结构有望改善。新房带动了二手房成交量回升，总市场占比则相对稳定。在国家整体的政策导向下，租金价格波动将趋于合理平稳。

第九章

长江中游城市群的房地产投资机会

　　按照2015年4月国务院批复同意的《长江中游城市群发展规划》指示，长江中游城市群由武汉城市群、长沙周边城市群、鄱阳湖周边生态经济区和长江沿线地处鄱阳湖和洞庭湖周边的中小城市，如湖北省的荆州、宜昌、石首，湖南省的长沙、澧县、津市、岳阳、汨罗、沅江、益阳、常德以及江西省的南昌、九江、景德镇、上饶、抚州、鹰潭等，通过整体规划和集成发展而形成的跨省域的区域经济高度一体化的城市集群。长江中游城市群是长江经济带三大跨区域城市群之一，也是我国战略新发展格局在推进长江片区发展、新型城镇化发展等领域的重点布局。

　　当今，世界范围内的资本是自由流动的，不同国家和地区间的分工日益加强，城市群这样区域的一体化和经济全球化世界格局淡化了企业的地域属性，所以今天我们考量城市的竞争力，更多的综合考量一个城市群的竞争力，如城市群内部各企业通力合作，推动经济发展，明确分工，协力创造财富，共同推动城市群生产力提高的情况。相比较而言，若把单个企业或城市从所属的城市群中剥离出来考量，则脱离了地域基础，考量的结果也偏离了实际情况。因此，城市群的实力决定了其内部各城市的竞争力。

一、长江中游城市群的提出与发展

（一）长江中游城市群的总体设想与发展路径

2015 年 3 月 26 日，国务院正式批复《长江中游城市群发展规划》。这是长江中游城市群首次在国家战略层面出现，也是《国家新型城镇化规划（2014 – 2020 年）》出台后国家批复的第一个跨区域城市群规划。2015 年 4 月 13 日，国家发展改革委印发《长江中游城市群发展规划》，将长江中游城市群定位为中国经济新增长极、中西部新型城镇化先行区、内陆开放合作示范区、"两型"社会建设引领区。

中部城市群发展面临省会城市"一极"突出作用不明显、产能及资源整合能力有限、产业分散度过高、缺乏创新能力、城市间分工协作能力较弱等突出问题，仅靠省内政府力量，单个中部地区城市群在建设与发展过程中都会面临不少困难。作为国家内陆开放合作示范区的长江中游地区，要在下一轮国内城市各项评比中取得亮眼的成绩，必须将联合发展作为第一建设目标。同时，中国作为世界大国，仅凭东部三个城市群的发展不足以支撑起相匹配的国际竞争力。因此，在内陆地区建设一批综合实力强劲的城市群，是增强未来国家竞争力的战略方针。长江中游城市群省会城市近年 GDP 概况如表 9 – 1 所示。

表 9 – 1　　　　　　长江中游城市群省会城市近年 GDP 概况

市别	2017 年		2018 年		2019 年		2020 年	
	总值（亿元）	增速（％）	总值（亿元）	增速（％）	总值（亿元）	增速（％）	总值（亿元）	增速（％）
武汉	13090.8	13.52	14928.7	14.03	16223.2	8.67	15616.1	– 3.74

续表

市别	2017 年		2018 年		2019 年		2020 年	
	总值（亿元）	增速（%）	总值（亿元）	增速（%）	总值（亿元）	增速（%）	总值（亿元）	增速（%）
长沙	10050.2	9.64	10405.6	3.53	11574.2	11.23	12142.5	4.91
南昌	4547.6	9.91	5119.3	12.57	5596.2	9.31	5745.5	2.66

资料来源：国家统计局：https：//data. stats. gov. cn/easyquery. htm？cn＝C01。

从经济竞争力的角度来看，2020 年，武汉、长沙、南昌的 GDP 分别位列全国第 6、第 11、第 36 位。如果能发挥武汉、南昌、长沙的优势，夯实三市在不同产业发展的基础、增强要素集聚、提升中心城市在全国范围内的综合经济竞争力以及科技创新服务功能，提升中心城市现代化、国际化水平，完善省际合作工作，推进制度和利益沟通机制，以武汉、长沙、南昌为中轴，引领带动武汉城市圈、环长株潭城市群、环鄱阳湖城市群间协调互动发展，就能够发挥武汉、南昌、长沙在中部地区城市群发展中的龙头作用。

（二）长江中游城市群的经济状况及人口状况

按照 2015 年 4 月国务院批准实施《长江中游城市群发展规划》："到2020 年，长江中游城市群整体经济实力明显增强，转变经济发展方式取得实质性进展；交通、能源、信息等基础设施全面对接联网，布局合理、特色鲜明、分工合作的产业发展格局初步形成；城镇体系更加完善，中心城市辐射带动能力明显增强，城乡统筹发展和城乡一体化发展格局基本形成；市场一体化建设取得重大进展，开放型经济向更广领域和更高层次迈进；流域生态环境保护取得积极成效，生态环境质量位居全国前列；基本公共服务体系一体化水平稳步提升，社会就业更加充分，人民生活水平不断提高。到2030 年，稳步走上科学发展道路，现代市场体系和城乡发展一体化体制机制更加完善，开放开发水平进一步提升，城乡、区域发展格局更加优化，经济社会持续健康发展，城乡生活和谐宜人，发展成为我国经济增长与转型升级的重要引擎和具有一定国际竞争力的现代化城市群。"

近几年来，长江中游城市群经济总量不断增大，虽然在全球经济发展放缓的大背景下，三大城市群内部个别城市的经济总量增速有相当程度的下降，但放眼整个城市群，经济总量整体保持增长的态势，在长江中游我国中部地区经济带和我国整体经济发展中起到了不可或缺的作用。

根据长三角与长江经济带研究中心发布的《长江经济带城市群经济发展》（2019－2020）显示，2019年，三大城市群土地面积共81.4万平方公里，GDP总量为36.3万亿元，常住人口共计3.97亿人，分别占全国水平的8.5%（土地）、36.6%（GDP）和28.4%（常住人口）。

长三角城市群27市共实现经济总量20.4万亿元，长江中游城市群31市共实现经济总量9.38万亿元。成渝城市群16市共实现经济总量6.51万亿元。2019年长江经济带的经济增速为7.2%，全国增速为6.1%，长三角城市群经济增速为6.8%，而长江中游城市群增速为7.8%，成渝城市群增速为7.7%，三大城市群的经济总体保持全国领先的发展态势。2019年全国常住人口城镇化率为60.6%，长三角城市群约为68.4%，成渝城市群低于全国水平，约52.7%，长江中游城市群接近全国水平，约60.5%。城市群内各城市人口增长表现出了较强的地域特征，主要体现在长沙、武汉、南昌三市的人口增幅较大，而其他城市的增幅较小。按照第七次全国人口普查数据显示，长江中游城市群除长沙、武汉和南昌属于人口净迁入地区外，其他各市皆为人口迁入迁出均衡或人口净迁出地区。

从地均产出来计算，长三角城市群每平方公里土地所产生的生产总值为9062万元，长江中游城市群为2680万元，与成渝城市群比较接近，为2716万元，均高于全国水平（1032万元），三个城市群中长三角城市群大幅领先。

从人均地区生产总值来看，长三角城市群为12.47万元，长江中游城市群为7.18万元，均高于全国水平（7.09万元），而成渝城市群略低于全国水平，为6.46万元，可以看出，长三角城市群的水平突出。

城镇居民人均可支配收入亦可反映出长三角城市群的经济领先地位，

2019 年，长三角城市群人均可支配收入为 5. 32 万元（城镇居民）和 2. 71 万元（农村居民），均高出全国水平 1. 1 万元左右，而长江中游城市群两者的值分别为 3. 76 万元和 1. 85 万元，成渝城市群则分别为 3. 68 万元和 1. 71 万元，这两个城市群的数值比较接近，且城镇居民均低于全国水平，而农村居民均略高于全国水平。

综上，从全国范围来看，长江中游城市群在长江经济带中具有举足轻重的战略地位，对全国经济发展大全局也具有关键性的带动作用。

（三）长江中游城市群产业的发展与演变

产业结构是各产业之间互相合作，互相融合产生的联系，即不同部门之间的关联性以及在整个国民经济体系内所占的比例关系。在经济发展升级的过程中，各个不同的产业部门会在经济增速、在国民经济中所占比例、劳动力的人数、对经济发展的促进作用等各个方面上展现出极大的差异性，并且各部门将会结合实际给出不同的发展道路。当代社会高速发展，国家间、各省间、城市间竞争逐渐加强。与此同时，我们对于产业结构的关注也开始由表象上的合理化向着内在的专业化、高度化转变，其中包括城市基建、政府制度、新增劳动力在内的一系列战略资源与生产要素。由于要素的集合超越了传统意义上的地理行政区划和国境范围而扩大到了全球范围，因此城市群的空间区划就成为产业结构的重要依托。在这一背景下，城市群首先从核心城市向外辐射，对城市群内城市进行平行或纵向分工，从而以城市群为单位整体参与全球资源与经济竞争。与西方国家首先完成工业化而后进入全球化发展的路径不同，当代中国同时面对着进行工业化与加入全球化发展的双重挑战。

因此，产业结构对城市群城市规划与地理尺度上的规划提出了"合理化"和"专业化"的要求。一方面，我国对城市群中的城市提出了规模经济的要求，因此城市群内部需要对产业进行错位发展，避免内部城市过度竞争。另一方面，在全球化发展进程的促进下，城市群的核心城市需要对产业结构进行合理规划，同时对本身的优势产业进行大力扶持，保证其优势地位，同时提升产业结构层次，提高产业发展精度，避免粗放式的产业发展，从而以此为核心，辐射城市群，使城市群更快地加入全球化的经济循环。

对于长江中游城市群的发展，我们从江西、湖南、湖北三省分别展开讨论。

对于江西而言，首先不能避开周边省份的影响，必须要与湖南、湖北等同处长江中游的城市群结合，共同进退，一体发展，形成强大的区域规模经济联合效应。此外，江西省应对本省现状进行客观分析，如独特优势、发展潜力、战略定位、生态环境等，从历史、人文建设以及产业结构定位、升级转型等方面进行调研，深入研究，从而加快其更好地融入长江中游城市群的进程。其中，江西省的环鄱阳湖城市群与武汉城市圈、长株潭城市群三大城市群共同组成了长江中游城市群。而长江中游城市群已得到国家层面在政策上的重点关注与积极支持，因此，江西需要重点关注环鄱阳湖城市群发展的研究。

三大城市群的融合和发展是江西省实施大开发战略、发展开放型经济进而提升江西在全国经济中的战略地位、推动产业结构升级的历史性契机。江西首先必须革新发展思路，创新发展规划，在政策与规划上以江西融入长江中游城市群为首要目标和重要任务，集全省之资源优先向发展开放型经济的要求倾斜，充分发挥南昌作为省会城市的核心优势以及九江作为沿江城市在航运上的优势，将环鄱阳湖城市群与武汉城市群、环长株潭城市群的联动效应发展起来，推动对内以及对外两个方面的开放融合，把引进来和走出去这两项工作更好地结合起来，促进区块间要素的有序流动与自由流通，并对区域内资源进行高效配置，同时要加深市场的深度融合，构建全方位、全体系、宽范围的开放体系，形成一个能够积极融入长江中游城市群发展的平台，使环鄱阳湖城市群产生强大的区域间联动效应。

湖南省经济实力雄厚，省内企业众多，建立产业集群有着天然的优势。根据2015年7月10日工业和信息化部印发的《关于进一步促进产业集群发展的指导意见》，湖南致力于将先进轨道交通装备和工程机械打造成为世界级的产业集群：2021 年数据显示，株洲市的先进轨道交通装备集群包括 301 家轨道交通设备生产企业，拥有世界范围内最完备的轨道交通全产业链条，同时株洲也是全国唯一的轨道交通装备战略新兴产业集聚发展试点城市。如今，株洲轨道交通产品出口全球 70 多个国家和地区，电力机车全球市场占有率 27%，位居全球第一，城轨车辆国内市场占有率 30%，动车组、机车车辆电传动系统等多个产品产销量均为全国第一。2021 年长沙的工程机械产业集群规模已达 2500 亿元，连续 10 年居全国第一。有四家龙头主机企业，三一集团、中联重科、山河智能与铁建重工，均已进入全球工程机械前 50 强。工信部 2020 年启动全国先进制造业集群培育，长沙工程机械入选首批"国家队"，承担起建设工程机械世界级产业集群的重任；对于湖南省而言，应把发展重心放在长株潭城市群上。从主导产业发展上看，长沙正着力发展省内优势产业如工程机械、新材料、食品、电子信息等产业。株洲与湘潭则大力着手发展有色金属加工、交通装备制造以及汽车零部件生产产业，与江西省在有色金属产业上存在一定程度的重合。由此可见，长株潭城市群在核心优势产业上存在着明显的交叉重合现象，这将直接导致城市群间城市在向外招商引资上出现的同位竞争，这也是长株潭城市群一直以来发展滞后的核心症结。

长株潭三市是历史上的老工业基地，传统产业的根基扎实、积累丰厚，从近年来的统计数据来看，传统产业依然是三市经济的重要支柱产业。进一步研究发现，湘潭和株洲两市的化工生产、钢铁冶炼等传统产业虽能带来相对较好的经济效益，但是生产技术过于老旧，具有耗能高、投入成本高、污染大的特点，大大制约了城市群内部产业结构优化与升级转型。

而从政策规划的新兴产业的发展上来看，虽然这三市近年来高新技术企业数量在持续增加，高新技术企业的产值与产业附加值也在不断上涨，但总量偏小，这些产业在各市产业结构中所占的比例仍有待提高，与此同时，高新技术产业的产值增速较为平缓，尚未形成能够辐射并带动城市群经济快速增长的核心动力。

从协调规划与联动发展的角度上分析，其原因可能是三市的高新技术产业缺乏政府强有力的整合，各企业较为分散，无法形成规模经济，产业联动程度低，从而造成高新技术产业发展速度缓慢。其根本原因在于城市群内部还未有过产业合作的先例，缺乏严密的产业合作体系。三市高新技术企业间跨区域的合作尤其少，其原因很可能是众多优势企业在其他区域找不到能够配套的上下游企业，从而导致企业间的合作困难，难以形成规模经济来建设发展具有竞争力的产业链和产业集群，最终导致长株潭三市间的产业协作程度低。

因此，现实情况是，虽然长株潭城市群在高教人才与科研资源的供给方面较之同类城市处领先地位，但城市群内部资源整合能力的欠缺，致使优势资源未能得到充分利用。对于区域内的产业而言，资源的整合能力下降将直接导致其产业创新升级发展受到阻碍，导致产业的创新升级发展速度缓慢。因此，在长株潭城市群发展过程中，要将省政府及相关部门的协调作用完全发挥出来，在政策制度层面打破各市政府原有的观念束缚，攻破地理合作上的政策壁垒，进一步推进三市在长株潭城市群内实现更高层次的一体化发展，通过政府主导改善区域招商引资环境，以此反哺区域内经济，使经济发展要素合理流动，提升产业结构联动合作发展水平。

二、长江中游城市群的房地产投资机会

（一）长江中游城市群的人才政策

长江中游城市群是实现中部崛起战略的重点区域，在我国区域发展格局中占有重要地位。城市经济的发展离不开人才的流入，能够留住人才的城市才能更好地实现可持续发展。

1. 长江中游城市群人才引进概况

长江中游城市群各地方政府对人才引进政策的态度积极。自 2017 年以来，随着全国各大城市先后加入"抢人大战"，为留住优秀青年人才，为城市发展注入新鲜血液，长江中游城市群也积极推出了各种优惠政策和人才计划，吸引人才，如武汉市于2017年2月提出的"百万大学生留汉创业就业工程"、长沙市颁布的人才新政22条等。

在长江中游城市群三个重点城市中，武汉2023年末常住人口1377万人。2017～2019年新增留汉大学生共109.5万人，提前两年完成"五年留住100万大学生"的目标，并且在2021年9月出台新的落户政策中，以更积极的态度引进劳动力。如调整随迁落户条件，将要求随迁申办的户口在"本市拥有合法自有房屋"的条件调整为"在本市有合法稳定住所"；更加注重人才"留下来"，将积分落户政策中稳定就业、稳定居住等基础指标权重由50%提高到60%；减少大学生落户限制，一方面取消了择业期限制条件，另一方面取消了对毕业年限以及对高校等级设置的限制条件，对大学生的年龄要求保持不变，其配偶以及未成年子女可随迁落户。

《长沙市2023年国民经济和社会发展统计公报》显示，长沙市2023年年末常住人口达1051.31万人，与2022年相比增加了9.25万人，在全国重点城市常住人口增量中排名第八。2018～2020年长沙市每年人口净流入分别为26万人、36万人和42万人，2021～2023年在全国城市人口增长失速的背景下，仍保持着18万人、18万人和9万人的增长量。2023年湖南省普通高校毕业生约50万人，约35万人选择就业，其中留省就业人数约为20万，占57%，而留省就业的毕业生里，在长沙市就业的人数为10.2万，占51.27%。

株洲市2023年末常住人口为385.2万人，近几年来人口增长缓慢甚至负增长，华经产业研究院数据显示，株洲市2015年常住人口为400.5万人，经几年增长，至2019年末，人口为402.85万人，而2020年人口开始负增长，为390.27万人。

2. 长江中游城市群人才引进政策的特点

（1）多层次的人才政策。

长江中游城市群将知识结构、经验水平各异的人才划分为不同的类型和层次，制定相应的条件和政策，对符合这些条件和政策的人才，许以相应的优惠政策。如长沙高新区、武汉及株洲会率先对人才按照 A、B、C、D 四类细分标准进行引进。除此之外，也有按照学历、技能等划分方式，制定相应的人才引进计划。

（2）产业发展与引才政策融合。

产业是吸引人才、留住人才的重点，缺乏相关产业支撑，缺乏就业机会，就很难留住人才。因此，人才引进政策要与区域产业发展相匹配，避免人力资源和其他资源配置的浪费。而长江中游城市群的人才引进政策充分体现了人才引进服务于产业发展这一特点。

以长沙为例，长沙拥有以工程机械、新材料为主的制造业产业链，因此针对制造业技术人才的引进、培养、奖励以及相关的服务政策的力度较大。在长沙 2020 年 7 月颁布的《长沙市制造业企业技术人才晋级奖励和购房补贴实施办法》中提出，对于新引进的技术人员，根据职称分别给予到 3000～10000 元不等的奖励。并且根据政策规定，取得一定职称的制造业技术人员可申请购房补贴，如高级职称的专业技术人员一次性可申请 3 万元购房补贴。

《武汉市国民经济和社会发展第十四个五年规划和 2035 年远景目标纲要》明确了建立"965"现代产业体系的发展思路，即打造九大支柱产业集群、六大战略性新兴产业、五大未来产业。未来，武汉市将打造通信电子工程、汽车工程与制造、制药及器械三大世界级群聚型产业链，加速培育人工智能、商业航天、空天信息、氢能、网络安全、数字创意六大新兴产业。这些高新产业的发展对人才的质量有着更高的要求。此外，武汉产业园和大学数量众多，武汉大学、华中科技大学、武汉理工大学、华中师范大学及中南财经大学等知名大学齐聚武汉，集中分布，因此武汉提出以"大学生友好城市"称号为吸引力，留住本地高端人才，进一步扩充武汉本地高端劳动力市场的供给。武汉制定的大学生留汉政策细致，囊括了落户、住房租赁及暂住、见习、基层就业入编、创业服务等方面。在户籍政策方面，武汉大学毕业生如选择留在武汉工作，只要年龄未满 40 岁，均可凭毕业证申请武汉户口，此项规定仅适用于本科毕业生，本科以上学历毕业生不受年龄限制；在住房方面，武汉市政府致力于为大学毕业生提供经济友好的住房资源，从租赁到置业全覆盖，大学毕业生均可以低于市场价格两成的价格购得经济适用房，同时能够以市场平均房租价格水平的75%租赁政府投资建设的廉租房；在见习方面，给符合条件的大学生群体提供见习机会，同时给予相应劳动补贴，保障其权益，促进劳动力素质的提升；在创业服务方面，武汉市政策全方位覆盖服务创业需求，包括创业导师辅导、创业学院补贴、创业培训、创业工位、社保及税费资助、项目资助、股权投资、贷款担保、创业环境提供等。

而湖南的另一座城市株洲则另辟蹊径，株洲的主导及核心产业是交通运输设备制造业。因此，株洲市追求打造"中国动力谷"，增加轨道交通、航空、汽车三大动力产业核心竞争力，培养大数据信息技术、新能源、材料创新、太阳能、风能等新兴能源产业以及生物医疗、基因工程技术、医疗器械等新兴医药产业。同时，株洲市对城市核心产业链人才或城市短缺人才给予相应的人才安家补贴，并实行鼓励企业柔性引才、发放培养补贴等福利政策。

对于鼓励专利发明和知识产权的转化，株洲市也出台了一系列激励政策，其中最高的补贴额度甚至高达100万元。具体要求为：在本地实现自有知识产权成果转化、在当地形成一系列产业链的，可以领取到最高额度的补贴。而对引进科技成果在株转化的企业、中介机构等，每项给予最高5万元奖励。

（二）长江中游城市群房地产政策

1. 长江中游城市群房地产政策概况与建议

后疫情时代，国内房地产市场迎来了巨大调整，各地因城施策，相继发布了新的房价调控和限购政策。

　　以长沙市为例，2024 年 4 月 19 日《关于支持居民购买改善住房的通知》正式发布，宣告长沙市全面放开限购，全面优化房地产限购政策，支持居民"以旧换新"，购买改善性住房，购房者可享受"认房不认贷"的政策优惠，首付比例和利率均参照首套房标准实施。公积金贷款购买首套房，则上调最高贷款额度，鼓励居民购房。此次政策调整，旨在适应新的房地产市场供需关系，同时满足长沙市居民的多样化购房需求，释放市场潜力，促进房地产市场稳定发展。

　　武汉于 2017 年 9 月 23 日颁布调控新政，主要目的是以遏制房地产投机目的，规范房地产的流通销售。而此次 2021 年的"4.27"新政是通过对供给端进行调控，对新建商品房销售全过程进一步加强监管，具体内容包括：一是加强对预售的管理。如对申请预售许可的新建商品房项目的主体结构完成度有要求，原则上新建商品房项目主体结构施工形象进度十五层及以下建筑达到 1/2，十五层以上建筑达到 1/3 且不少于七层可申报商品房预售许可；对预售方案的监督加强，将销售现场责任人和销售人员信息、应急措施等纳入方案管理；并对样板房的装修形式有一定限制，要求按不同户型和交付标准分别设置且设置标准应与销售现场公示内容及合同约定保持一致，针对商住类项目宣传不规范的问题，明确禁止"类住宅"样板房展示。二是加强销售信息的公示。明确规定网上渠道销售信息公示的要求，推动线上、线下同步监管。三是规范新建商品房代理销售行为。四是强化销售监管，如明确规定了销售时间不得早于 9：00 或晚于 20：00，禁止夜间销售以方便检查；不得以圈存保证金等各种形式，包括但不限于购买基金、理财产品等，拒绝使用任何附加条件限制意向购房人参与登记选房，比如要求必须使用住房公积金贷款或按揭贷款等手段，要保障刚需消费者的权益、规范销售方式以打击炒房行为等。关于限购方面，武汉市于 2023 年 9 月 19 日宣布，为满足武汉市居民改善性住房需求，取消二环以内住房限购政策，具体包括：第一，取消住房限购；第二，优化家庭购房贷款时的套数认定标准。多子女家庭的贷款购买二套房，则认定为首套房；第三，对换购住房的居民按一定的比例给予补助，时间为 2023 年 9 月 19 日至同年 12 月 31 日前；第四，给予购房优惠支持。通过家电补贴消费券和非购房消费券给予购房者优惠补助；第五，调整公积金贷款额度。2023 年 12 月 31 日前通过住房公积金贷款购房的，可上调贷款额度最高 20%，但不能超过最高贷款数额，即首套房 90 万元、二套房 70 万元。

长江中游城市群中除核心城市外的中小城市也要充分发挥在土地、劳动力、资源上相对核心城市成本较低的优势，大力发展与城市群中核心城市相配套的上下游服务。同时，长江中游城市群间交通条件优越，经济实力较强，城镇化程度高，工业门类较为齐全，区域内各省市企业交流合作活动密切，具有发展成为跨区域特大型城市群的深厚基础。除此之外，中小城市应因地制宜，发掘适合自身的具有特色的优势产业。由于地理区位原因，城市群内各城市或许存在类似发展条件的区域，因此可能会形成产业结构的相似与重合，政府在此时应为城市寻求不同特色的发展道路。政府在寻求城市功能定位时，应在结合城市群的总体范围进行考虑，尽可能通过调研或与同级政府的交流来避免不合理的重复发展和恶性竞争。进一步完善长江中游城市群各个城市的功能结构，加强长江中游地区城市群的产业聚集，以达到减小产业分散度的目的。加之三省地域相连，如能突破三省的地理行政区划限制，整合"中三角"各城市群在现代农业、制造业、贸易业、科教及高新技术领域的资源，便能加强城市群核心城市带动各城市群间合作，从而加速推进长江中游城市群的建设步伐。

政府还应逐步消除城乡区域间户籍障碍，推进城镇公共服务的全覆盖、合理分布以及社会融合。加快推动户籍制度改革，健全并推进符合条件的农业户口人员落户城镇的制度。改进制度促成医疗保障政策的对接来促进人口有序流动、探索实施异地就医结算，推动社会保障卡在长江中游各个城市群内通用，逐步推行长江中游城市群医保异地就医政策。消除高校应届毕业生流动就业在政府制度上的障碍，允许高校毕业生在毕业后在就业单位的集体户口落户。把进城落户人口完全纳入城镇住房和社会保障体系，将农村养老保险和医疗保险体系与城镇社保体系紧密衔接，保障随迁子女与城镇子女享有同等接受义务教育的权利。同时，地方政府间设置鼓励政策推动海内外湘商、楚商、赣商返乡投资置业，把先进管理经验和生产技术带回家乡。鼓励有条件的企业通过股份制改造吸纳返乡人员参股等方式，引进各类高层次人才。完善综合服务体系，健全口岸联络协调机制，推动长江口岸管理相关部门在信息互换、监管互认、执法互助和"单一窗口"建设上的进步。推动沿江通关协作，实现区域通关一体化，全面推进"一次申报、一次查验、一次放行"模式。在交通方面，政府应加快推进快速铁路建设，建设武汉城市圈、环长株潭城市群等城际轨道。

2. 热点区域的房地产市场状况与房地产政策

（1）武汉市热点区域。

武汉光谷，即东湖高新区，是全市经济最活跃、创新动力最强劲的区域之一。具体原因如下：第一，其丰富的高校资源以及产业集群的发展吸引了大量年轻人口流入。光谷科技创新走廊聚集了近百所高校，2020 年应届高校毕业生 31.7 万人。新兴产业集群蓬勃发展，截至 2020 年底，光谷内科技型企业超 10 万家，高新技术产业 5000 家以上，"独角兽企业"6 家，提供的就业机会较多，吸引了大量人口流入。第二，支持该区域发展的政策战略给予购房者区域价值将会升值的预期。第三，相对于房价高企的长三角、珠三角地区，中部地区大城市武汉是房价的洼地，引致部分投机需求。这些因素共同刺激了房地产价格的提高，使光谷成为武汉房地产投资的热点区域。

针对热点区域，武汉市规定了以下调控政策：东湖高新区属于限购区域，武汉户籍家庭可购买 2 套商品住房，非武汉户籍可购买 1 套住房。为了贯彻落实"房住不炒"的方针，维持房价的稳定运行，将"集中开盘"制度、"房票"新规在东湖高新区先行试水，同时要求所有项目都采取网络开盘的方式，所有的购房者需提前网申获得购房资格核查通知单，以通知单的房票编号报名参与，同一客户只能在一个项目绑定登记，不可同时在多个楼盘登记。

2021 年 7 月 28 日，武汉市住房保障和房屋管理局颁布了《关于加强购房资格管理工作的通知（征求意见稿）》等文件，全武汉进入凭"房票"购房时代，文件规定 60 天内只能参加一个楼盘的认购。

（2）长沙市热点区域。

以 2023 年长沙各区县房价为参考标准，通过聚会数据得知，房价最高的区域是岳麓区和开福区，分别是 14872 元/平方米和 12570 元/平方米。学区房是长沙市商品房市场的热点，其中岳麓区的梅溪湖板块教育资源丰富，集中了 10 所小学以及包括长郡中学、师大附中等名校在内的 8 所中学，丰富的教育资源使得购房者更加青睐这一片区的商品房，从而需求驱动抬高房价。截至 2024 年 9 月，岳麓区全区二手房均价为 16174 元/平方米，超过新房的 15542 元/平方米，而梅溪湖区域金茂梅溪湖的房价超过 2 万元/平方米，明显高于区域均价。

从上述各个城市群的经济、产业、政策、人口构成等情况来看，长江中游城市群有着极大的发展空间和发展潜力。随着区域内各城市逐渐融合，产业链间形成规模效应，区域交通基础设施建设逐渐完善，交通便利度不断提高，长江中游城市群会有极大的发展空间，值得关注。

参 考 文 献

［1］2021年成都房地产市场分析报告［EB/OL］. https：//max. book118. com/html/2021/0922/6241212043004011. shtml.

［2］2021年东莞市政府工作报告［EB/OL］.［2021/3/1］. http：//www. dg. gov. cn/gkmlpt/content/3/3469/post_3469380. html#694.

［3］2021年佛山市政府工作报告［EB/OL］.［2021/2/5］. http：//www. foshan. gov. cn/zwgk/zfgzbg/content/post_4699307. html.

［4］2020年广州市国民经济和社会发展统计公报［EB/OL］.［2021/3/28］. http：//tjj. gz. gov. cn/tjgb/qstjgb/content/post_7177236. html.

［5］2019年广州市国民经济和社会发展统计公报［EB/OL］.［2020/3/27］. http：//tjj. gz. gov. cn/tjgb/qstjgb/content/post_5746648. html.

［6］2021年广州市政府工作报告［EB/OL］.［2021/2/4］. http：//www. gz. gov. cn/zwgk/zjgb/zfgzbg/content/post_7067312. html.

［7］2021年惠州市政府工作报告［EB/OL］.［2021/3/4］. http：//www. huizhou. gov. cn/gkmlpt/content/4/4205/post_4205680. html#873.

［8］2021年江门市政府工作报告［EB/OL］.［2021/3/11］. http：//www. jiangmen. gov. cn/newzwgk/bggb/zfgzbg/content/post_2268950. html.

［9］2020年深圳经济运行情况［EB/OL］.［2021/2/2］. http：//tjj. sz. gov. cn/zwgk/zfxxgkml/tjsj/tjfx/content/post_8533118. html.

［10］2021年深圳市政府工作报告［EB/OL］.［2021/6/7］. http：//www. sz. gov. cn/zfgb/2021/gb1121/content/post_8852606. html#.

［11］2021年珠海市人民政府工作报告［EB/OL］.［2021/2/9］. http：//

www. zhuhai. gov. cn/zw/zfgzbg/content/post_2726841. html.

［12］安介生. 现代化进程中的人口迁移规律——略论中外"移民法则"研究及其警示意义［J］. 人民论坛·学术前沿，2014（16）：70 – 85.

［13］澳门特别行政区五年发展规划（2016—2020 年）［EB/OL］. ［2015/11/7］. https：//www2. gce. gov. mo/images/downloads/cccmtl_book_cn. pdf.

［14］澳门特区政府 2020 年财政年度施政报告［EB/OL］. ［2020/4/20］. https：//www. gov. mo/zh-hans/wp-content/uploads/sites/5/2020/04/2020_pol-icy_c. pdf.

［15］北京兰瑞环球投资管理咨询有限公司. 中国土地财政制度演变、问题及对策研究［J］. 发展研究，2018（11）：21 – 28.

［16］北京市新版积分落户政策发布实施［J］. 中国房地产业，2020（21）：26 – 27.

［17］《北京住房和城乡建设发展白皮书（2020)》发布［J］. 工程建设标准化，2020（10）：34.

［18］《北京住房和城乡建设发展白皮书（2020)》发布，坚持"房住不炒"不放松［J］. 城市开发，2020（18）：78 – 79.

［19］本刊编辑部. "稳"字为主，坚持"房住不炒"——2020 年房地产政策盘点［J］. 城市开发，2020（24）：22 – 25.

［20］卞文志. 房地产市场降温，房企拿地更趋理性［J］. 城市开发，2018（18）：80 – 81.

［21］蔡逸清. 房价对产业结构升级影响的研究［D］. 上海：华东师范大学，2020.

［22］陈柏东，张东. 房地产经济学［M］. 上海：华东理工大学出版社，1996.

［23］陈少兵. 香港产业转型升级的特点与反思［J］. 广东社会科学，2017（6）：90 – 96，250.

［24］陈曙毅. 珠三角地区产业转型升级中地方政府职能研究［D］. 兰

州大学，2015.

［25］陈章喜. 澳门经济结构演化特征与适度多元发展［J］. 统一战线学研究，2020，4（5）：37 - 44.

［26］成小洲，林后春，蒋三庚. 香港国际金融中心基本特点、成因和发展趋势［J］. 农村金融研究，1997（10）：2 - 7.

［27］从城镇化到城市群，都市圈是城市群"硬核"［EB/OL］.［2020 - 12 - 18］. https：//renzepingp123456. blog. cnstock. com/3414627. html.

［28］邓孟桠. 城市群协同发展视角下地价对产业结构升级的影响机制研究［D］. 北京：北京建筑大学，2020.

［29］丁奕芳. 成渝城市群的定位分析及发展展望［J］. 环球市场信息导报，2017（5）：6 - 7.

［30］董立男. 中国城市流动人口购房及区位选择意愿及其影响因素［D］. 福建师范大学，2019.

［31］董晓峰，史育龙，张志强，李小英. 都市圈理论发展研究［J］. 地球科学进展，2005（10）：1067 - 1074.

［32］都阳. 人口转变的经济效应及其对中国经济增长持续性的影响［J］. 中国人口科学，2004（5）：35 - 41，81.

［33］豆玲玲. 新型城镇化背景下房地产业可持续发展研究［J］. 产业创新研究，2019（7）：96 - 97.

［34］杜德林，王姣娥，焦敬娟，等. 珠三角地区产业与创新协同发展研究［J］. 经济地理，2020，40（10）：100 - 107.

［35］杜金刚. 中国房地产经济周期波动影响因素［J］. 环球市场信息导报，2015.

［36］杜朋奇. 京津冀建设世界级城市群：进展与策略研究［D］. 河北经贸大学，2018.

［37］杜小敏，陈建宝. 人口迁移与流动对我国各地区经济影响的实证分析［J］. 人口研究，2010，34（3）：77 - 88.

［38］杜昕然. 湾区经济发展的历史逻辑与未来趋势［J］. 国际贸易，

2020（12）：48-57.

［39］段成荣，谢东虹，吕利丹．中国人口的迁移转变［J］．人口研究，2019，43（2）：12-20.

［40］樊杰，赵艳楠．面向现代化的中国区域发展格局：科学内涵与战略重点［J］．经济地理，2021，41（1）：1-9.

［41］范力达．全球化背景下的国际间人口迁移研究［J］．人口学刊，2003（3）：21-24.

［42］方创琳：以都市圈为鼎支撑京津冀世界级城市群建设［EB/OL］．［2019-04-26］．http：//www.xinhuanet.com/house/2019-04-26/c_112442 1758.html.

［43］冯邦彦．香港产业结构第三次转型：构建"1+3"产业体系［J］．港澳研究，2015（4）：38-46，95.

［44］葛扬，钱晨．"土地财政"对经济增长的推动作用与转型［A］．社会科学研究［C］.2014，1：28-34.

［45］工业和信息化部 先进制造业集群决赛优胜者名单公示［EB/OL］．［2021/3/22］．https：//www.miit.gov.cn/jgsj/ghs/gzdt/art/2021/art_c59a0995a 34d4c26a850faae580f0544.html.

［46］龚成威．改革开放以来广东经济发展及其阶段划分［J］．现代乡镇，2009（5）：31-36.

［47］关红玲．服务贸易视角下的澳门产业适度多元化［J］．广东社会科学，2015（2）：94-102.

［48］广东省推进粤港澳大湾区建设三年行动计划（2018-2020年）［EB/OL］．［2019/7/5］．http：//www.cnbayarea.org.cn/policy/policy% 20release/policies/content/post_170130.html.

［49］郭永中．澳门产业结构多元化战略调整的困境［J］．学术研究，2011（11）：64-69.

［50］郭跃文，袁俊，谢许潭，等．粤港澳大湾区建设报告（2019）［M］．北京：社会科学文献出版社，2019.

［51］国世平.粤港澳大湾区规划和全球定位［M］.广州：广东人民出版社，2018.

［52］国务院关于深化泛珠三角区域合作的指导意见［EB/OL］.［2016/3/3］.http：//www.gov.cn/zhengce/content/2016－03/15/content_5053647.htm.

［53］韩燕.人口因素对住宅市场的影响［J］.河南科技，2010（12）：40.

［54］郝书雅，于长平.我国住宅房地产价格变动趋势分析［J］.现代企业，2019（6）：131－132.

［55］何国钊，曹振良，李晟.中国房地产周期研究［J］.经济研究，1996（12）.

［56］2021河北省人才引进政策（持续更新）［EB/OL］.［2021－03－02］.http：//sjz.bendibao.com/live/20201026/55588.shtml.

［57］洪世勤.房地产市场供需影响因素分析与预测［J］.特区经济，2007（5）：227－228.

［58］胡磊，刘胜男.人口迁移行为规律及其理论进展［J］.管理观察，2018（4）：63－69.

［59］胡一峰，于晓静，顾建军.变迁：京津冀的昨天、今天与明天［M］.北京：北京日报出版社，2017.

［60］黄洋.产业集聚对房地产价格的影响研究［D］.杭州师范大学，2019.

［61］黄忠平，胡嘉峰.惠州融入深圳都市圈的发展路径思考［J］.广东经济，2021（1）：52－57.

［62］贾丽凤，刘冀徽，张焘.我国房地产市场供需影响因素分析［J］.中国商贸，2009（7）：187－188.

［63］京津冀房地产政策盘点［J］.城市开发，2017（8）：36－37.

［64］京津冀协同发展下房地产行业趋势［J］.中国房地产，2019（25）：8－9.

[65] 京津冀协同宜三核引领、四圈联动、多点支撑 [EB/OL]. [2015 - 08 - 05]. http：//www. cre. org. cn/qy/db/8430. html.

[66] 经济圈和城市群、都市圈究竟有何区别？[EB/OL]. [2021 - 01 - 04]. https：//sichuan. scol. com. cn/dwzw/202101/58007279. html.

[67] 李翠华. 房地产市场需求现状分析 [J]. 城市建设理论研究（电子版），2015，5（12）：2234.

[68] 李恒. 产业集聚、产业结构优化升级与新型城镇化 [M]. 北京：社会科学文献出版社，2018.

[69] 李嘉珣.2020 年房地产领域重大政策及其影响分析 [J]. 中国房地产，2021（4）：38 - 41.

[70] 李宁宁. 京津冀地区房价影响因素及联动分析 [D]. 北京：首都经济贸易大学，2019.

[71] 李鹏飞. 珠中江经济圈协调发展研究 [J]. 知识经济，2017（6）：5 - 6，8.

[72] 李世伟. 房地产调控背后的政策选择——我国房地产调控政策评析 [J]. 对外经贸，2020（6）：71 - 74.

[73] 李守辉. 顺应人口迁移规律，多措并举夯实城镇化根基 [J]. 决策探索，2017（20）：8 - 9.

[74] 李文静. "十四五" 时期中国城市群高质量发展的思路与策略 [J]. 学术研究，2021（1）：90 - 96.

[75] 李文生，柳彦君. 广东省产业梯度转移实证研究 [J]. 特区经济，2021（3）：98 - 102.

[76] 李艳琴. 房地产价格对人口迁移的影响 [D]. 南昌大学，2016.

[77] 连平，马泓. 新型城镇化催生房地产市场新机遇 [N]. 经济观察报，2020 - 07 - 27（004）.

[78] 梁桂. 中国不动产经济波动与周期的实证研究 [J]. 经济研究，1996（7）.

[79] 廖传清，郑林. 长江中游城市群人口分布与城镇化格局及其演化

特征 [J]. 长江流域资源与环境，2017：11 – 20.

[80] 廖君. 粤港澳大湾区背景下澳门高端服务业发展的机遇、挑战及升级路径 [J]. 对外经贸实务，2020 (11)：21 – 24.

[81] 林广，张鸿雁. 成功与代价——中外城市化比较新论 [M]. 南京：东南大学出版社，2000.

[82] 林李月，朱宇，柯文前. 城镇化中后期中国人口迁移流动形式的转变及政策应对 [J]. 地理科学进展，2020，39 (12)：2054 – 2067.

[83] 林晓曼，林德钦. 澳门特区新兴产业发展的现状、障碍及对策研究 [J]. 经济论坛，2020 (11)：19 – 26.

[84] 林秀琴. 土地政策在房地产调控中的作用 [J]. 住宅与房地产，2019 (33)：9.

[85] 凌连新，阳国亮. 粤港澳大湾区经济高质量发展评价 [J]. 统计与决策，2020，36 (24)：94 – 97.

[86] 刘洪，钱佳蓉. 房地产经济周期波动影响因素研究 [J]. 现代经济信息，2017 (20)：10 – 11.

[87] 刘洪玉. 房地产市场周期运动规律分析 [J]. 中国房地产，1999 (8).

[88] 刘珂. 中国产业新城发展报告（2020）[M]. 北京：社会科学文献出版社，2021.

[89] 刘佩玲. 成渝城市群发展优势分析 [J]. 现代商业，2019 (29)：100 – 101.

[90] 刘鹏程，孟小怡. 城市产业结构调整中的"逆库兹涅茨化"——基于流动人口居留意愿角度分析 [J]. 重庆理工大学学报（社会科学版），2021，35 (1)：35 – 47.

[91] 刘学成. 国内房地产周期研究综述 [J]. 中国房地产，2001 (5).

[92] 刘亚丽. 铜塘湾保税物流中心对株洲区域经济增长的影响及对策研究 [J]. 商场现代化，2020 (18)：30 – 32.

[93] 刘志彪，孔令池. 长三角区域一体化发展特征、问题及基本策略

[J].安徽大学学报（哲学社会科学版），2019：142－152.

[94] 龙光明.宏观政策对房地产价格影响的机理研究 [J].海峡科技与产业，2020，33（11）：41－42，46.

[95] 罗德斌.中部地区人才引进策略探析——以武汉市启动大学生留汉工程为例 [J].经贸实践，2018：74，76.

[96] 罗秀姣.成渝城市群产业协调发展研究 [D]：重庆工商大学，2012.

[97] 马莉萍，董璐.逃离还是北漂？——高校毕业生落户北京政策与毕业生的就业选择 [J].教育与经济，2015（3）.

[98] 潘家华，王业强，董昕，张智.中国房地产发展报告 No.17（2020）[M].北京：社会科学文献出版社，2020.

[99] 潘婕.人口因素对京津冀住宅需求的影响研究 [D].天津财经大学，2018.

[100] 庞前聪.大湾区城市群空间协同策略研究——基于珠海与粤港澳大湾区互动的视角 [J].城市发展研究，2019（7）.

[101] 彭云侠.我国人口结构变化趋势对经济高质量发展的影响 [J].中国集体经济，2021（1）：14－15.

[102] 澎湃新闻.武汉全程监管新房销售：最多分 5 次开盘，禁止任何方式拆分房款 [EB/OL].[2021－04－28].https：//baijiahao.baidu.com/s？id＝1698286391749963339&wfr＝spider&for＝pc.

[103] 冉倩婷.条件入户＋积分入户"双轨并行"明年起成都实行户籍制度改革新政 [N].四川日报.

[104] 任啸辰，傅程远.人口因素与房地产价格关系的研究——基于2006—2017大中城市面板数据的分析 [J].中国国土资源经济，2019，32（12）：73－80.

[105] 任泽平，夏磊，熊柴.房地产周期 [M].北京：人民出版社，2017.

[106] 深化粤港澳合作　推进大湾区建设框架协议 [EB/OL].[2017/

7/1］. http：//www. cnbayarea. org. cn/policy/policy% 20release/policies/content/post_106732. html.

［107］深圳获批组建国家 5G 中高频器件创新中心［EB/OL］.［2021/11/15］. https：//mp. weixin. qq. com/s/obFo93R84mgCOTbvlNkAIg.

［108］深圳统计年鉴 2019［EB/OL］.［2020/8/4］. http：//tjj. sz. gov. cn/attachment/0/811/811559/7971762. pdf.

［109］沈文伟. 长三角城市群人口规模分布的现状和趋势研究［D］. 上海师范大学，2015.

［110］沈中健，曾坚. 1996—2017 年闽三角城市群区域热岛时空格局演化分析［J］. 安全与环境学报，2020，20（4）：1567－1578.

［111］盛广耀. 城市化模式研究综述［J］. 城市发展研究，2011，18（7）：13.

［112］石家庄都市圈与京津冀南部崛起［EB/OL］.［2019－04－26］. http：//www. 71. cn/2020/0721/1093902. shtml.

［113］史昊宇. 浅析澳门特区的经济适度多元发展——以特色金融产业为切入点［J］. 经营与管理，2020（9）：142－146.

［114］搜狐网. 湖南株洲市加快打造世界级轨道交通装备产业集群［EB/OL］.［2020－05－10］.

［115］苏晶. 中国人口变化对房地产的影响［J］. 中国经济报告，2018（7）：59－63.

［116］孙久文，闫昊生，李恒森. 京畿协作：京津冀协同发展［M］. 重庆：重庆大学出版社，2018.

［117］孙鹏. 中国房地产市场供给模型实证研究［J］. 内蒙古民族大学学报，2011，17（3）：83－84.

［118］谈锦钊. 广佛都市圈：城市区域合作的探讨［J］. 青岛科技大学学报（社会科学版），2009，25（1）：12－15.

［119］覃剑，张文霞. 珠三角地区产业结构变迁与优化研究［J］. 产经评论，2010（6）：25－33.

［120］谭鹏程．房地产价格波动影响因素的实证研究——基于广州市的 VAR 模型［J］．特区经济，2013（10）：37－39．

［121］唐任伍．北京更为青睐哪类人才——人才争夺背景下的北京积分落户政策审视［J］．人民论坛，2018（z1）：133．

［122］腾讯新闻．6 月 1 日起执行！武汉楼市新政重锤落地！［EB/OL］．［2021－04－29］．https：//new. qq. com/omn/20210429/20210429A0F4PI00. html.

［123］仝智梁．中山市产业集群的发展与创新［J］．经济研究导刊，2020（34）：39－40．

［124］佟新．全球化下的国际人口迁移［J］．中国人口科学，2000（5）：53－58．

［125］涂岩．产业结构调整与区域经济发展互动研究——以珠江三角洲地区为例［J］．经济与社会发展，2010，8（3）：10－13．

［126］万媛媛．广州加快构建推动经济高质量发展的体制机制研究［J］．特区经济，2021（3）：20－24．

［127］汪峰屹．重庆房地产发展现状及前景分析［J］．中国外资，2012（16）：215－216．

［128］汪文革．中国城市群研究概念辨析［J］．中国名城，2018（12）：16－21．

［129］王桂新，潘泽瀚，陆燕秋．中国省际人口迁移区域模式变化及其影响因素——基于 2000 和 2010 年人口普查资料的分析［J］．中国人口科学，2012（5）：2－13，111．

［130］王凯，林辰辉，吴乘月．中国城镇化率60%后的趋势与规划选择［J］．城市规划，2020，44（12）：9－17．

［131］王丽艳，段中倩，宋顺锋．区域城市视域下都市圈发展路径及对策研究——以天津都市圈为例［J］．城市发展研究，2020，27（7）：106－112．

［132］王玲玉．京津冀房地产业协同发展研究［D］．燕山大学，2017.

［133］王蒙蒙，马宇博. 京津冀城市群经济空间联系与空间结构［J］. 对外经贸，2021（3）：61 - 64.

［134］王明，刘月颖. 长株潭城市群产业协调发展的问题与对策研究［J］. 特区经济，2018：33 - 36.

［135］王圣云，罗颖，李晶，等. 长江中游城市群城乡协同发展演进与系统耦合机制［J］. 南昌大学学报（人文社会科学版），2018：61 - 68.

［136］王志刚，宋洋. 基于SWOT分析的珠中江经济圈一体化发展策略研究［M］. 北京：社会科学文献出版社，2014.

［137］王梓桐. 浅析京津冀地区房地产价格波动的影响因素［J］. 全国流通经济，2019（4）：78 - 80.

［138］魏怀中. 香港的产业发展与产业结构［J］. 改革与理论，1997（1）：36 - 39.

［139］温日琨. 谈城市更新与房地产市场的互动效应［J］. 商业时代，2008（22）：85 - 87.

［140］吴东武，鄢恒，王慧君. 粤港澳大湾区背景下珠中江经济圈经济发展机制研究——基于地缘经济视域［J］. 西华大学学报（哲学社会科学版），2018，37（5）：61 - 69.

［141］吴小双，崔树强. 空间经济联系视角下长江中游城市群发展研究［J］. 当代经济，2018.

［142］伍旭川，汪守宏. 中国房地产市场发展的历史路径［J］. 银行家，2005：94 - 95.

［143］武力超，林俊民，韩华桂，等. 人口结构对中日美房地产市场影响的比较研究［J］. 审计与经济研究，2018，33（2）：106 - 120.

［144］香港特别行政区行政长官2020年施政报告［EB/OL］.［2015/11/7］. https：//www. policyaddress. gov. hk/2020/chi/policy. html.

［145］熊曦，段宜嘉. 长江中游城市群共享发展水平的空间差异及成因分析［J］. 商学研究，2020：120 - 128.

［146］徐晨璐. 长江中游城市群交通优势度与土地利用效率耦合协调

研究 [D]. 江西师范大学, 2020.

[147] 徐卫丽. 城市更新对房地产市场的时空影响效应 [D]. 浙江工业大学, 2020.

[148] 徐宇辰, 盛加乐. 新型城镇化建设背景下房地产企业机遇与策略 [J]. 智慧中国, 2021 (Z1): 76 – 82.

[149] 许冰娅. 土地财政对房地产市场的影响分析 [J]. 金融理论与教学, 2019 (5): 79 – 81.

[150] 杨刚强. 长江中游城市群蓝皮书 长江中游城市群协同发展评价报告 2017.

[151] 杨海霞. 成渝都市圈城镇体系发展研究 [D]. 华东师范大学, 2007.

[152] 杨家文, 林雄斌. "双循环"新发展格局下深圳都市圈建设的思考 [J/OL]. 特区实践与理论: 1 – 9 [2021 – 04 – 12]. https://doi.org/10. 19861/j. cnki. tqsjyll. 20210121. 008.

[153] 杨善源. 房地产周期波动因素分析 [J]. 现代经济信息, 2014 (1): 26.

[154] 杨燕. 珠三角地区产业结构发展方向研究 [D]. 华南理工大学, 2019.

[155] 姚伟. 城市更新对房地产市场的影响 [D]. 同济大学, 2006.

[156] 尹宏玲, 徐腾. 我国城市人口城镇化与土地城镇化失调特征及差异研究 [J]. 城市规划学刊, 2013 (2): 10 – 15.

[157] 袁京梅. 探讨我国"土地财政"的成因及其在经济发展中的影响 [J]. 中国集体经济, 2012 (28): 15 – 16.

[158] 岳亚卿. 河北省房地产市场供求的影响因素分析及预测 [D]. 河北大学, 2016.

[159] 张欢. 土地财政、城镇化对房价水平的影响研究 [D]. 安徽大学, 2019.

[160] 张京详. 城镇群体空间组合 [M]. 南京: 东南大学出版社,

2000：71 – 72.

[161] 张静. 我国房地产价格影响因素分析及预测 [D]. 吉林财经大学，2019.

[162] 张沛沛. 房地产市场需求影响因素分析——以郑州市为例 [J]. 重庆科技学院学报（社会科学版），2013（3）：79 – 80.

[163] 张鹏. BGY 集团湖南区域地产发展战略研究 [D]. 昆明理工大学，2018.

[164] 张其仔，张航燕，邓洲，等. 中国产业竞争力报告（2020）No. 9 [M]. 北京：社会科学文献出版社，2020.

[165] 张伟. 都市圈的概念、特征及其规划探讨 [J]. 城市规划，2003（6）：47 – 50.

[166] 张晓彤，张立新. 中国城镇化进程概述和未来城镇化水平预测 [J]. 云南农业大学学报（社会科学版），2021，15（1）：20 – 25.

[167] 张学博. 土地财政的历史观察 1988 – 2015 [J]. 宁夏社会科学，2016（3）：114 – 121.

[168] 张学良. 中国区域经济发展报告——长江经济带建设与中国城市群发展 2016.

[169] 张耀光，韩增林，栾维新. 澳门经济发展与产业结构特征的初步研究 [J]. 人文地理，2000（2）：30 – 34.

[170] 张亿平. 我国房地产业周期波动性分析及启示 [J]. 当代经济，2009（21）：84 – 86.

[171] 张志波. 土地财政的含义、制度根源及基本逻辑 [J]. 经济研究参考，2016（26）：58 – 64.

[172] 张庄雅. 长江中游城市群新型城镇化质量评价研究 [D]. 中南财经政法大学，2019.

[173] 赵珂. 土地财政的经济影响与转型路径分析 [J]. 福建商业高等专科学校学报，2015（2）：10 – 17.

[174] 赵玲玲. 珠三角产业转型升级问题研究 [J]. 学术研究，2011

（8）：71 - 75.

［175］赵拴豹，张让刚，张志国. 中外都市圈建设的优势、经验——其对济南都市圈发展的借鉴与启示［J］. 城市发展研究，2009，16（5）：7 - 12，17.

［176］赵永升. 主要城市群及其房地产市场发展分析［J］. 现代管理科学，2019（11）：27 - 29.

［177］肇庆市 2021 年政府工作报告［EB/OL］.［2021/2/5］. http：//www. zhaoqing. gov. cn/xxgk/zfgzbg/szfgzbg/content/post_2478048. html.

［178］郑宁，王梁雨生，孙静，等. 京津冀房价影响因素和区域协同发展分析［J］. 中国商论，2021（6）：10 - 12.

［179］郑世刚. 货币政策与房价波动关系的实证分析［J］. 统计与决策，2018（18）：146 - 149.

［180］中共中央　国务院印发《横琴粤澳深度合作区建设总体方案》［EB/OL］.［2021/9/5］. http：//www. cnbayarea. org. cn/policy/policy% 20release/policies/content/post_561447. html.

［181］中共中央　国务院印发《全面深化前海深港现代服务业合作区改革开放方案》［EB/OL］.［2021/9/6］. http：//www. cnbayarea. org. cn/policy/policy% 20release/policies/content/post_561654. html.

［182］中共中央　国务院印发《粤港澳大湾区发展规划纲要》［EB/OL］.［2019/2/18］. http：//www. cnbayarea. org. cn/policy/policy% 20release/policies/content/post_165642. html.

［183］中国城市 95 后人才吸引力排名：2021［EB/OL］.［2021/11/13］. https：//mp. weixin. qq. com/s/o87yycK2_UA_jt2asjXXcg.

［184］《中国城市竞争力报告 No. 19》发布暨研讨会在京举行［EB/OL］.［2021/11/5］. https：//baijiahao. baidu. com/s? id = 1715599030602005898&wfr = spider&for = pc.

［185］中国城市人才吸引力报告：2020［EB/OL］.［2020/4/28］. https：//mp. weixin. qq. com/s/kAz3MNx0 -- Iy_Doe9uep9w.

[186] 中国城市人才吸引力排名：2021 [EB/OL].[2021/11/12].https：//mp. weixin. qq. com/s/e3Fh－JdJuQs0bxbMQyb_iQ.

[187] 中国人口大迁移报告：2021 [EB/OL].[2021/9/20].https：//mp. weixin. qq. com/s/Ji1P0qcmhrIH61X2HJ－yJQ.

[188] 中国社会科学院（财经院）中国城市竞争力课题组发布《中国城市竞争力第18次报告》[EB/OL].[2020/10/23].http：//ex. cssn. cn/zx/bwyc/202010/t20201023_5199306. shtml.

[189] 中华人民共和国国民经济和社会发展第十三个五年规划纲要 [EB/OL].[2016/3/17].http：//www. xinhuanet. com/politics/2016lh/2016－03/17/c_1118366322. htm.

[190] 中山市2021年政府工作报告 [EB/OL].[2021/2/19].http：//www. zs. gov. cn/gkmlpt/content/1/1906/post_1906497. html#700.

[191] 钟韵，贺莎. 回归以来香港产业结构升级对经济增长的影响研究 [J]. 港澳研究，2017（2）：44－51，95.

[192] 钟韵，王静田. 香港第三次产业转型中的创新科技产业发展 [J]. 华南师范大学学报（社会科学版），2017（3）：20－25，189.

[193] 周皓. 两种调查视角下流动人口结构的对比分析 [J]. 人口研究，2019，43（5）：81－95.

[194] 周建军，罗嘉昊，鞠方，等. 产业结构变迁对房地产价格的影响研究 [J]. 科学决策，2020（9）：21－47.

[195] 周运源. 关于新时期广东经济发展转型的若干思考 [J]. 广东经济，2007（6）：24－28.

[196] 朱杰. 人口迁移理论综述及研究进展 [J]. 江苏城市规划，2008（7）：40－44.

[197] 珠江三角洲地区改革发展规划纲要（2008－2020年）[EB/OL].[2009/12/31].http：//drc. gd. gov. cn/fzgh5637/content/post_844965. html.

[198] 宗跃光，孟辛琳，方洁. 房地产市场周期理论与实践 [J]. 中国房地产，1997（8）.

［199］左屹婷. 浅析土地政策在房地产市场调控中的作用［N］. 山西日报，2019 – 04 – 19（014）.

［200］Hekman，John. Rental Price Adjustment and Investment in the Office Market［J］. Journal of the American Real Estate and Urban Economics Association，1985.

［201］Newman，James L. & Martzke，Gordon E. Population：patterns，dynamics and prospects［M］. New Jersey：Prentice Hall College Div，1984：166 – 167.